U0895216

本书稿为中央财政支持地方高校发展创新团队
“国家中心城市发展与管理”建设项目

本书稿为教育部人文社科项目
“社会资本视角下外国人社区形成演进
的逻辑及治理对策（17YJA 840016）”阶段成果。

大都市治理书系
Metropolitan Governance

METROPOLITAN

大都市
涉外社区治理

王亮 著

DADUSHI SHEWAI SHEQU ZHILI

中国社会科学出版社

图书在版编目（CIP）数据

大都市涉外社区治理 / 王亮著. — 北京：中国社会科学出版社，2018.8
（大都市治理书系）
ISBN 978 - 7 - 5203 - 2047 - 4

Ⅰ.①大… Ⅱ.①王… Ⅲ.①城市—外国人—社区管理—研究—中国 Ⅳ.①D669.3

中国版本图书馆CIP数据核字（2018）第027461号

出 版 人 赵剑英
责任编辑 黄 山
责任校对 张文池
责任印制 李寡寡

出 版 中国社会科学出版社
社 址 北京鼓楼西大街甲 158 号
邮 编 100720
网 址 http：//www.csspw.cn
发 行 部 010—84083685
门 市 部 010—84029450
经 销 新华书店及其他书店

印刷装订 环球东方（北京）印务有限公司
版 次 2018 年 8 月第 1 版
印 次 2018 年 8 月第 1 次印刷

开 本 710×1000 1/16
印 张 18
字 数 301 千字
定 价 78.00 元

《大都市治理书系》学术委员会

《大都市治理书系》编辑委员会

总　序

作为国家外国专家局高端外国专家项目“大都市治理国际合作研究项目”的首席客座教授，受主编之嘱为中央财政支持地方高校发展创新团队“国家中心城市发展与管理”建设项目资助的《大都市治理书系》写一个总序义不容辞。毫无疑问，这套大都市治理理论探究与实证研究丛书的出版将为中国特大城市治理创新增添宝贵的智力资源，为高等院校城市科学、城乡规划、城市管理学科的人才培养提供强大的智慧支持。

一　城市化和大都市增长

根据联合国经济和社会事务部人口司最近发表的世界人口状况简报[①]，自 1994 年在开罗举行的国际人口与发展会议通过《国际人口与发展行动纲领》以来的 20 年里，世界城市人口已从 23 亿激增到 2014 年的 39 亿。相比之下，世界农村人口的规模在 1994—2014 年基本上没有变化，而 2008 年世界城市居民人数首次在历史上超过了农村居民。预计到 2050 年，世界城市人口将增加到 63 亿，而农村居民的数量将减少 3 亿。虽然亚洲（以及更落后的非洲）的城市化程度比欧美（这里包括拉美）仍低得多，但预计从现在到 2050 年间将进一步加快城市化的速度。

① ST/ESA/SER.A/ 354，纽约，2014.

世界城市化的一个特征是特大城市（此处指拥有 1000 万或以上居民的大型城市群）人口的增长，并造成此类城市数量的增多，规模也更加庞大。2014 年，全世界 72 亿人口中，已有 10% 的人口居住在这种特大城市，而到 2025 年，这一比例预计将增至近 14%。虽然世界城市化的主体仍然是人口不到 50 万的中小城市，但其占世界总人口的比例预计将由 2014 年的 51% 下降到 2025 年的 43%。尽管亚洲目前的城市化程度仍较低，但其特大城市的发展却引人瞩目，如位居世界第一位的日本东京（2014 年有 3720 万居民）及第二位的印度新德里（2270 万）。而中国上海（2020 万）则直追美国纽约和墨西哥首都墨西哥城（均为 2040 万）。[①]

中国的城市化进程自 1978 年后才开始逐步加速，与发达国家相比起步甚晚，同时还有户籍制度等的制约。改革开放初期的政策重点是积极发展小城镇，而“离土不离乡”的工业化方式，既为星罗棋布的小城镇的发展创造了条件，又可看作是当时回避更大规模城市化都市化的一种倾向或其体现。1996 年开始的“九五”计划有了一个突破，即明确提出要向非农产业转移 4000 万农业劳动力。[②] 据 2010 年第六次全国人口普查资料统计，中国城市人口当年已达到 6.65 亿人，占总人口比重为 49.68%，与 2000 年第五次人口普查相比，攀升了 13.46 个百分点。国家统计局 2012 年 1 月 17 日公布的数据则显示，2011 年末中国内地的总人口（不包括港澳台以及海外华侨人数）为 134735 万人。其中城镇人口 69079 万人，比上年末增加 2100 万人；乡村人口 65656 万人，减少 1456 万人；城镇人口占总人口比重达到 51.27%，比上年末提高 1.32 个百分点。这是中国历史上城镇人口数量首次超过农村人口，比全世界总人口的相应转折点 2008 年晚了 3 年。虽然在比较研究时还有统计口径、城乡划分等问题值得深入探究，但可以说，这时中国的城市化大约相当于英国 1851 年的水平、美国

① ST/ESA/SER.A/ 354，纽约，2014.

② 李国平、谭玉刚：《中国城市化特征、区域差异及其影响因素分析》，社会科学辑刊，2011 年第 2 期。

1920 年的水平、日本 1950 年的水平和韩国 1970 年的水平。[①] 而且中国的城市化发展不平衡，受各种不同的社会经济自然条件影响而存在明显的地域差异，东部的增长速度远高于中部和西部。

从现代史上看，中国城市化的起点特别低。新中国成立初期城市人口的比重只有 10.6%，仅 0.58 亿人生活在城市。这样一个落后的农业国，加上不断升温的政治折腾，使得发展求变的空间极为有限。以“文化大革命”结束为标志的总体公共政策向以经济建设为中心的转变[②]，以及随之而来的改革开放，大大加速了中国的工业现代化进程，也随之掀起了一波又一波城镇化的浪潮。就人口构成而言，1980 年中国城市化率首次突破 20%；之后上升到 30%，用时 16 年；到 2003 年达到 40%，用时 8 年；再到 2010 年城市化水平超过 49%，仅用了 6 年的时间。[③] 总的来说，从 1978 年到 2011 年，中国城市化率实现了从 18%到 51%的飞跃。而自 1996 年起，农村人口首次出现连续的负增长。进入 21 世纪以来，进一步城市化得到迅速发展，城市人口每年以约 3%—4%的速度递增，远远超过同期 1%的总人口年增长速度。所有这些表明，当前中国城市化已进入最快的发展阶段（或相当于城市化水平介于 30%—70%的 Northam S 形曲线第二或加速阶段）。[④]

中国的城市规模在进一步城市化的过程中也普遍得到提升。改革开放初期“控制大城市规模、合理发展中等城市、积极发展小城市”的城市发展方针，并不利于大都市发展。这一状况自 1996 年“九五”计划开始有了战略性改变，不再提及控制大城市规模。2001 年开始的“十五”计划则进一步明确提出“实施城市化战略”，极大地推进了自 20 世纪 90 年代中

---

① 童玉芬、武玉：《中国城市化进程中的人口特点与问题》，《人口与发展》2013 年第 4 期。

② 陈社英：《总体公共政策与发展战略—国际视野下中国案例透视改革与战略》，《改革与战略》2008 年第 6 期。

③ 童玉芬、武玉：《中国城市化进程中的人口特点与问题》，《人口与发展》2013 年第 4 期。

④ 童玉芬、武玉：《中国城市化进程中的人口特点与问题》，《人口与发展》2013 年第 4 期；李国平、谭玉刚：《中国城市化特征、区域差异及其影响因素分析》，《社会科学辑刊》2011 年第 2 期。

期以来的城市化进程，尤其是城市规模的扩展，以至于不断突破原有的城市概念框架，甚至导致了最近的一项重大政策调整。2014 年国务院《关于调整城市规模划分标准的通知》指出："改革开放以来，伴随着工业化进程加速，我国城镇化取得了巨大成就，城市数量和规模都有了明显增长，原有的城市规模划分标准已难以适应城镇化发展等新形势要求。"通知进一步指出，当前中国城镇化正处于深入发展的关键时期。为更好地实施人口和城市分类管理，满足经济社会发展需要，国务院决定将城市规模划分标准加以调整。即"以城区常住人口为统计口径，将城市划分为五类七档。城区常住人口 50 万以下的城市为小城市，其中 20 万以上 50 万以下的城市为Ⅰ型小城市，20 万以下的城市为Ⅱ型小城市；城区常住人口 50 万以上 100 万以下的城市为中等城市；城区常住人口 100 万以上 500 万以下的城市为大城市，其中 300 万以上 500 万以下的城市为Ⅰ型大城市，100 万以上 300 万以下的城市为Ⅱ型大城市；城区常住人口 500 万以上 1000 万以下的城市为特大城市；城区常住人口 1000 万以上的城市为超大城市"[①]。这一重大调整，反映了中国城市化规模发展到现在，大都市化已经成为一个引领潮流的普遍社会经济现象。中国城市化的现状，即以大城市的快速增加和（Ⅱ型）小城市减少的趋势并存，以及大都市圈（包括著名的珠江三角洲、长江三角洲和京津冀三大都市圈以及十多个地方性的大都市圈）的高速发展为重要特征。

二　大都市对城市管理的挑战

国务院颁发的新划分标准将中国的特大城市减少至16个（含6个"超大城市"，相当于联合国定义的1000 万以上居民的特大城市）。但据2010 年第六次全国人口普查资料，100 万人口以上的大城市或都市却多达 140

① http://www.gov.cn/zhengce/content/ 2014- 11/ 20/content_ 9225.htm.

个（到目前为止估计已有150个以上）。这里不仅仅是一个数量或城市本身增长的问题。按汉字的约定俗成用法，“都”被用来指“城”时，具有“大”“首”“主要”和“繁华”等含义。大都市研究的重要性在于，以巨型工商城市为中心的城市群已成为国家经济增长的引擎。[①] 例如上述三大都市圈，2006年，其土地面积仅占全国的3.38%，人口占15.54%，GDP却占全国的36.76%，人均国内生产总值达41576元，是全国平均水平的2.37倍。[②] 故有学者认为，亚洲的城市化将会是以特大城市来引领城市化，这样才可以高效利用资源，特别是高效利用城市土地；而以为发展中小城镇才是正确方向，则是一个非常大的误解。[③] 至于经济学家们津津乐道的大都市的好处相对于人们所关切的各种各样的“城市病”，则是一个持续争论的话题。但无论如何，改革开放经济起飞初期如火如荼的小城镇研究，尽管成果累累且帮助奠定了国家进一步城市化的基础，却再也无法满足21世纪中国大都市蓬勃发展新时期的需要了。

城市化与都市化是人类生产方式和生活方式（包括居住方式）的一个重大变迁。自1994年开罗会议以来，世界已经跨越了一个重要的里程碑，目前已有超过一半以上的人口生活在城市地区。预计到21世纪中叶，70%的世界人口将可能是城市居民，其中发展中国家城市人口比例将增至67%，而发达国家则可能增至86%。[④] 由此可见，无论是发达国家还是发展中国家，城市化迅速扩张已成为当今世界发展空间形态的主流格局。然而，不同的国家在经济发展水平上的巨大悬殊，以及社会政治与文化等各方面的种种差异，决定了它们在城市化的道路上有着各种各样的具体差异。最早实现工业化的国家如英国，如今城市人口比例已占其总人口的90%以上。伴随工业化在世界范围内的进一步延伸扩展，未来人口增长将

---

① 徐匡迪：《城市群在新型城镇化中的作用》，中国城市群发展高层论坛，2014年12月。

② 李国平、谭玉刚：《中国城市化特征、区域差异及其影响因素分析》，《社会科学辑刊》2011年第2期。

③ 陆铭：《大国更要发展大城市》，《东方早报》2016年1月6日。

④ 联合国经济及社会理事会人口与发展委员会第四十二届会议秘书长报告：《世界人口趋势》2009年版，E/CN. 9/ 2009/ 6。

主要集中在发展中世界的城市地区。世界各国在现代化的进程中，普遍发生相应的社会经济结构与空间布局演变，其共同表现包括农业人口向非农产业转移并向城市集中、城市数量增多且人口规模扩大、城市生活方式向农村扩散、人口老龄化及家庭“空巢化”等。联合国预测，今后人口将比今天年龄更大，更为城市化。在全球范围内60岁或60岁以上人口将增加几乎两倍，到2050年将达到20亿。在这一过程中，如何以人为本合理规划妥善管理，既提高经济生产效率又创造可持续发展的生态环境，并尽可能地维护和改善人们包括老人的生活消费、住房、交通、医疗保健、教育和其他服务的机会与条件，则成为公共管理与政策研究重大课题。而在大都市地区，城市规划与管理的挑战范围会进一步扩大且更加复杂。“城市病”特别是“大城市病”，从全球范围来看似乎是人类社会发展必经阶段。大城市群的数量在增加，城市管理任务的范围和复杂性都在增加，这一任务已成为21世纪最重要的挑战之一。当地方上还没有做好适当准备时，尤其是在一些经济落后的国家和地区，大都市的过快增长将会给可持续的城市规划和善治造成极大困扰。

国际上对中国城市化所面临的问题多有关注，如经合组织最近发表长达两百多页的关于中国城市政策的专题评估报告（*OECD Urban Policy Reviews: China* 2015），列举出中国城市化的核心挑战。《纽约时报》则于2015年4月22日发表《速度与阵痛：中国城市化调查》。国内很多学者也提出了自己的看法。[①] 有研究者通过分析人口普查资料得出结论，认为中国城市化的人口变动面临如下主要问题：城市化带来人口过度向东南部大城市集中，造成城市资源超载和环境问题加剧；人口空间分布不均导致西部人口较少，影响国家安全与稳定；家庭规模小型化和人口老龄化加剧，给养老事业带来严峻挑战；城市化发展同时加剧农村转移劳动力的社会融合问题；等等。虽然这些问题是伴随着中国城市化进程出现的，但本质上都与社会经济发展滞后、相关制度建设落后以及盲目的城市规划等有

① 如鲍宗豪：《国可持续城市化面临八大挑战》，《红旗文稿》2011年第2期。

着密切联系。[①]重数量轻质量，导致“虚高的城市化”现象；此外，流动人口与社会治安管理难、交通拥堵、房价飞涨等“大城市病”也是中国的快速城市化发展带来的主要问题。针对诸如此类的都市发展与民生问题，有学者主张未来将进入一个新的发展阶段，即“质量提升”阶段，而现阶段应在顺应规模快速扩张的同时，走出一条具有中国特色的城市化道路，着重强调中国城市化进程的战略转型，集中力量解决中国城市化发展中面临的三大政策课题，即缩小各类差异的政策课题、提升城市化质量的课题、解决“大城市病”的政策课题[②]。

三　大都市治理研究

大都市研究的契机，不仅仅在于大城市、大城市群及其问题的大量涌现，而且在于公共与城市管理理论与方法的革新。其中最突出的，是从传统的（政府）“管理”到当今（社会）“治理”理念的转变。“治理”（governance）并非一个新造词汇，以往在英文中与“管理”“管辖”或“政府统治”（government）一词并无太大差别。但自20世纪90年代以来，governance一词在西方学界被赋予新的含义，形成了一股对传统或狭隘government“离经叛道”的新管理理念，甚至被称为“没有政府统治的治理”（governance without government）。这一新理念刚一出炉便得到迅速传播，从政治学、公共事务到各个社会经济研究领域，从英语世界到欧洲其他语言国家，并在各种语境中大行其道，甚至成了一种“时尚”，包括联合国机构的官方文件都不厌其烦频繁使用。联合国还成立了一个“全球治理委员会”（Commission on Global Governance），并出版了一份名为《全球治理》（*Global Governance*）的杂志，在20世纪90年代对治理理念的形成完

① 童玉芬、武玉：《中国城市化进程中的人口特点与问题》，《人口与发展》2013年第4期。

② 李国平、谭玉刚：《中国城市化特征、区域差异及其影响因素分析》，《社会科学辑刊》2011年第2期。

善和在国际上的传播（尤其在公共管理的各个领域）起了重要的推动作用。

治理理论主要创始人之一詹姆斯·罗西瑙（James N. Rosenau）是一位美国学者。作为世界政治与国际关系学家，他是全球化研究的先驱者之一，并在全球治理的研究中对治理（governance）的概念作了重新界定，将其与传统的政府统治、管辖或管理（government）区别开来。这两者都是由规则系统（rule systems）和操纵机制（steering mechanisms）所构成，由此行使权威并实现想要达到的目标，而任何权威都是能得到服从的一种能力。其区别在于，政府统治性管理（government）的规则系统可被认为是一套结构（structures）；而社会性治理（governance）的规则系统是一些社会功能或过程（social functions or processes），可由很多不同组织在不同的时间与地点（甚至同时）以各种方式来实现或执行。这一区别的关键在于权威有各种范围（spheres of authority）而非政府独享这一理念，即可以有正式的和非正式的形式，因此治理是一个可分为两部分的系统（bifurcated system）。例如，国际体系与各国政府长期主宰着公共事务；但伴随而来且越来越明显的是另一多中心系统（multicentric system），由多种多样的其他集体（other collectivities）获得许多新的不同范围的权威，既有合作又有竞争而持续不断地与以政府为中心的系统（state-centric system）互动。就全球治理（global governance）这一主题来说，罗西瑙认定有许多不同的参与者，包括：（1）基于宪法所建立的有正式科层结构的各级政府；（2）基于公司规章所建立的有正式科层结构的营利性跨国公司；（3）基于正式条约与宪章的国际政府组织（IGOs）；（4）由正式法律或非正式不成文安排所维系的各级非牟利、非政府组织（NGOs）；（5）国际或跨国非牟利 NGOs，可为正式构成的组织或非正式联结成为协会或社会运动（associations or social movements）；（6）具有正式和非正式结构的市场，促成买卖双方、生产者与消费者之间的平等交换（horizontal exchanges）。除此之外，还有正式组织以外的精英群体或公众人物，也可非正式地就某些重要问题组织活动但随后即解散。以上各种不同的参与者聚集并且与日俱增地分享权威，可形成六种不同的治理形态。罗西瑙做分类时是基于几个变项，即：过程，可以是单一或多方向的，以及垂直的或水平的；结构，可以是正式或非正式的，或二者的混合。最为人熟知的治理模式是政府自上而下（top down）的管辖活动。而最有新意且与自上而下模式最不同的是被称为“莫比乌斯网”式（mobius-web）治理。这一模式以政府正式组织和非正式群体结构相结合为基础，可包含多方向的垂直与水平参与过程。该模式构成一个混合式结构（hybrid structure），其中治理的动力学机制（dynamics of governance）错综复杂层次交叠，而形成一个独特的网状过程（weblike process），如同著名的莫比乌斯环一样，既无起点又不在任何层面或时刻形成最高峰。罗西瑙认为围绕着环境和气候变化所发生的复杂政治现象特别适合用莫比乌斯治理模式来解释。

国内学界关注大都市发展并应用治理理论进行研究由来已久①，亦有专著被翻译出版②。特别受到重视的是“大都市区”治理，这方面国外包括美国的经验受到很大关注。③中国大都市区治理的研究，既有一般性论述④，也有城市社区治理个案研究⑤。国际比较研究也有许多成果。⑥在功能或问题导向的大都市治理研究方面，覆盖面也已经相当广泛。⑦这种百花齐放

---

① 彭兴业：《加强经济全球化时代国际大都市治理研究》，《中国行政管理》2001 年第 9 期。

② [美] 理查德•C. 菲沃克等：《大都市治理 — 冲突竞争与合作》，重庆大学出版社 2012 年版，第 12 页。

③ 易承志：《国外大都市区治理研究的演进》，《城市问题》2010 年第 1 期；冯邦彦、尹来盛：《美国大都市区治理研究述评》，《经济学动态》2011 年第 4 期；刘彩虹：《区域委员会：美国大都市区治理体制研究》，《中国行政管理》2005 年第 5 期。

④ 易承志：《中国大都市区治理研究的视域分析及其启示》，《行政论坛》2014 年第 6 版；丛昕宇：《我国大都市区治理模式研究 》，上海师范大学 2006 年硕士学位论文。

⑤ 如吴志华、翟桂萍：《大都市社区治理研究 — 以上海为例》，复旦大学出版社 2008 年版，前言页。

⑥ 张衔春、赵勇健、单卓然、陈轶、洪世键：《比较视野下的大都市区治理：概念辨析、理论演进与研究进展》，《经济地理》2015 年第 7 期；尹来盛、冯邦彦：《中美大都市区治理的比较研究》，《城市发展研究》2014 年第 1 期。

⑦ 蔡立辉：《发展信息化时代的大都市政府及其治理能力现代化研究》，人民出版社 2014 年版，第 1 页；范纯增：《大都市低碳化治理机制研究 — 以上海为例》；朱宪辰主编：《出版地自主治理与扩展秩序：对话奥斯特罗姆》，浙江大学出版社 2012 年版；范凌云、雷诚：《广州大都市外围地区二元发展的矛盾及治理》，《人文地理》2010 年版；刘治彦、岳晓燕、赵睿：《我国城市交通拥堵成因与治理对策》，《城市发展研究》2012 年第 11 期。

的局面，也反映在有关学术会议的丰富议题中。[①]

研究城市化、都市化将有助于深入了解中国的发展历史及其现代化进程。但是，以“大都市治理”作为主题出版丛书系列，这在国内还是首次。在国际上，城市与全球治理都有大批学术成果，包括经合组织推出的《大都市世纪》与《城市治理》，以及由诺亚·托利（Noah J. Toly）主编并由 Taylor & Francis 出版的 Cities and Global Governance 图书系列。而专注于大都市治理（Metropolitan Governance）的丛书却还没有问世，目前只有各种专著单行本。作为一个 20 世纪 80 年代中期就开始在国内外大都市从事老龄化与总体公共政策等研究并探索中国社会工作、社会政策、社区服务学科重建的中美学人，我对《大都市治理书系》有着特别的期待。相信它在全球化时代立足中国，扎根广东这个改革开放前沿地带，一定能作出独有的学术贡献。

陈社英

佩斯大学终身教授

广州大学客席教授

2015 年 12 月 8 日初稿于广州

2016 年 2 月 4 日定稿于纽约

① 2013 年 9 月在复旦大学召开的“大都市治理模式的创新研究：理论与实践”学术研讨会。

序　一

近年来，广州的非洲人受到广泛关注，成为社会热点。首先是媒体的关注，报纸、电视、摄影对广州的非洲人群体进行了大量报道，广州“巧克力城”“布鲁克林街”迅速流传；除了国内媒体，也有不少西方媒体进行了报道，如美国、英国、法国、德国的媒体都有介入。媒体的报道，也引起了社会大众的关注和紧张，百度上“广州非洲人”超过25万条，照片超过8万张。大众的观点大致可以分为三类，第一类是好奇，对非洲人进入广州是观赏猎奇的心态；第二类是“恐黑”者，从负面看广州的非洲人，对非洲人充满歧视性刻板印象，极端者甚至认为会导致中国种族衰退、亡种；第三类是比较平静地看非洲人，认为非洲人来中国，就像中国人到东南亚、北美一样正常。政府也迅速地介入，介入的方式先是“堵”，减少或限制非洲人进入中国的签证；然后是“赶”，通过层层检查，把非法滞留中国的非洲人遣返；最后，承认现实，回到“治”层面来，在街道设立外国人管理服务中心。

对于，非洲人进入广州，学术界也显示出极大的热情。笔者所在的中山大学，地处广州得以地利之便，自然率先介入非洲人的研究。目前以非洲人为题材的学位论文不下十篇，同仁发表的相关论文也获得学术界的高度关注，中山大学李志刚的文章，至今仍然为全国引用率最高前十的论文，梁玉成的文章也蜚声海内外。此外，中国香港、日本、美国以及欧洲的学者也有不少关注广州非洲人研究。

首先，本书以广州小北非洲人社区为例，探讨大都市涉外社区的治理。首先是该书选题独特新颖。中国正处于移民时代，城市正处于从“地域性城市”向“移民城市”的转型。一是国内不同地域不同民族的人群移入城市；二是大量国际移民涌入中国城市。从文化上看，从地域文化向多元文化转型。城市转型给我们所有的人带来全新的变化，也给政府的对社区的治理带来新的挑战。在中国的一些大都市区随着外国人大量的移入，正在形成一些外国人高度集中的社区。如青岛的韩国人社区，广州的日本人、韩国人、非洲人社区等等，这些社区的治理都是全新的命题。作者率先做涉外社区研究是具有前瞻性和示范性的。

其次，本书详尽地解剖了小北涉外社区这一个案。回顾了非洲人在广州的来源、分布以及集中聚居的过程，也描述了小北涉外社区形成的过程；作者重点讨论了涉外社区的族际关系、族裔经济以及涉外社区存在的风险和治理。

最后，本书借鉴了国外大都市涉外社区的研究理论及治理经验，提出了自己的创新治理方式，指出了如何在治理机制、平台上创新，如何利用互联网和大数据进行社区服务和管理等等。

从本书看，王亮博士是理论与实践相结合的典范，她既是受过专业训练的社会学领域的研究者，亦是社区工作的行动者，正如她后记所说的“偶然”成了广州小北社区外国人服务站的社工督导。在我的印象中从事社工的老师，往往因忙于各种事务而很少发表学术性文章和著作，王亮老师算是例外。她不仅出色地完成了社区服务工作，获得各方面的好评，同时还利用工作之便做了大量调查；不仅获得了多项纵向和横向课题，还发表了多篇论文，以及两本专著。另一本专著，是广州非洲人口述史，因为由彭文斌大师写序并在微信群发布，已经有很大的反响。笔者近年来研究移民，与作者有过许多交往，在小北社区的调查中也多求作者帮忙，因此，作者命笔者作序，没有什么犹豫。

笔者愿意向读者推荐本书。

是以为序。

周大鸣

2018 年 1 月 2 日于中山大学

序 二

众所周知，“走西口”、“闯关东”、“下南洋”给中国的人口流动和移民史研究留下了宏大的历史篇章。在漫长的中国历史中，移民现象时有发生，大规模的人口迁移运动不可避免。清初通过康雍乾三世的恢复发展，乾隆时期全国人口突破了三亿大关。由于人口增长所导致的人地矛盾越来越尖锐，大量内地贫民迫于生计，于是形成了“走西口”、“闯关东”、“下南洋”近代三股大规模的移民浪潮。在中华民族的历史上，一段悲壮的谋生运动就是一部辛酸的移民史，也是一部艰苦奋斗的创业史。

毫无疑问，生活着的岭南大地深深地记刻着华夏先民长时间、远距离迁移的悲情烙印。由于灾荒、瘟疫、战乱和帝国的行政驱使，岭南成为了古代中原子民陆地逃遁的“最后的地盘”和“不得已的选择”。历史叙述显示，历经“八王之乱”、“五胡乱华”和“南北朝混战”，中原汉人为逃避战乱而出现了第一次长时间的扶老携幼式的大规模南迁。同时，由于北方游牧民族入侵而引起的长时间战乱，再次引发了自南宋开始直到清朝初年才结束的中原农耕汉人的第二次大规模南迁。七百年前，陆秀夫的“负帝投海”和文天祥的“零丁洋叹”，让崖山成为了宋王朝生命绝唱里的最后“哭墙”。经过长时间的历史演化，分布在珠三角、粤北、粤西的广府人，粤东南潮汕平原的潮汕人，粤东北梅州惠州河源的客家人，这三大群体全部是不同时期、不同地区汉人南迁的后代。从发生学意义上来说，广府文化、潮汕文化、客家文化所形成的岭南文化仍然是中原汉文化的“融媒体”。曾经任职于广东省计划生育委员会的朋友告诉我，广东是中华民族五十六个民族最全的地方。可以想见，自南越王赵佗的不愿北归开始，回返一下中原地带的金戈铁马、土客之争的族群械斗和南蛮之地的官宦流放，苏东坡的“试问岭南应不好，却道此心安处是吾乡”给予了我们流寓美学的客家想象和吾乡认同。

在岭南历史的另一面上，明末清初大批不愿臣服的汉人纷纷离开故土而“下南洋”。大量难民、被清兵打散的农民军、抗清失败的明军余部及明朝遗民，掀起了移民东南亚的高潮。这场移民运动持续了数百年，也在一定程度上奠定了当今东南亚国家的人口格局。毋庸置疑，历代封建王朝末年大多伴随着农民起义、外族入侵和王朝更替，不堪战乱的普通百姓和权力旁落的前朝贵族纷纷逃亡、流落甚至移居海外。由于地缘上的毗邻关系、西方列强殖民统治下的劳工需求和个人或家族命运的改变，东南亚成为了华夏移民距离最近的迁徙地和避难所。那个时候“下南洋”的，既有对未来充满希望者，也有在家乡故土待不下去的人。然而，不管是“移进来”还是“迁出去”，岭南大地的“开放包容”和“族群融合”至今仍不褪色。

《汉书·地理志》记载：“中国往商贾者多取富焉，番禺，其一都会也”，“香犀花海、宝货充盈”。自唐代以来，作为华南门户、岭南中心的广州一向是中国最重要的商港之一。公元1757年，大清统治者乾隆皇帝诏告天下，关闭沿海海关，专门划定广州“十三行”为全国唯一对外贸易的口岸，史称“一口通商”。于是，“十三行”成为了鸦片战争前广州港口官府特许经营对外贸易的商行，也成就了大清经营进口洋货和出口土货的中介贸易商行。“十三行”对官府负有承保和交纳外洋税饷、规礼，传达政令及管理外洋商务人员等义务，也享有对外贸易特权。那时的广州不仅对海外商人有着巨大的吸引力，对国内商人也有着巨大的向心力。和洋商打交道的十三行商人，都不愿意别人知道自己的真实名字，据说伍秉鉴等富可敌国的不少富商就是从福建移居来的。“金山珠海，天子南库”，作为广州的一段辉煌记忆，“十三行”不仅缔造了一批在国内外都光芒四射的粤商，也促进了中外工艺、技艺乃至艺术的交流和融合。在《白银资本：重视经济全球化的东方》一书中，西方学者贡德·弗兰克写道：

1800年以前，中国具有异乎寻常的巨大和不断增长的生产能力、技术、生产效率、竞争力及出口能力，这是全球其他地区都望尘莫及的。由于中国强大的经济力量，特别是工业生产的力量，所以中国的出口也占据世界上领先的地位。

根据贡德·弗兰克的研究，在1800年以前，中国垄断了世界瓷器贸易市场。大约占全国瓷器输出总量80%以上的中低档产品从广州输往亚洲各地，占16%的高档产品输往欧洲。19世纪初期，广东是整个东亚最大的铁器生产地。北至日本，南至今天的印度尼西亚诸岛，东亚诸地都要购买广东铁器，连自认工业技术领先东方人一筹的欧洲殖民者亦不例外。棉布也是清代中期中国最主要的出口商品之一，但国产棉花产量不足，于是从印度进口，先运至广东织成布，再卖到英国和美国去。非常有意思的是，那时候的广东一边输入棉花，一边输出棉布，已经有点“世界工厂”的味道了。

1957年，中国政府决定在广州创办一年两届的中国出口商品交易会，此时距离“十三行”官办正好两百年。作为“中国第一展”的“广交会”，成为了中国历史最长、规模最大、商品种类最全、到会客商最多、成交效果最好的综合性国际贸易盛会。作为早期国家形象工程之一的“广交会”，在很长一段时间里向世界展示了社会主义国家的伟大成就。作为中国最早接触世界的城市，作为海上丝绸之路的发祥地，从往昔“十三行”到今日“广交会”，不管国运如何变幻，政治如何跌宕，广州始终连通着中国与世界的贸易，凸显了强大的包容性和和谐力，广州人民也最先接受外来文化。

1978年中国实行改革开放后，广州又引领风气之先，率先在全国开办“三资”企业，率先通过合资合作的方式兴建白天鹅宾馆等五星级酒店……吸引了一批又一批的外来投资者在广州开工厂、建楼房、设总部。与此同时，珠三角成为了中国最大的农民工流入地，“世界工厂”的名号响彻全球，我们湘南人所谓的“上广东”成为了20世纪80年代以来新一轮劳动力移民造就的流动景观。到了90年代，农民工已成为珠三角众多生产线上不可或缺的主要劳动力，广东省成为了中国流动人口第一大省。来自2017年7月10日由广东省卫生计生委主办、广东省人口发展研究院承办的“关爱流动人口　建设健康广东——2017年第28个世界人口日专题座谈会”数据显示，截至2017年7月11日“世界人口日”，广东省流动人口达4048万人，其中省内流动人口1105万人，省外流动人口2943万人。其中，广州户籍人口888.83万，流动人口713.41万，可见广州的流动人口占据了广州人口总数的“半壁江山”。根据2005—2010年流动人口的数据分析，湖南、广西、湖北、四川、江西、河南、重庆、贵州、福建、安徽等地成为了广州外来人口的省籍来源地。由是，从“走西口”、“闯关东”、“下南洋”到“上广东”，流动性成为了变革时代的不可逆元素。

作为全国规模最大的制造业中心，珠三角凭借政策先行、投资拉动和区位优势，不但吸引着成千上万农民工的流入，而且吸引了大量的境外客商，欧美人、日韩人、阿拉伯人、非洲人随处可见。最为典型的是，大概在20世纪90年代，非洲人开始组团来到中国经商，将珠三角的中国服饰、原材料和中国制造的工业品带回非洲销售。经过20多年来的发展，非洲人在广州从经商扩展到教育、体育、劳务、服务等行业和领域。聚集地从迦南、御龙、天秀大厦等几座大型中非贸易城，后来扩展到淘金路、小北路、登峰街、三元里、番禺、东圃等地，慢慢地形成了非洲人聚居的“飞地”——所谓的“巧克力城”。毫无疑问，数量庞大的非洲人来到广州经商和定居，促进了中非贸易发展，他们参与和融入了广州的日常生活，加强和促进了中国和非洲之间的联系。

有趣的是，广州被越来越多的人戏称为“第三世界首都”，而小北路一带也成为了广州大都市里非洲风情最浓郁的地方。安哥拉妇女头顶着装满商品的大塑料袋，穿着长袍的索马里人忙着兑换货币，刚果的商人们从中国商铺成批订购内衣，尼日利亚籍的男人们在非洲酒吧里喝着珠江啤酒、吃着湖南米饭。在这里，英语、法语、西班牙语、阿拉伯语混合着广府话、客家话、潮汕话以及各地口音的普通话从耳边飘过。很多洋面孔操着半生不熟的中文跟酒店服务员、小店老板问询和砍价。他们经常用那生硬的中文表达他们对广州、对中国的好感：“我喜欢广州、喜欢中国，我想在这儿待下去，能待多久是多久！”、“我已经很中国了！”在这里，喧嚣的街市、花的海洋和各色人等共同构成了五光十色、自由随性、开放包容的绚丽大都市。

同时，“非洲人在广州”也不断吸引着世界的目光。凤凰卫视2009年9月12日《走读大中华》栏目的《黑色迷城：非洲人在羊城》，对非洲人在广州的活动进行了比较率性的记录和评说。卡塔尔《海湾时报》网站

2013 年 9 月 20 日刊登了题为《在中国取得成功的非洲人》文章，文章称至少有 2 万名非洲人在广州居住，其中不少人通过娶中国女人为妻加深同这座城市联系，中非关系逐渐加深。2017 年 4 月 1 日，在非洲工作多年的电影人巴杰利（Christiane Badgley）和她的合作者马库斯（Erica Marcus）通过纪录片《广州梦工厂》把镜头对准了中国广州：非洲移民的“中国梦”。这部纪录片聚焦于这些移民者本身的生活，试图改变西方主流媒体对非洲人的“刻板”印象，展现出他们与世界上许多其他地方的移民一样充沛的活力和经商的天分。

对于学术界来说，跨境流动、“飞地治理”和新移民研究是政治学、社会学、历史学、传播学、人类学、法学、管理学需要持续介入的研究领域。众所周知，美国社会学芝加哥学派托马斯和弗洛里安·兹纳涅茨基合著的《身处欧美的波兰农民》是移民史研究的一部经典著作。它反映的是 19 世纪末 20 世纪初美国“进步时代”移民到美国的大批波兰人，构成了一个相对独立的移民社区的历史场景。通过收录较有代表性的四个家庭信件和让外来移民自己讲述自己的生活故事对部分波兰移民进行了考察，为读者重现了特定年代社会变迁对波兰人传统文化、生活方式的冲击，伴随移民活动而出现的美国社会的混乱，并对波兰移民社区中的种族问题进行了评析。它不仅正确评价了外来移民对美国文化的潜在贡献，还试图从移民自己的角度去理解他们的文化，对美国的思想和社会政策的影响一直持续到 20 世纪末期。

关于“非洲人在广州”，作为广州新移民的境内“他者”，本人才于 2011 年 7 月从湘江边来到了珠江边，从岳麓山下搬迁到了麓湖旁，在离小北区域不远的麓景东路居住了六年，亲眼见证了非洲人在广州的一些行为活动，亲身感受了非洲人在广州的一些喜怒哀乐。刚住麓景东路 61 号的时候，有两个东西很不适应且很不习惯：一是广州艺术博物院广场上的广场舞；二是空气中充盈的香水味。一年之后，由于附近居民的强烈反对，艺术博物院和麓湖公园门口广场上的广场舞被“妥协”限定到了晚上 10 点止。但是，小北路、麓景路、童心路的香水味却从来没有减弱过，久而久之也便习惯了。不过，论对“非洲人在广州”的熟悉情况，我肯定比不上同事王亮博士。她是大西北人，本科毕业以后就早早地来到广州读研究生，毕业以后就在广州工作了。除了担任广州大学公共管理学院的教职以外，她还担负着广州市开心社会服务中心的负责人，承担着登峰街道外国人居留的社会服务工作已有三四年时间。她根据多年来的观察、亲历、对话和记述，于2017年9月出版了《非洲人在广州：跨境迁移者的口述史》，而摆在读者面前的这部著作则又是作者在口述史基础上的“理论版”。

“格力穷方进，功夫老始知。尽教人贬驳，唤作岭南诗。”似懂非懂地吟着游幕岭南大地南宋诗人刘克庄的诗，承蒙作者的嘱咐，写着似序非序的散乱言语，目的在于期待此书和《非洲人在广州：跨境迁移者的口述史》像《身处欧美的波兰农民》一样，成为理解跨境迁移者生活史上最为精彩的时代篇章。

是为序！

陈潭

2017年11月28日初稿于雁洲村

2017年12月26日改稿于小谷围

目　录

导论：全球化与我国的涉外社区 1

第一节　大都市涉外社区的概念及特征 3

一　大都市涉外社区及相关概念 3

二　大都市涉外社区的概念和特征 5

第二节　大都市涉外社区研究的意义 7

一　全球化背景下我国改革和开放不断深入的需要 7

二　我国都市国际化发展的需要 8

三　维护我国国家安全的需要 9

四　为我们研究跨国移民及移民融入等问题提供了新视角 10

第三节　大都市涉外社区概况 12

一　广州非洲人社区的分布概况 12

二　广州非洲人社区概述 14

三　广州非洲人社区人口概况 15

四　广州非洲人社区的意涵 17

第四节　大都市涉外社区的研究方法 18

第二章　大都市涉外社区及社区治理理论 21
第一节　族裔社区及理论 23
一　族裔社区概念界定 23
二　族裔社区的类型 24
三　族裔社区的形成 26
第二节　族裔社区的研究视角与方法 30
一　族裔社区研究的视角 30
二　族裔社区的研究方法 34
第三节　族裔社区的治理理论 34
一　同化论策略 35
二　多元文化策略 36
三　族裔社区结构营造策略 36
四　整体治理策略 37
五　社区族群融合策略 38

第三章　大都市涉外社区形成的机制 41
第一节　大都市涉外社区形成的相关理论 43
第二节　广州非洲人社区形成的外在原因 46
一　经济全球化的推力 46
二　中非间政治、经贸等的持续良好发展 47
三　广州城市自身的因素 48
四　小北的地理区位优势 48
五　非洲伊斯兰迁移者“依寺而居”的居住偏好 49
六　小北地区治安管理上的疏漏 50
第三节　广州非洲人社区形成的内生机理 50
一　群体聚居是非洲人社区形成的最初形态 50
二　经济共同体推动了非洲人社区的形成 53
三　生活共同体是非洲人社区形成的黏合剂 55
四　文化共同体巩固了非洲人社区的形成 57

五 小北非洲人社区形成的内在机理机制和逻辑路径……58
第四节 广州市非洲人社区的发展……60
一 小北非洲人社区呈现出由兴盛到衰落的趋势……61
二 非洲人社区向广州市郊区扩散……65
三 来华非洲人向内地迁移……70
四 非洲人社区迁移的忧思……71

第四章 大都市涉外社区的治理模式……75
第一节 涉外社区治理模式的他国经验……77
一 美国的自治模式……77
二 新加坡的政府主导模式……79
三 日本的混合模式……80
四 西方国家主要社区治理模式评述……81
第二节 当前我国涉外社区治理存在的主要问题……82
一 涉外社区治理的法律法规立法滞后……83
二 没有明确界定涉外社区的管理主体……84
三 涉外社区的社会组织培育和发展不良……85
四 现有的社会组织参与社区治理的职能不清……86
五 涉外社区的治理方式刚性，缺乏灵活性和科学性……86
六 涉外社区的治理在理念上重管理，轻服务……87
七 缺乏专业化的社区治理人才队伍……88
第三节 探索适合我国国情的涉外社区治理……89
一 建立适合我国国情的涉外社区的治理结构……89
二 探索完善涉外社区的管理机制……91
三 完善涉外社区治理的工作机制……92
四 探索社区治理上合作治理、以服务促治理等创新理念……93
五 依托现代信息技术，创新涉外社区的治理方式……93
六 结合涉外社区的特点，探索和创新涉外社区的治理内容……94
七 培养合格的社区治理人才队伍……96

八　培育和吸引社会组织参与社区治理 96

第五章　大都市涉外社区族际关系及治理 99

第一节　涉外社区族际关系的相关理论 101

一　族际关系的实质 101

二　影响族群关系的理论 101

三　西方国家族际关系及治理的理论 102

四　我国关于族群关系治理的理论 106

第二节　广州小北非洲人社区族际关系现状 107

一　非洲人与本国同胞之间的关系是生活关系密切，工作关系竞争 108

二　非洲人与其他同肤色的非洲人之间的交往关系是“情感+互惠” 109

三　非洲人与社区中国邻居互动少 109

四　非洲人与当地人交往主要依靠各类型中介代理人 110

五　非洲人与本地居民间有明显的社会距离，群体处于区隔和封闭 110

第三节　广州小北非洲人社区族际关系治理对策 114

一　族际关系上，加强族际间的接触和交流 115

二　打造富有成效的邻里支持网络 116

三　社区营造，打造适合多族裔融合的社区空间 117

四　重构涉外社区的文化，打造异质文化的混杂和融合 119

五　营造开放、包容的社会环境，促进多族裔关系的和谐 120

六　借鉴我国的民族政策，制定适合我国国情的族群治理政策 121

七　引导来华外国人积极融入当地社会 122

第六章　大都市社区外国人治理 125

第一节　广州市非洲人概况 127

一　小北地区非洲人群体人口学概况 127

二　广州市非洲人的经济状况 130
三　小北非洲人的生活状况 133
四　小北非洲人的文化适应情况 137
第二节　广州市非洲人的问题 139
一　非法就业问题 140
二　非法滞留问题突出 141
三　非法入境问题 142
四　其他违法犯罪问题 142
五　族群间各种冲突问题 143
六　非洲人的宗教信仰问题 145
七　群体封闭化、社团化等问题 146
八　群体性事件等治安风险问题 147
第三节　中非友好背景下加强对非洲人管理的原则 148
一　维护国家主权原则 148
二　依法管理原则 149
三　保障在华外国人合法权益的原则 150
四　综合治理的原则 150
第四节　中非友好背景下加强对非洲人管理的对策 151
一　建立统一的外国人管理机构 151
二　依托技术创新，建立统一的外国人信息化管理平台 152
三　探索完善以社区为依托的涉外社区管理模式 153
四　以服务促管理，通过服务实现对外国人的有效管理 154
五　依托以房管人实现动态化管理 155
六　建设高素质涉外执法队伍，依法打击外国人在华的违法犯罪行为 155
七　从严从重打击“三非”外国人问题 156
八　结合国情，分类引进和管理 157

第七章　大都市涉外社区族裔经济及其治理 159
第一节　社区族裔经济的相关理论 161
一　族裔经济缘何产生的理论 161
二　族裔经济功能的理论 163
三　族裔经济形成及发展趋势的理论 164
第二节　广州非洲人社区族裔经济的现状及特点 165
一　小北地区非洲人族裔经济概况 166
二　小北地区非洲人聚居区族裔经济的类型 170
第三节　广州非洲人社区族裔经济形成的原因 173
一　来华非洲人族裔性特点是内因 173
二　我国非移民国家的国情及相关涉外政策是客观原因 175
三　非洲人社区族裔经济的文化性促进着族裔经济的形成和发展 177
四　小北地区便利的交通和商贸环境，是形成族裔经济的地理因素 178
五　一定数量的非洲人口聚居是其族裔经济形成的人口要素 179
六　全球贸易中心的转移，是非洲人社区族裔经济兴起的国际因素 179
第四节　广州非洲人社区族裔经济的分析 180
一　非洲人社区族裔经济的功能 180
二　非洲人社区族裔经济存在的问题 181
第五节　大都市涉外社区族裔经济治理 185
一　国外的社区族裔经济治理经验 185
二　我国大都市族裔社区经济治理的对策思考 188

第八章　大都市涉外社区的风险及治理 193
第一节　族裔社区风险的相关理论综述 195
第二节　广州市涉外社区外国人的风险 197
一　广州非洲人的生存性风险 198
二　广州非洲人的发展性风险 201

第三节　大都市社区外国人风险的治理 204
一　依托专业化的社工服务，防范和化解外国人的风险 204
二　积极做好外国人风险的预防，建立精准甄别指标，审慎发放签证 207
三　加强对入境外国人的精准化管理 207
第四节　大都市涉外社区的风险 210
一　可能引发的政治风险 210
二　现实存在着的治理风险 212
三　涉外社区可能引发的社会风险 214
四　非洲人社区可能引发的经济风险 215
第五节　大都市涉外社区的社会风险探源 216
一　跨境迁移行动可能累积着风险 217
二　异国的社区环境也可能间接引发一些风险 217
三　涉外社区的族裔聚集密度和封闭 218
四　涉外社区居民的高流动性孕育着一定的社会风险 219
五　涉外社区管理上的不足也会引发风险 219
第六节　涉外社区风险治理的对策 220
一　在涉外社区探索建立政府主导的多元治理平台 220
二　在涉外社区建立“一中心多站点”的社区服务平台 221
三　探索建立大都市社区的风险预警指标体系 222
四　科学分类大都市涉外社区的风险级别 223
五　着力打造融合社区，促进外国人在华的社区融入 224

第九章　迈向创新的大都市涉外社区的治理 227
第一节　协同治理：大都市涉外社区治理的机制创新 229
一　理念创新：树立协同治理的新理念 229
二　多元主体是协同治理的基石 230
三　信任与合作，是协同治理的纽带 230
四　明确分工，是实现协同治理的关键 231

第二节 探索大都市涉外社区治理的平台创新 233
一 探索涉外社区治理的“大外管”管理平台 233
二 创新社区治理的工作平台 234
三 建立健全涉外人员的管理信息平台 236
第三节 管理到服务：“互联网+”的涉外社区服务创新 237
一 涉外社区治理上管理到服务转变的重要性 237
二 探索“互联网+”的政务服务创新 238
三 探索“互联网+”的社区服务创新 239
第四节 大数据技术：大都市涉外社区治理的手段创新 240

参考文献 245
附录1 非洲访谈者具体信息 250
附录2 中国访谈者具体信息 252
后 记 253

导论：全球化与我国的涉外社区

中华人民共和国自成立以来，一直是一个非移民国家。1979年我国实施改革开放政策后，中国与世界的交流开始增多。特别是随着我国于2001年加入世界贸易组织，我国经济社会开放力度的进一步扩大，我国与其他国家间交往合作日趋紧密，人口跨国流动更加频繁。一些热点城市，例如北京、上海、广州等，成为具有鲜明特色的国际化城市。国际化城市是城市逐步产生高度国际关联效应，在商品、资本、技术、信息、劳动力和文化等方面进行跨国界往来交流并不断扩大对外影响的过程。①国际化都市一个最为显著的特征是外国人的数量和比重。据统计，2013年北京的常住外国人达到20万人左右，超过全市总人口的1%；上海为17.6万，同比增加6.7%；2014年广州常住外国人达到11.8万，呈逐年递增趋势。可以说，来华外国人已成为我国城市人口中一个特殊的组成部分。大量外国人来华，不仅给这些城市的发展注入了新的活力，也在这些城市形成了外国人聚居的一种新的社区——涉外社区。

涉外社区，作为我国全球化背景下一种新的居住社区，是政治、经济和文化等多重力量作用下的产物。它是由大量不同国籍、语言、经济实力、社会地位、文化背景和风俗习惯的人士组成的，不仅仅是一个共同生存发展的地理空间，也是一个为聚居区的居民提供精神上

① 姚宜、葛至专：《2012年广州城市国际化发展形式分析与2013年展望》，《广州城市国际化发展报告》2013年。

的认同感、归属感和安全感的文化空间和心理空间。当然，涉外社区同时也是一个经济空间。

在当前我国一些大都市所出现的外国人聚居区中，其中有一类尤其引起了我们的关注。它不仅仅是外国人聚居的区域，而且存在着明显的族裔特性以及社区共同体的特征，基于此，本书将以广州小北地区的非洲人社区为例，来深入探讨此类型社区。

第一节 大都市涉外社区的概念及特征

什么是社区？社会学家给社区下出的定义有140多种。尽管学者们对社区下的定义各不相同，在构成社区的基本要素上认识还是基本一致的，普遍认为一个社区应该包括一定数量的人口、一定范围的地域、一定规模的设施、一定特征的文化、一定类型的组织。社区就是这样一个“聚居在一定地域范围内的人们所组成的社会生活共同体”，是社会有机体最基本的内容，也是宏观社会的缩影。

一 大都市涉外社区及相关概念

（一）涉外社区

涉外社区是外国人聚居区的一种类型，是指外国人群体在一定的空间范围内聚集，并组织了大量商业企业服务于自身或者普通人群，形成相对于移入国主流社区来说，独立的、封闭的一种聚落形态。

这类社区，通常有相应的族裔经济和族裔市场。此类族裔经济族裔劳动力所占比重比较高，其工作通常有以下特点：工资较低，工作环境较差，无技能或低技能要求，有明显的族群色彩。从社区结构形态来看，这类社区通常是被主流社会所孤立和排斥的区域。从社区人口构成来看，主要是由同一族群构成，族群内群体互动密切，族群间存在着空间的隔离。从社区地理景观来看，这类社区形成了一些适合聚居族裔的景观。比如社区内一些公共设施以及装修风格。

除此之外，这类型涉外社区共同体，还存在着明显的文化景观。突出表现就是以族裔文字为代表的“文化景观”或者“语言景观”，它是涉外社区的标志性代表。

（二）外国人聚居区

外国人聚居区，作为外国人居住的一种类型，它和涉外社区有相同之处，但它主要有以下特征：①在外国人聚居区可以发现广泛的劳动力分化和较高的阶层分化，并且某一特点族裔人口在社区所占的密度相对比较低；②外国人聚居区的经济活动范围更广，从主要部门到自我雇用，从跨国合作到族裔小商业，包含多种形式；③外国人聚居区相比涉外社区来说，被主流社会隔离的程度相对更低；④外国人聚居区和涉外社区有密切关联，是一国外国人聚居的不同发展阶段。

（三）大都市涉外社区和外国人聚居区

1. 二者的共同点

首先，二者都指涉一个地理空间的概念。无论是涉外社区，还是外国人聚居区，都指涉的是我国都市里一定的地理空间。

其次，涉外社区和外国人聚居区的人口构成都以非我国公民的外国人为主要构成。这是二者之间的主要共同点。

外国人聚居区是指一个主权国家内非本国居民居住的地理区域，社区内并没有存在经济结构等由居住族裔群体控制的现象（Jaret, 1991: 327）。[①] 而本书所研究的大都市涉外社区，则是一个更复杂的概念。它不仅包括地理意义的地理空间，而且包括社会和经济在内的，有明确的边界和区隔的区域。基于此，本书所研究的大都市涉外社区，我们称为大都市涉外社区共同体。

2. 二者的不同

（1）聚居程度不同

涉外社区和外国人聚居区的形成，通常而言，都既有外部的推动因素，例如来自主流社会的（偏见和歧视），也有内部驱动因素（民族团结

---

① Jaret, C., “Recent Structural Change and U.S. Urban Ethnic Minorities”, *Journal of Urban Affairs*, Vol. 13, No. 3, 1991, pp. 307-336.

和共同利益）。外国人聚居区的形成，在非移民国家，往往更多源于内部因素。例如族裔共同身份属性等的驱动。或者在流入国便于工作的便利。外国人聚居区的族裔人口会因为各种原因流动和变化，社区内本族裔人口的浓度或者聚居密集程度一般并不高。

涉外社区则不仅仅体现为族裔群体在地理空间的聚集，而且是族裔群体经济、文化等族裔因素的聚集。在一个族裔社区，族裔群体往往会复制自己的文化、生活方式，也会建立自己的族裔文化和经济等。可以说，涉外社区与外国人聚居区相比，不仅有明晰的地理空间边界，而且有明显的族裔文化和族裔经济等边界。

（2）所反映出的社区结构不同

外国人聚居区更多是一种外国人居住的地理空间概念，社区整体结构上不存在明显的族群间区隔等，从社区结构上来说，更多是一种扁平化的居民邻里关系。外国人聚居区，有的只是居住成员不同的国别身份差别。

涉外社区概念则不仅仅是地理空间概念，也是一个社会空间概念，或者文化空间概念。涉外社区相对于外国人聚居区而言，其社区结构更复杂，对于本族裔群体来说，涉外社区体现为更紧密的本族裔社区结构，以及与其他族裔二元区隔和平行的社区结构。

（3）治理难度不同

外国人聚居区，更多地体现为一种外国人居住的地理区域，无论是治理主体，还是治理的依据和方法等，都比较单一。因此，在治理上，挑战相对而言比较小。而涉外社区，则不仅仅是外国人的聚居，而且具有在移入国重建外国人各类社会结构的特质，社区结构更加封闭和内卷，治理难度和挑战更严峻。

二　大都市涉外社区的概念和特征

结合前文对涉外社区和外国人聚居区概念的区别，本书中大都市社区，是指国际化大城市中，某一外国人族群的高度集中的社区共同体区域。

在列斐伏尔（Lefebvre）看来，任何空间都暗含了意义过程，“已经生产出来的空间可以被解码、解读。”[①] 它不仅指涉的是外国人聚居所占有的地理空间区域，而且还是一个政治概念、经济概念、社会概念和文化概念等。

首先，大都市涉外社区是一个政治概念。大都市涉外社区的形成，往往同一个国家的社会政策，制度等有密切关联。约翰逊（1994）的研究表明，移民在移入国形成一定的聚居社区，有客观的外部原因。如来自主流社会的（偏见和歧视），可以说，社区的形成，源于种族歧视的结果。（约翰逊，1994：231）。菲尔波特（1991）指出贫困与种族主义（Philpott，1991：18）相结合形成了移民社区。事实上，涉外社区，不仅仅是一个地域地理概念，更应是由于一个国家的社会制度和政策而形成的政治地理空间。

其次，大都市涉外社区是一个社会概念。大都市形成一些涉外社区，并非是跨境迁移者以个体方式自由迁移和居住的结果。跨境迁移者由于个体的受教育情况、语言水平及其他个体结构性的原因，在移入国常常是通过依赖其一定的社会关系网络（主要是族裔关系网络），以链式迁移的方式流动到移入国的。在陌生的他国，也是凭借着其原有的社会关系网络（如亲缘网络、族群网络等）而选择居住地域的。可以说，是依托其社会关系而聚居的，从这个意义上来说，大都市涉外社区，也是一个社会概念。

再次，大都市涉外社区是一个文化概念。大都市的涉外社区，居住在这一区域之内的外国人，是因共同的族裔文化、经济活动和生活方式等内在驱动因素而形成与周边社区相对隔离的社区（enclave）形态，它是少数族裔族群因自身文化凝聚而形成的相对隔离的区域（Park.et al.，1925；Wirth，1928）。这类区域带有明显的族裔文化特征。它与其他社区的区别不仅在于居住人群的民族成分的不同，而且体现为社区的居民都趋向于保持和维护本族裔的语言、文化、风俗传统，以及整个民族的生活形式（马晓燕，2008）。

---

① Lefebvre H., *The Production of Space.*, Oxford, Carlton: Blackwell Publishing Ltd，1991.

最后，大都市涉外社区是一个经济概念。波特斯等学者是最早对族裔社区进行经济维度阐述的学者。（Portes & Bach，1985；Wilson & Portes，1980；Zhou，1992）。在波特斯等学者看来，这些大都市社区，从社会的角度，或者其他族裔的视角来审视，它并不具有相对独立的社会结构，充其量不过是少数族裔的聚居区。但对于居住在这个地理空间上的族裔来说，它就是一个社会。族群成员与此聚居区存在着各种社会关系联系、经济活动联系等。他们将族裔聚居区定义为集中在一定的地域，由族裔群体的社会组织来维系成员与成员、成员与组织、组织与组织之间关系，并由族裔企业家和业主主导的经济活动来为本族裔成员提供服务的地方。正是在这种研究视域下“族裔聚居区”这一概念的意涵超越了“文化”空间的意涵而贯入“经济空间”的意涵。

第二节　大都市涉外社区研究的意义

我国作为一个传统的非移民国家，大都市涉外社区的出现和发展，是经济全球化推动下国际人口流动的产物。当今世界，特别是以互联网技术为代表的新科技的推动，全球化趋势浩浩荡荡，以及我国在全球政治、经济、文化等领域综合实力的不断上升，目前我国已成为全球化的重要推动力量，相应地，外国人聚居的社区在我国将越来越普遍。

一　全球化背景下我国改革和开放不断深入的需要

涉外社区在我国的出现，源于我国的改革开放政策。自1978年改革开放以来，随着我国在世界各国政治、经济、文化等领域交流的不断深化，来华外国流动人口以惊人的速度增长。据统计，2004年，公安机关出入境管理部门批准外国人入境1693.25万人次，是20年前的11倍。2016年显示的数据，外籍人员入境达7630.54万人次，比2004年增加4倍多。从上述数据对比可以看出，来华外国人的数量屡创新高。2016 年，我国加入国际移民组织，成为该组织的第 165 名成员，这必将吸引更大的国际流动人口来华，也将更大地推动国际移民的跨国别流动。①

当前，我国开放处于更深发展阶段，全球化的趋势下，我国开放的力度不断增大。特别是国家主席习近平提出的“一带一路”全球发展战略，必将使我国与世界各国的联系和交流进一步加强。在此背景下，可以预见，国外流动人口将更加迅猛地流动进入我国，涉外社区将不仅仅是大都市区的现象，甚至在我国一些中小城市，也将出现一些涉外社区。

涉外社区，作为一种有别于本国居民居住的社区，也称国际化社区，通常是指社区内常住外国人口达到相当比例，形成多元社区文化的新型功能社区。我国公安部关于外国人聚居社区的定义是：50 人以上外国人集中居住是聚居；50 人以下是散居。上海市《浦东新区关于促进国际社区居民委员会建设的若干意见》中规定：“境外人员住户数达到小区总户数五分之一以上的，就可以认定为国际化居住小区。”外国人居住的社区化，在促进所在城市社会经济发展的同时，由于外国人和本地居民之间存在着由于族群间文化、生活方式、价值观念、意识形态等方面的不同，容易引发各类矛盾，因此，需要我们的城市管理者在推进开放国策的前提下，重视涉外社区的研究和治理。

二　我国都市国际化发展的需要

国际化城市，普遍性的标签是：是全球或区域主要的金融中心、是跨国公司总部所在地、一些国际性机构的集中地、全球或者区域经济的重要经济中心、世界主要的交通枢纽等。②当然，国际化都市还有诸如区位优势、国际性的港口贸易、金融保险业、跨国公司集团化的一体化以及重大

① 何农：《中国成为国际移民组织成员国》，《光明日报》2016 年 7 月 1 日。

② 辛章平：《国际化城市理论的基本要义——兼论我国国际化城市的建设》，《城市问题》1996 年第 3 期。

区域性的基础和服务业国际化服务等也是构成国际化城市的基本要素。国际性城市是后工业时代全球经济一体化条件下的一种特殊现象，其功能是充当全球金融资本运动的空间节点和国际移民的集散地。[①] 鉴于国际化城市所拥有的强大的政治、经济、文化影响力和辐射力，许多城市都在积极争创成为国际化都市。

衡量一个城市的国际化程度，有多个指标。其中，城市居住人口的多样性，城市文化的多样性是重要的指标。城市居住人口的多样性，一般以出生地为外国的人口占城市人口的百分比来反映；典型的地域社区特点是是否形成了一些非本国人口的涉外社区。城市文化生活的多元性，表现为城市的公共语言的多语种化以及城市管理机构对非本国文化一视同仁，各族裔居民对市政的积极参与等。可见，都市里的涉外社区，既是都市国际化的鲜明标志，也是都市创建国际化的重要指标。当前，随着全球化进程的推进，我国的城市建设迎来新的转型机遇，更多的城市希望在全球化的链条上成为关键节点城市，吸纳更多的资源，发挥更大的影响，都需要关注涉外社区的研究。

三 维护我国国家安全的需要

随着我国对外开放的深入发展，特别是加入 WTO 以后，外国人入境数量大增，外事活动频繁，涉外社区增多，外国人的大量流入，在繁荣和发展我国城市经济、文化、社会的同时，也带来了外国人违法犯罪、群体性事件等诸多社会问题以及涉及国家安全的不稳定因素。预计未来一段时期，北京、上海和广州等国际化大都市的外国人数量将持续上升，人员结构日趋复杂化，并在当前错综复杂的国内外形势下，以前所未有的特殊方式对我国城市社会结构和社会秩序产生影响。1. 有组织的跨境犯罪（主要是黑社会犯罪）对我国社会治安秩序的持续性危害。有组织的跨境犯罪

① 尹继佐：《世界城市与创新城市》，上海社会科学院出版社 2003 年版，第 12 页。

造成的社会危害主要有以下几个方面：在跨境犯罪中发案数最多的是走私犯罪；制售假币案的发案数也在迅速增加；跨境制贩毒品案；跨境金融犯罪；特别是当今高发的境内外犯罪分子勾结在金融领域的高科技犯罪，如洗钱、抽逃资金、信用卡诈骗等犯罪形势纷纷呈现。2. 间谍及各种渗透活动。如一些国家的外国人以了解中国农村现状为由，以私人旅游者或访问学者的身份，到我国的农村地区进行经济状况、村民自治等方面的实地考察活动，收集我国政治、经济情报。3. 非法传教及各种宗教渗透。如在上海的某国家企业是基督教会的公司，其资金来源于教会，该公司鼓励中方员工阅读《圣经》，还有少数外国文教专家在授课时，有意散布宗教思想，诋毁我国的宗教政策，煽动宗教矛盾，有的还借机抨击我国的政治制度，激化我国的社群矛盾等。

就涉外社区而言，若长期与当地居民社区保持二元平行而又区隔的独立运行状态，这将使涉外社区的外国人逐步演变为一种特殊的群体类别。特别是区隔等引起的歧视或者排斥，将在伤害了其人格和尊严的同时，极易诱发此类群体内心的不满、反感和抵抗情绪，催生群体间的摩擦与冲突。一些外国人聚居区可能会因经济利益的驱动，受不良个体因素的催化影响，出现行为失范，并逐步形成以追求“高风险”“高回报”“自我麻醉”和“自我牺牲”为特征的跨境流动人口亚文化区域，成为各类违法犯罪高发区域。

我们在继续保持开放的同时，必须未雨绸缪，对涉外社区及其存在的问题及早研究、及早治理，从而确保我国国家和社会的安全和稳定。

四　为我们研究跨国移民及移民融入等问题提供了新视角

随着全球化趋势的进一步发展，跨国别流动人口的频繁流动，移民已成为许多国家人口构成之一，外来的移民如何适应和融入本土社会，也一直是当今各国所面临的迫切问题。这是因为，移民是否能够融入本地社会不仅会影响移民个体的生计与发展，同时，移民能否融入本地社会也会对移入国的社会结构和社会治理产生重要的影响。早期关于移民融入的理论，一种是同化论，具体区分为古典同化论和文化同化论。该研究视角源于美国。认为移民必须通过文化同化融入美国社会。所有移居美国的移民必须通过美国“大熔炉”，从而被同化为盎格鲁一美国人（戈登，1964）。每个移民将经历一个“种族关系循环”的“联系、竞争、住宿和最终同化”主流社会，这个循环被认为是“进步和不可逆转的”（帕克，1950）。文化同化理论主张，移民应逐渐褪去其族裔身份而融入主流社会，并最终瓦解其族裔价值观念，彻底融入主流社会，剩下的唯一遗迹可能就是甘斯（1979）所称的“象征性的族裔”。文化同化论视角的开山鼻祖以20世纪美国芝加哥学派的戈登为主要代表人物。戈登在20世纪60年代中期，通过对移民同化的指标分类来测量移民的同化。例如通过价值观或行为（文化互渗）、群体结构、婚姻（合并）、身份、态度和行为等，来测量移民的公民同化程度（戈登，1964）。

以号称移民之国的美国为例，一些族裔社区会随着在移入国居住的时间而逐渐融合、同化。就像古典同化论所指出的：所有移民最终都将融入主流社会和劳动力市场中，成为主流社会的一部分，族裔社区仅仅是一个“过渡性”的存在，会伴随着族裔群体成员向上流动渐趋衰退和消失。新移民最初依赖族裔聚居区，一旦在移入国站稳脚跟，便会努力融入移入国的社会、经济、文化中去，继而从原来的族裔聚居区陆续搬离，住进较高级的、环境更好的中产阶级居民区，更多地接触本地多数族群，改变自己的社会地位；同时，当个体逐渐融入当地社会，族群之间的文化交往亦随之加深，移入的族裔成员被本地社会进一步同化。因此，族裔聚居区势必经历形成、发展到最后消亡的社区生命历程（托马斯，兹纳涅茨基，2000）。

但也有一些族裔社区，并没有随着移民聚居时间越长而逐渐同化和消失，而是不断强化。显然，移民社区演进的路径并不完全相似，为什么有些族裔聚居区能够经久不衰，长期存在下去，且族裔群体成员在其中也有可能达到向上层社会流动的目标；为何不同的族裔聚居区会存在显著的差异，即一些族裔社区是社会流动的障碍而另一些则是动力；为何不同的族裔群体社会流动的结果会有如此大的差别？[①] 在这里，有学者认为，把移民社区作为中心研究，可突破原有的从微观的移民个体来研究移民问题的缺陷，是一种更宏观的研究视角，为我们研究移民的融入等问题，提供了一个不同于以往只关注移民个体的研究视角。研究视角更关注于由族裔成员所构成的社区共同体上。这种研究视角的转换将对移民个体的分析从其“融入主流社会的努力”转向探析其“在社区的生活状态”；更为重要的是，它可能跳出“隔离—融入”（边缘—主流）这种二元对立的分析框架。[②] 深入研究我国当前存在的类似西方国家的一些来自不同国家的族裔社区，也是我国应对业已出现和不断发展的跨境人口及涉外社区的需要。

第三节　大都市涉外社区概况

本书所研究的大都市的涉外社区，主要关注的闻名国内外的广州地区非洲人社区，将主要以此类社区为研究案例，来探讨其特质，问题及其治理。

一　广州非洲人社区的分布概况

广州，地处“世界工厂”的珠三角中心，有中国“南大门”的美誉，是“海上丝绸之路”的起点之一，也是中国南方最大、历史最悠久的对外通商口岸以及世界著名的港口城市之一，中华人民共和国成立后，自1957年开始举办的“中国出口商品交易会”有60年历史。凭借悠久的历史资源、优越的地理位置、物美价廉种类繁多的商品，促进了对外商贸的发展，也吸引着不少外籍人员来穗发展。根据全国第六次人口普查数据显示，目前常住我国的外籍人士有59.4万人，而广东省就有31.6万人，居

---

① 狄金华、周敏：《族裔聚居区的经济与社会——对聚居区族裔经济理论的检视与反思》，《社会学研究》2016年第4期。

② 同上。

全国之首。据广州市公安局统计的数据，截至2014年10月25日，在广州市居住超过6个月的外籍人士为11.8万人。根据《羊城晚报》2016年7月16日报道，广州每天实有外国人数量在8万—12万人，高峰出现在广交会期间，接近12万人。在广州的涉外社区中，尤以非洲人社区最为有名。

自1955年万隆会议中非建交以来，中国同非洲的贸易发展良好，贸易额从2000年的73亿美元跃升到2010年的1000亿美元，增长十多倍。20世纪90年代，西非人追随阿拉伯商人来到广州“淘金”始，随着中非贸易的连年快速增长，目前在广州的非洲人数量越来越多，并形成了一些非洲人社区。

最早的广州非洲人社区主要集中在小北一带。这里交通便利，邻近机场路入口、广州火车站、地铁、多个汽车站。在小北附近，有多个服装、鞋帽等小商品集散地，如“站西钟表城”“白马服装城”“流花服装批发市场”等各类服贸批发市场，这类市场与非洲商人的采购偏好十分吻合，便于他们的贸易和采购。加之历史上这一带是广州的乱葬区，本地人不愿意在这里居住，因而小北地区的写字楼，出租屋的价格，虽然处于城市中心区域，但相比其他区域房租偏低，属于房屋租赁的价值洼地，辖区又有城中村，可提供十分低廉的房屋，这些区位特点，吸引到广州做生意的并不富裕的中东人和非洲人。

后来，随着越来越多的非洲人流入广州，非洲人社区由小北地区的下塘西路扩展到广元路及三元里一带，之后又形成了番禺和东圃，以及佛山的黄岐镇等非洲人居住区域。小北片区以天秀大厦为核心，其方圆范围均属典型的非裔经济区，同时也是广州最早的非裔聚居区；三元里片区主要由沿广园西路两侧的商贸楼组成；番禺片区属近郊，主要集中分布于丽江花园和祈福新村；东圃片区主要集中在天河广场附近，以居住为主；黄岐片区主要包括黄岐步行街、河畔花园、大沙村、江滨大厦等，也以居住为主。（见表0—1、图0—1）

表 0-1　　非洲人集中片区情况表①

非洲人集中片区	主要街道	主要商场	主要居住点
小北	小北路、环市中路、淘金路、童心南路、建设六马路、下塘西路、恒安路、宝汉直街	天秀大厦、越洋商贸城、金山象商贸城、鸿汇国际商贸中心、国龙大厦、秀山楼（中非商贸城）、陶瓷大厦、恒生大厦	天秀大厦、登峰宾馆、越洋商贸楼、登峰村、童心路、下塘西路等
三元里	广园西路、三元里大道	唐旗外贸服装城、迦南外贸服装批发城、通通商贸城、柏乐商贸城、天恩服装城、宇航大厦（旧天恩）、国展服装城、御龙服装市场、88 外贸服装批发、万通大厦	韶关大厦、龙安酒店、汇源酒店
番禺	丽江花园、祈福新村	丽江花园、祈福新村	丽江花园、祈福新村
东圃	天河广场	天河广场	天河广场
黄岐（佛山）	黄岐步行街	黄岐步行街	河畔花园、大沙村、泌冲村、江滨大厦等

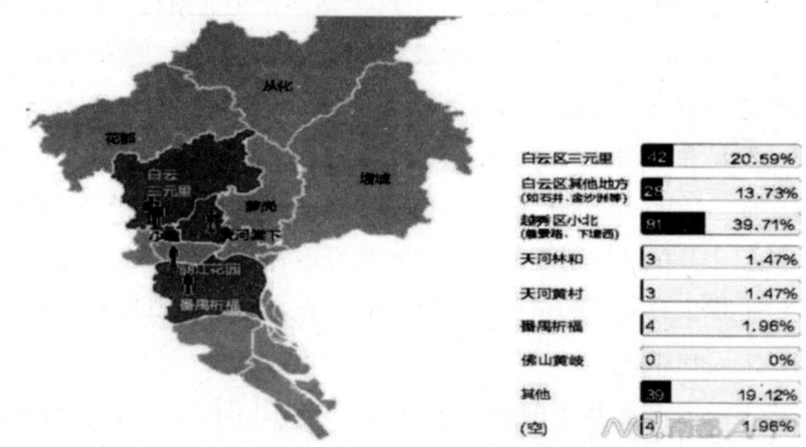

图 0-1　广州主要的非洲人社区及聚居区

二　广州非洲人社区概述

在广州的各主要非洲人社区，小北非洲人社区和三元里非洲人社区已

① 李志刚、杜枫：《“跨国商贸主义”下的城市新社会空间生产——对广州非裔经济区的实证》，《城市规划》2012 年第 8 期。

形成典型的族裔经济区，番禺片区和东圃片区属于纯粹的非洲人居住社区。黄岐为近期发展片区，属于广州非洲人社区的外移社区，当然还有近两年花都的富力金港城片区，金沙洲片区都是新近形成的非洲人聚居区。

小北非洲人社区，地处越秀区小北地区建设街、登峰街、虹桥街一带。该片区的非洲人主要居住在以广州市环市东路为中心的秀山楼、淘金路、花园酒店、建设六马路、建设大马路等一带，这一片区的非洲人以从事贸易为主，来自53个国家。本片区的秀山楼、陶瓷大厦、天秀大厦、登峰宾馆、登月酒店，以及怡生大厦、恒景大厦、恒生大厦、国龙大厦、永怡大厦等商业写字楼中都有非洲人入住。小北非洲人社区是来广州的非洲人最早聚居的地段，也是当前广州非洲人聚居最为密集的地区，仅登峰街常住的非洲人就超过6000人（根据越秀区出租屋管理办公室访谈）。

三元里非洲人聚居区地处白云区三元里。聚居该片区的非洲人以三元里为中心，分布在金桂村、机场路小区、教师新村等地。三元里片区的外籍居民规模约为数百人（根据白云区出租屋管理办公室访谈），主要由经营鞋类、服装生意的非洲人组成，这一地区的居民主要选择租用商品房小区住宅，存在少量非洲人在附近城中村租用村民房屋的情况。

番禺非洲人聚居区，地处南郊的番禺区。近年来，一些大型的、配套设施较好的楼盘如祈福新村、丽江花园等在该区出现，吸引大量白领阶层的同时，本片区也正成为来自西亚和中东国家的外籍居民聚居区。例如，仅在丽江花园的“德”字楼和“丽”字楼片区聚居的国际居民已达300多人，该社区非洲人以居住为主。白云区广佛交界的金沙洲社区，以及花都区的富力城社区，是近几年形成的非洲人社区，目前主要有居住的功能。

三　广州非洲人社区人口概况

广州到底有多少非洲人？由于缺乏官方数据，对广州非裔商人的规模一直存在争论：“人数可能以十万计”[①]，或者“至2008年初，广州约有8万非

① 《“巧克力城”——非洲人寻梦中国》，《南方周末》2008年1月23日。

洲裔居民”[①]，或是“采用‘10万’这个数字……给读者以非洲人在广州人数很多的概念”[②]。李志刚的研究通过统计数据和访谈资料估算，据和非洲各国社团主席的访谈，广州的非裔商人约为6.36万人[③]。广州究竟有多少非洲人一直是个谜。曾有广州当地媒体大胆估计，广州的非洲人总数达到20万[④]。

广州的非洲人构成极为多元，语言有法语、英语、阿拉伯语和葡萄牙语等不同语言，大部分来自西非，另有相当数量来自中非和东非。广州也因为小北地区集中了大量的非洲人，而形成了特有的“巧克力城”非洲人社区。小北非洲人社区居住了来自非洲的53个国家和6个地区的非洲人，以小北地铁口为中心往四周延伸的环市中路、小北路、恒安路、童心路、麓景路、下塘西路，其中环市中路和小北路地属洪桥街道，后四者属于登峰街道，两条街道的社区辖区面积达6.5平方千米。（见图0—2）

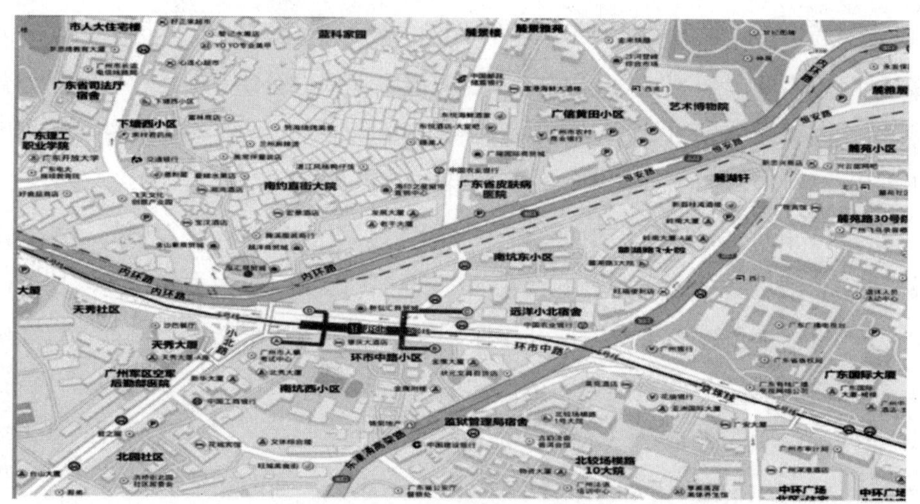

图0–2　小北地区地形图

① 《非洲人在广州》，《南方都市报》2009年5月23日。

② 《十万非洲人寻梦广州大量移民进入宜疏不宜堵》，《非洲》2010年8月13日。

③ 李志刚、杜枫：《“跨国商贸主义”下的城市新社会空间生产——对广州非裔经济区的实证》，《城市规划》2012年第8期。

④ 《探访广州黑人社区：非洲人在中国的寻富之路》，（http://money.hexun.com/2011-11-28/135759431_1.html）。

小北的非洲人社区，除了聚居了大量的非洲人群体外，还形成了具有鲜明的非洲人特点的一些社区地理环境。在越秀区的小北路、广园西路一带，随着越来越多的非洲人聚集于此，这里的城市景观也在发生着许多改变。许多商场的户外广告牌、LED 灯箱上，都打着英语、法语、阿拉伯语和中文这四种语言，而像非洲餐馆、理发厅这样的服务行业也正在兴起。

图 0-3 小北非洲人社区生活设施情况

从社区形态来看，社区人口构成上非洲人占有比较大的比例，形成了一定的族裔人口集中，而社区内比比皆是的非洲国家文字、招牌，以及商铺经营上很明显的非洲族群特色，都寓意了这个社区的独有特色。

四 广州非洲人社区的意涵

（一）小北非洲人社区：是主流社会视角下的他者空间

小北非洲人社区，其特征和所处的位置折射出了广州城市社会空间的结构形态。小北的非洲人社区，与本地社区形成了二元对立的族裔空间秩序和二元平行的社区生态。

需要注意的是，隔离不仅意味着分隔，还暗藏着等级秩序。物理空间与社会结构结合，构成二元对立社会空间秩序。在广州本地人眼中，在主流社会的视域里，小北的非洲人社区，是非洲人在广州重构所形成的他者空间。

（二）小北非洲人社区：是在华非洲人眼中的家园空间

小北非洲人社区，并不仅仅是一个非洲人居住区域，同时，也反映出非洲人在小北地理空间，通过文化和符号意义及实践构建出反映了非洲人群体身份的家园空间。

小北非洲人社区的形成是被动排斥和主动区隔共同作用的产物。作为主流社会群体视角下的他者空间，小北非洲人社区显示出了主流社会与这一区域的隔离和排斥，同时，作为自己在异国的家园空间，小北非洲人社区也体现出非洲人本身对非洲文化的保留和对主流文化的拒绝。因此，对于主流社会来说，小北非洲人社区的空间意义上是“他者”。而对于居住其中的非洲人来说，小北非洲人社区则是母国的延伸，是文化和族裔身份意义上的家园，主要在于其文化符号价值。

第四节　大都市涉外社区的研究方法

为了更深入分析广州的非洲人社区，本研究主要采取定性研究和定量研究相结合的方法。定性研究包括文献分析法、深度访谈法、实地观察法等研究方法。定量研究则主要是问卷调查法等。

一、文献分析法

对于族裔社区以及族裔社区的研究，我国学者主要集中于对少数族裔聚居区研究，以及农民工进城后形成的一些“浙江村”“平江村”等的研究。国外有很多关于族裔社区的研究，例如“唐人街”“小印度”“小意大利”“小东京”等，这些研究都是我们深入研究我国类似的外国人聚居社区的主要参考资料。

二、参与式观察法

除了访谈外，笔者作为小北登峰街外国人服务中心的督导，借社会工作者的身份，在工作过程中开展个案、小组、社区服务时与非洲人全过程接触，并进行详细观察记录，了解非洲人在接受社会工作服务时所呈现的真实表现，以及他们的真实需求及问题，实地走访聚居区的生活圈、商贸圈、居住区、政府对外窗口等地方，收集社区资源和信息，以及非洲人的真实生活状态，以便深入剖析聚居区的问题。

三、问卷调查法

在小北一带非洲人聚居的生活区、商贸城、酒店、政府对外窗口等地方开展问卷调查。为解决调查过程中可能会出现的语言障碍问题，以及实现问卷最大的有效性，问卷采用中文、英语、法语三种语言。所获取的数据信息运用 SPSS 软件进行处理和分析。所调查的人群为在广州居住至少 3 个月的非洲人，调查访问员的选择上，招募可以流利使用英语和法语进行交流的志愿者，从而确保在调查过程中可以和非洲调查对象顺利进行沟通。调查期间共派发问卷 300 份，回收 287 份，回收率 95.6%，扣除有明显错误、漏答过多的问卷 3 份，共回收有效问卷 284 份，有效率 94.6%。

四、深度访谈法

除了采用定量研究方法外，本文也大量运用定性研究方法，以期能更深入揭示广州小北非洲人社区的概况，以及社区形成和发展的内生逻辑等。访谈法主要运用“半结构式访谈法”，根据人群的划分，制定两份访谈提纲对非洲人和中国人，包括商户、本地居民、政府工作人员等，面对面接触、互动、面谈，深入内部了解他们的情况、看法。

访谈分类人群，一类是非洲人；另一类是中国人。其中访谈的非洲人来穗时长要求来华至少 3 个月，一共访谈了 48 名；访谈的中国人，以在广州居住和生活一年以上，在小北一带工作、生活、居住的人为主，包括政府工作人员、公安执法人员、出租车司机、物流人员、商户档口人员、流动摊贩、房东、大学生志愿者等。从附录 1 可以看到被访谈的非洲人当中，男性占较多数量；从所访谈的中国人来看，与非洲人接触时间最长的人群较多以经商为主，另外，短期（3 年以内）与长期（4 年以上）接触非洲人的中国人各占一半比例，可以从不同时间跨度以及人群角度来看待非洲人的多元情况。访谈人员的详细信息见附录 1 和附录 2。

第二章 大都市涉外社区及社区治理理论

大都市的涉外社区，其实质是外国人在华聚居区的一种空间类型。国内的一些大城市，例如北京、上海、广州等城市，都有一些大大小小的外国人聚居区。外国人聚居区和涉外社区，尽管都指涉的是一定的地理居住空间，然而，两者从社会意义上来说，是两个有区别的概念。

第一节　族裔社区及理论

一　族裔社区概念界定

族裔社区，作为移民聚居的地理区域，最早对其的研究追溯于20世纪20年代的美国“芝加哥学派”，以罗伯特·帕克为代表的芝加哥学派，针对20世纪初大量欧洲移民涌入美国的现状，开始关注都市里的这类族裔聚居社区。

关于族裔社区密切关联的概念是少数民族聚居地（ghettos）和族裔社区两个概念。那么，族裔聚居地（ghettos）和族裔社区有何不同？又有什么可以识别的形式？

从历史角度来看，“少数族裔聚居地”这个词主要与欧洲犹太人联系在一起，今天我们倾向于把这个词等同于一个主要由少数族裔群体占据的贫民区；该术语常常暗含了贬义。相比之下，族裔社区一词则被用来描述一个地理区域，主要是指某一地理边界内，某一在生活和文化等方面都相同，且族裔密度很高的民族区域。与少数族裔聚居的贫民窟不同，族裔社区虽然也有负面的意义，但一般不认为是一个贫民窟。①

此外，学者们还试图通过以一定数量的族裔人口比例来定义某一区域是少数族裔贫民窟还是族裔社区。Peach（1996）的研究指出，一般来说，某一区域超过90%的人口是少数族裔群体，此类社区通常被称为是少数族裔聚居的贫民窟（ghettos），而族裔人口约占30%的区域则被称为一个社

① Karen，Agutter & Rachel A. Ankeny，“Understanding Ethnic Residential Cluster Formation: new perspectives from South Australia’s migrant hostels”, *Australian Geographer*，VOL. 47, NO. 4, 2016，pp: 455–469.

区。[①]可见。少数族裔聚居区相比族裔社区，人口的密度和聚集程度更高。

当然，无论是族裔聚居地还是社区，这两个地理区域的形成，既有外部的推动因素，例如来自主流社会的（偏见和歧视），也有内部驱动因素（民族团结和共同利益）。菲尔波特指出贫困与种族主义相结合形成了少数族裔聚居区或者贫民窟[②]。族裔聚居地是指一个族裔居住的，其社区政治，经济结构并没有由族裔群体控制[③]。而族裔社区这一概念则更为复杂，它不仅包括地理意义的，而且包括社会和经济在内的边界。

二　族裔社区的类型

族裔聚居的社区，作为一种特殊类型的空间，按其特征可以大致分为三种类型：传统的低收入族裔社区（ethnic enclaves ），如唐人街和墨西哥人聚居区；无序状态的中等收入族裔社区（ ethnic communities），如城市南部的菲律宾人和中国人聚居区；富裕的族裔郊区社区（ethnoburb），例如森塞特地区的中国人聚居区。[④]

（一）族裔社区

族裔社区是移民聚居区的一种主要类型，是指移民群体在一定的空间范围内聚集，并组织了大量商业企业服务于自身或者普通人群的一种聚落形态。在族裔社区，族裔劳动力所占比重比较高，其工作通常有以下特

---

① Peach, C. & Rossiter, D. J., “Level and nature of spatial concentration and segregation of ethnic minority populations in Great Britain” , in: P. RATCLIFFE (Ed.) Ethnicity in the 1991 Census: Volume Three Social Geography and Ethnicity in Britain: Geographical Spread, Spatial Concentration and Internal Migration, London: HMSO，1991, pp. 111–134.

② Philpott, T. L., *The Slum and the Ghetto: Neighborhood Deterioration and Middle-class Reform, Chicago 1880–1930*, New York: Oxford University Press, 1991，p. 18.

③ Jaret, C., “Recent Structural Change and U.S. Urban Ethnic Minorities” , *Journal of Urban Affairs*, Vol. 13. No. 3, 1991, pp. 307-336.

④ Pamuk A., “Geography of immigrant clusters in global cities: A case study of San Francisco, 2000” , *International Journal of Urban and Regional Research*, Vol. 28. No. 2, 2004, pp. 287-307.

点：工资较低，工作环境较差，无技能或低技能要求，有种族色彩。族裔社区，从社会结构形态来看，通常是与主流社会社区存在孤立和区隔的区域。其原因除了环境问题，还与分割的二元劳动力市场密切相关。

（二）族裔聚居区

族裔聚居区的形成经历了不同的社会过程，由不同阶层的族裔群体和服务于聚居区内外部的族裔经济聚集而成。与族裔社区相比，主要有以下特征：①在族裔聚居区可以发现广泛的劳动力分化和较高的阶层分化，并且族裔人口密度相对较低；②族裔聚居区的经济活动范围更广，从主要部门到自我雇用，从跨国合作到族裔小商业；③族裔聚居区被主流社会隔离的程度相对更低；④族裔聚居区的移民有维持其族裔特征的意愿，更愿意与同族人居住在一起。[①]

（三）族裔郊区（ethnoburb）

族裔郊区是族裔社区的一种独特形式，通常位于大都市的郊区，那里聚集了多个族裔的居住区和商业区，在族裔郊区，一般来说有一个少数族裔群体的聚居最为明显。族裔郊区的形成主要经历以下阶段：新移民中的中产阶级和上层阶级大部分会选择郊区作为居住地；当分散的郊区族裔居住区出现后，族裔商业为了快速抓住这一市场变化，迎合族群需求，率先进驻族裔郊区；郊区族裔经济的发展对族裔服务业和工人产生了巨大需求，从而吸引更多族裔群体的到来，族裔郊区得以形成和发展。

族裔郊区是移民适应主流社会的一种形式，从族裔社区到族裔郊区的转变在一定程度上反映了移民政策、全球经济、国际地缘政治、跨国关系、种族关系的改变。一般来说，在三种族裔群体居住的社区类型中，族裔郊区的族裔居住集中度相对最低，居住的移民通常拥有更高的社会地位[②]。

---

① Logan J. R, Zhang W. Q. & Alba R. D., "Immigrant enclaves and ethnic community in New York and Los Angeles", *American Sociological Review*, Vol. 67. No. 2, 2002, pp. 299-322.

② 周春山、杨高：《西方国家移民聚居区研究进展及启示》，《人文地理》2017年第1期。

三　族裔社区的形成

一是地域聚居说。关于族裔社区的形成与族裔群体聚居之间的关系，甘斯等学者的研究认为，移民通常都是由经济落后国家来到经济发达国家。这些移民通常带很少的资金，只能群体集中租房。他们由于经济状况不好，往往定居在市中心地区（Gans，1992；Waldinger，1989），移民居住的集中的区域，这些社区因为共同的文化和语言而形成了族裔紧密联系的族裔聚居社区。类似的还有桑德斯等人的研究（Hiebert，1993；Portes and Jensen，1987；Sanders and Nee，1987；Thompson，1979），强调族裔社区的形成与族裔人口聚集有密切的关联。

二是族裔经济论。移民居住的集中度并不必然地导致族裔社区的出现（Portes，Jensen，1987；Portes，Maning，1986）。除了可获得由移民提供的共同民族劳动力和客户集中，族裔社区的出现还需要很高的族裔商业率所有权或者说族裔商业在区域占有绝对优势，即形成族裔经济。族裔经济泛指少数族裔群体成员从事的经济活动，包括任何移民或少数族裔的商家业主拥有并经营的企业，从事族裔成员参与的所有经济活动，强调经营者和雇员的族裔身份。社会学家 Bonacich 是最早提出“族裔经济”（Ethni Economy ）概念的学者[①]。波特斯等人的研究表明，在大量族裔人口聚居的地区出现族裔社区，关键因素在于族裔经济在族裔聚居区域形成，并雇用本族裔群体。（Portes，1995；波特斯和巴赫，1985；波特斯和曼宁，1986）

三是主动隔离论。族裔社区往往和族裔聚居密度有关联，也和族裔自我隔离有关。欧洲到美国的移民，一些移民最初也是在移入国形成一些社区，但随着他们的第二代、第三代逐渐融入美国主流社会，这类社区就

---

① Bonacich E.,“A theory of middleman minorities”, *American Sociological Review*, Vol. 38, No. 5, 1973, pp. 583-594.

自然而然地解体了。但是，对于一些族裔，例如美国的黑人族裔社区，其第二代和第三代都依旧居住在族裔社区，这类族裔社区没有出现消亡的现象。一些族裔对于自己的文化等的认同十分强烈，例如韩国人的“身土不贰”的族裔情结等。事实上，这些族裔群体的居住隔离是族裔群体主动选择的结果。族裔社区其实质是族裔群体的自我隔离。

四是社会排斥论或者种族隔离论。道格拉斯·梅西根据居住隔离提出种族居住隔离理论[①]。移民的跨境迁移将破坏其原有的社会纽带，当然也包括那些将群体身份与特定的经济基础联系起来的社会纽带。因为社会关系在迁移过程中是否被削弱，个体是否被同化或形成族裔社区，依赖于个体的经济基础或者群体身份认同能否在新的移入环境中被重建。因此，如果个体可以通过土地、自由进出的市场等各种不被排斥的资源而获得经济生存，不存在被移入国排斥，可以顺利地同化到新的社会身份，那么，族裔群体就不会在移入国建立自己的族裔社区。但是，如果这些新移民的经济生计受限，例如受限于某一群体，如果这些新移民在移入国遭遇各种各样的排斥或隔离，则会建立自己的族裔封闭区域。

五是民族团结理论。该理论认为民族团结是维系移民社区形成的主要因素[②]。该理论通过“反应性族群模式”（reactive ethnicity model）和“扩散一竞争”模式（diffusion-competition model）两种不同框架来解释族裔社区的形成。前者认为，移民是基于经济和种族原因被迫聚集在一起的，种族主义阻碍移民在主流经济中寻找就业机会，移民被迫在移民聚居区从事小族裔商业和贸易。后者认为族裔的集中主要通过与其他群体的不断竞争而得以实现的。[③]在市场经济里，移民和其他少数群体为了提高竞争力，族群内部紧密联系，群体团结得以显现。相关领域最新的研究表明竞争

---

① Douglas S. Massey & Nancy A. Demon, *American Apartheid; Segregation and the Making of the Underclass*, Cambridge, MA: Harvard University Press, 1993, p. 56.

② Sanders J. M., Nee V., “Limits of ethnic solidarity in the enclave economy” , *American Sociological Review*, Vol. 52, No. 6, 1987, pp. 745-773.

③ Nielsen F., “Toward a theory of ethnic solidarity in modern societies “, *American Sociological Review*, Vol. 50, No. 2, 1985, pp. 133-149.

模式更具有解释力。例如古巴裔社区，超过 40% 的古巴移民是自我雇用，他们更愿意依然生活在聚居区。一般来说，族裔社区的发展和民族团结在结构上和空间上是相互关联的，移民居住的聚集通常与族裔商业的集中相关。族裔社区不仅提升了共同的族裔兴趣，增强了身份认同感，还促进了民族团结。

六是空间再生产理论。空间再生产理论认为移民社区的形成主要包括了三个再生产过程：物质性的生产、符号性的生产和意义性的赋予。物质性的生产主要表现为地理物质空间的再构建，符号的生产和意义的赋予则是族裔聚居区区别于其他社区的重要生产过程。

随着移民进入移居国，并形成一定的聚居，首先生产出的是适合移民族裔的一些物理空间，例如餐馆、适合族裔群体消费偏好的商店、休闲场所、祭祀礼拜用的场所等；随后，族裔群体对于这些重建了的物理空间赋予符号的再生产，例如为了和聚居区周边其他本地居民喜好物理空间区别，往往通过对这类族裔物理空间进行装饰，例如族裔文字，族裔装饰风格等。其中尤以语言文字的景观再现为符号再生产的标志性代表，通过将本族裔的语言文字大量使用于社区的各类经济设施，通过明确划定的社区内经济设施只提供面向特定族裔的食物、商品等文化符号，通过这些文化符号，他们自己的族裔社区得以稳固地形成。霍米·巴巴（Homi Bhabha）认为："文化符号和标志具有同质化作用。"[①] 特定族裔在聚居区域上重建了的音乐、电视节目、食物的口味，将把聚居在这一地域的族群凝聚成一个整体，既吸引着更多的外国人聚居在此，也强化了族裔聚居群体在这块社区上的族群文化身份。随着族裔群体在这一熟悉的类似母国的社区生活，它为族裔群体营造了一种类似母国的文化氛围，延续了他们在异国他乡的文化身份，也令他们居住的这一区域成为他们在异国的社区和精神家园。至此，一个异国他乡的地理区域，被赋予了族裔身份的意义，赋予聚

① Bhabha, Homi K., *The Location of Culture*, London: Routledge, 1994，p. 52.

居区的民族意义，创建出可识别的族裔聚居区。[①]

七是族裔社区经济理论。族裔经济和族裔社区经济的术语是指与一般经济共存的移民或少数民族企业和就业部门。许多研究通常将这些术语视为同义词。事实上，二者之间存在着差别。族裔社区经济的概念源于劳动力市场分割理论，而族裔经济的概念则源于少数族裔中介商理论。族裔社区经济的概念比旧的族裔经济概念更普遍。[②]

族裔经济的概念源于马克斯·韦伯的中间商理论（Zenner，1991）。Bonacich 和 Modell 首次定义了族裔经济这一概念。Reitz（1980：154—156）关于族裔经济的描述，添加了隔离的工作环境这一特征，与 Bonacich 和 Modell 不同的是，Reitz 在他对多伦多移民的研究中使用了隔离的工作场所，并强调工作环境中员工是使用母语而不是英语。Reitz 的定义不仅增加了族裔经济的规模的界定，而且强调这类型经济的重要区别是工人们在工作中使用他们的母语，这使族裔经济概念更清晰，与一般经济形式相比有明显的族裔属性。[③]

族裔社区经济则来源于劳动力市场二元分割理论。它本身就是制度经济学的产物（Averitt，1968）。[④]20 世纪 60 年代后期形成的劳动力二元市场理论解释了就业的持续不平等（Averitt，1968）。由于存在着二元的劳动力市场，少数族裔只能进入低工资，福利待遇低的下等劳动力市场，导致少数族裔在社区形成自己的族裔经济。随着少数族裔社区经济的形成，围绕着族裔社区经济形成了一定规模的族裔社区。

八是族裔文化论。华裔学者令狐萍通过对美国圣路易华人聚居区的研究认为，华人聚居的社区是基于共同的文化认同和情感而形成的聚居社区，她把这种形式的族裔社区称为文化社区。这类社区突出了文化认同的

---

① Darko J. L., *Through the Lenses of the Ghanaian Immigrant Community in the Washington D.C. Metropolitan Area*, Cambridge: Howard University, 2014, pp. 134-136.

② Ivan Light, "Georges Sabagh, Mehdi Bozorgmehr. Beyond the Ethnic Enclave Economy", *Social Problems*, Vol. 41, No. 1, 1994, pp. 65-80.

③ Reitz, Jeffrey G., *The survival of ethnic groups*, McGraw-Hill Ryerson, 1980，pp. 154-156.

④ Robert T. Averitt, *The Dual economy: the dynamics of American industry structure*, W. W. Norton, 1968.

超经济性，华裔聚居在族裔社区不是为了（或者不仅是为了）经商贸易，更多是因为共同文化的维系。[①] 周敏和令狐萍的相关论述都涉及族裔文化与族裔社区之间的关系，令狐萍则更加强调文化认同与族裔社区之间的关系。她根据圣路易的案例提出了美国少数族裔政治与经济发展的三阶段论，其中文化社区的出现代表了第二阶段，在这个阶段中，唐人街那种纯粹的以经济生存为取向的族裔社区会逐渐瓦解、消失，但同时，以共同文化为纽带的族裔社区聚居区则得以强化。

第二节　族裔社区的研究视角与方法

族裔社区是一种特殊类型的社会空间，梳理当前国内外学术界关于族裔社区的研究视角，大致可以归纳为以下几种。

一　族裔社区研究的视角

纵观国内外学术界，对于族裔社区的研究主要有经济视角、文化视角、歧视视角、制度视角、社会网视角等。[②]

一是经济视角。这方面学者比较典型的有波特兹、周敏等。波特兹认为族裔社区最为核心的部分就是族裔经济。经济视角认为，族际居住隔离是阶级差异与族群差异相重合的表现，在实质上体现的是少数族群与主体族群之间的经济水平差异。该视角下的一系列理论，例如空间同化理论（spatial assimilation theory）从新古典经济学的视角出发，把少数族群从族裔社区到搬离，居住融合和郊区化的过程，看成少数族裔获取更多资源的自然转化过程。新移民初到一个陌生的国度，由于语言，生存技能等的不足，

① 令狐萍：《美国华人研究的新视角：文化社区理论》，《华侨华人历史研究》2007 年第 1 期。
② 郝亚明：《城市与移民：西方族际居住隔离研究述论》，《民族研究》2012 年第 6 期。

难以承担起移入国主流群体居住的社区的高昂房价和生活成本，只能选择居住在本族群聚居区，一则可以获得必要的社会网络和社会支持，便于他们获得移入国的各种资源；二则可以在族裔社区获得就业等机会，方便他们更快地融入。类似的理论还有聚居区族裔经济（ethnic enclave economy）理论等。这些理论都从移民的生存技能、资源获得等角度来探讨移民的适应，认为少数族裔在移入国获得了更多的资源，并得以将获取的资源转换成更高质量的居住条件，从族裔社区搬入具有良好医疗卫生和公共服务的主流群体居住社区，从而实现了与主体群体的空间同化。正是由于少数族裔社会经济地位的向上流动，他们由此离开族裔社区并融入了主流社会。可见，经济视角是分析探究族裔聚居社区的一个很重要的视角。

二是文化视角。文化视角认为每个族群都有自己独特的文化，基于文化纽带，族裔群体的聚居主要是以文化的共同或相似性为基础的一种居住偏好，族裔群体的居住隔离与居住偏好存在密切关联。对此，谢林（Schelling）有一个著名论断："族群集中居住的微弱偏好也会导致严重的居住隔离。"在谢林看来，族裔群体的居住隔离乃至族裔社区并非源于主流社会的社会政策等排斥的结果，确切地说是族裔群体主动选择的结果。即族裔居住隔离或者族裔社区的产生，是选择性的而不是主流国家排斥或者限制性的产物，族裔社区其实质是族裔群体的自我隔离。"特定族群成员的高度居住集中可能是由于他们故意的选择所造成，他们期望自己能够居住在一起。"有很多学者认可族裔社区形成的文化视角，但在居住偏好形成动因上却存在不同理解，从而形成了三个理论分支：族群认同理论（ethnic identity theory）认为，在多元族群环境中，人们具有保持邻里文化和种族相似性的愿望，喜欢与自己具有相同种族文化背景的人居住在一起，居住隔离是物以类聚、人以群分的结果；族群资源理论（ethnic resource theory）认为，族裔聚居社区能够为本族裔群体提供大量的族群资源，这些资源可以帮助少数族群应对在移入国的各种挑战；庇护所理论（safe haven theory）指出，少数族群以文化为基础的聚居以及族裔社区，归根结底是因为移入国对少数族裔的歧视和偏见，而族裔社区可以令少数族裔摆脱来自主流社会的歧视，族裔社区上熟悉的族裔文化，令族裔群体感觉到心理上的安全和庇护。他们通过在异国所重构的族裔社区，生活在熟悉的文化氛围和同胞群体中，他们只需要做他们自己就行。因此，族裔社区的产生，源于族裔群体的心理安全庇护需要。

三是歧视视角。以梅西为代表的学者，认为族裔社区是种族隔离与族群歧视等不公平政策下的产物。这种研究视角认为主体族群的偏见和歧视形塑了社会中少数族群的居住模式，例如贫民窟或者族裔社区等。梅西等人的研究表明，对少数族裔的隔离和歧视往往是通过社区行动维持的，并经常会得到政府项目的支持（Massey and Denton，1993）。Lieberson 使用了 Anglos 的隔离指数生动地描述了新到达的非洲人是如何被限制在指定的黑人居住区域的。当非洲裔数量不多，通常非洲裔群体的隔离指数较低，相应地，Anglo 隔离指数也较低，为了保持白人社区的同质，新移入的非洲裔被当地居民强迫居住在城镇的一些地方。此外，住房市场也针对少数族群实施各种歧视性规定。这种类型的族裔居住隔离和歧视在美国社会十分普遍：一方面，通过房地产经纪人的信息操控，房屋出售者的价格歧视，对少数族裔不平等的抵押贷款条款，排斥性的城市规划，以及社区内白人居民的敌意和歧视等手段，致使少数族裔被排斥在白人社区之外；另一方面，当白人社区中少数族裔人口超出一定数量后，就会出现白人群体逃离（white flight）的现象，族际间居住融合的社区又再次恢复到族际间居住隔离的状态。基于美国社会系统性存在的白人与非白人之间的居住隔离，有学者将其称为美国种族关系的“结构性关键”（structural linchpin）。

四是制度视角。制度视角认为任何社会空间都有丰富的社会意义，族裔社区绝不是自然而然形成的，而是被社会制度和政策等形塑而形成的。族裔社区，作为族裔群体高度聚居的一个社会空间，通常与一个国家的社会制度和对族裔群体的各种政策有关。美国等国家之所以形成了各类型族裔社区，与美国对待少数族裔群体的社会政策有关。例如 1900 —1920 年，在纽约、芝加哥等地，生活在白人社区的非洲裔家庭经常遭遇房屋被毁、被白人殴打等现象。非洲裔为了躲避种族骚乱，逐步形成了自己的社区，这些社区被白人种族主义者称为“黑带”“黑城”，甚至被蔑称为“黑鬼城”。白人种族主义者也通过成立社区组织，名为维护社区安全，实际上是为了防止非洲裔祥搬入。他们通过“限制住宅契约”来约束房地产商，要求其必须声明，不把自己出售的房屋卖给非白人族裔等，若房地产商违反该契约，就会被起诉。直到 1948 年，美国最高法院才判定“限制住宅契约”违法。[①]用罢买来威胁将房子卖给黑人的房地产商，其最重要的手段就是用一些国家，例如澳大利亚，德国等国，并没有形成美国那样的族裔社区，也源于其对少数族裔采取融合等政策有关。

五是社会网视角。道格拉斯·梅西指出，移民在移入国形成一定的聚集社区，源于移民的社会关系网络的影响[②]。波特的研究表明新移民通过其人际网络中的某种成员身份而获得的资源调动能力，新移民群体可以利用这种身份获取工作机会和各种社会资源。[③]华裔学者周敏通过对海外华人移民群体进行研究，发现早期海外华人的人力资本虽然比较匾乏，但丰富的社会资本却为其社会融入提供了极大的支持，而新移民亦可通过与老移民保持密切联系，来汲取对其有用的亚文化。[④]可见，社会关系网络与族裔社区之间存在着一种联系。通过社会关系网络的特质，可以深入分析族裔社区的特点及内在属性。基于此，一些学者对族裔社区的研究，以族裔社区的社会关系网络或者社会资本，作为一个研究的切入点。

上述理论视角未必能全面深入地分析族裔社区，但每一种理论视角给予我们分析族裔社区这类特殊社会空间的一种分析工具。

---

① 姬虹：《美国城市黑人聚居区的形成、现状及治理》，《世界民族》2001 年第 6 期。

② Douglas S. Massey, “Understanding Mexican Migration to the United States ”, *American Journal of Sociology*, Vol. 92, No. 6, 1987. pp. 1372-1403.

③ Portes.A., “Social Capital: Its Origins and Applications in Modern Sociology”, *Annual Review of Sociology*, Vol. 24, 1998. pp. 1-24.

④ 周敏、林闽钢：《族裔资本与美国华人移民社区的转型》，《社会学研究》2004 年第 3 期。

二　族裔社区的研究方法

关于族裔社区的研究方法方面，既有以定量研究为主的研究方法。美国的"芝加哥学派"最早关注对移民聚居区的研究。早在20世纪初，Thomas和Gnaniecki就出版了一系列关于美国的波兰移民社区的研究，其中所使用的数据收集和分析方法是后来移民社区研究的重要方法。这一时期对族裔社区的研究，更多采用定量研究，研究视角更多关注于移民社区的地理空间。进入20世纪70年代后，Lefebvre提出空间生产的概念，对族裔社区的研究开始采用质性研究方法，探讨族裔社区的空间意义。周敏、李伟等大批学者，通过对美国唐人街的族裔社区的研究，来探索族裔社区的形成、发展等。也有一些学者，通过描述性的研究方法，呈现族裔社区现状，如尼古拉斯·莱曼（Nicholas Lemarnn）对芝加哥西部非洲裔聚居的北朗代尔社区进行了实地考察，在《大西洋月刊》上发表了长篇文章《社会底层阶级的起源》。他对该社区做了这样的描述：废弃的公园，倒闭的非洲裔商店，社区内三个电影院关了两个，到处是破败的景象。[①]此外，还有综合性的研究方法，主要是通过针对不同族裔社区的案例比较，来探讨不同类型族裔社区生成的原因等。最为常用的是访谈、参与式观察等定性研究方法。随着族裔社区研究的深入，之后关于移民聚居区的研究主要集中在移民社区隔离的问题。研究方法上定量研究比较多。例如族裔社区种族歧视的测量，族裔社区就业集中，以及族裔社区的族裔聚居密度等。

第三节　族裔社区的治理理论

对于族裔社区的治理理论，不同的学科有不同的理论视角。这里我们

① The Atlantic Monthly, June 19, 1986.

综合社会学、公共管理和公共政策学、地理学等学科，简要概括西方国家关于族裔社区的治理理论。

一　同化论策略

对于族裔社区，美国早期采取的是“熔炉”式的同化方法或者美国化的同化方法。其理论来源是罗伯特·帕克于1930年提出的同化理论，同化理论认为从第一代移民到他们的后代，其族裔特征是逐渐退化的，同化水平在不断提高。并断言移民最终将放弃自身的独特身份和族裔特征并融入主流社会。①与同化论同源的有多元同化论，以及分阶段同化论等。这些理论认为族裔社区的移民在移入国的同化是不同步的，最先实现经济同化等，最后完成文化同化，融入主流社会。特别是随着空间同化，即移民从族裔社区搬离到主流群体居住区，则族裔社区将逐渐消亡。

空间同化模式能很好地反映大多数早期欧洲移民群体的经历，如今在美国，“德国城”“希腊城”“小意大利”等族裔聚居区已不复存在，早期的移民已成功地融入了主流社会。但也有一些特殊例外，李伟的研究表明，一些有较高的社会经济地位的新移民，并未选择传统的族裔聚居区而是直接定居在郊区②，但同时他们又保持着自己的民族特色和文化特征，从一定程度上来说，他们仍然隔离于主流文化之外，经济的成功却没有带来文化的同化。

同化主义在“二战”后受到了广泛质疑与反思。学者们发现即使移民在移入国生活了若干代，然而移民及其后代依旧与当地社会文化具有差别，而且这种族裔文化的差别不仅没有消失，反而是这种文化上的差异性在进一步强化。③

---

① Zhou M., “Segmented assimilation: Issues, controversies, and recent research on the newsecond generation”, *International Migration Review*, Vol.31.No.4, 1997, pp. 957-1008.

② Li W., “Anatomy of a new ethnic settlement: The Chinese ethnoburb in Los Angeles”, *Urban Studies*, Vol.35. No.3, 1998, pp. 479-501.

③ Remennick L., “Language acquisition, ethnicity and social integration among former Soviet immigrants of the 1990s in Israel”, *Ethnic and Racial Studies*, Vol.27, No.3, 2004, pp. 431-454.

二　多元文化策略

在反思美国熔炉论或者同化论的基础上，西方一些移民国家开始强调用多元文化策略来解决族裔及族裔社区问题。认为社会的目标不是吸收来自不同背景和文化的人们组成为一个经过同化而成的单一文化的社会，在那里，只可以有一个群体的文化规范（一般而言是主流社会的文化规范）占主导地位，事实上，社会也可以是一种不同文化背景的群体共存，在平等的背景下所有人都有机会的社会。在这种多元化的背景下，经济同化不必必然走向空间同化等路径。一些族裔团体，或至少他们的一些成员，有可能更喜欢生活在相对独立的，有共同文化背景的族裔聚居区域。族群多元文化理论（ethnic cultural pluralism）开始成为一些国家解决族裔聚居区问题的主要策略。该理论主张：空间上允许一个国家内各族裔移民聚居区的存在。比如可以有传统的结构稳定的移民社区，也包括隔离于主流社会的非洲人贫困区①，以及以族裔经济为基础，繁荣发展的唐人街和迈阿密的拉美裔社区②等多元族裔社区的并存和发展。例如澳大利亚、新西兰和加拿大等国家在对待族裔社区的治理上，就采取多元文化的治理策略，在这些国家，政府采取保存和维护族裔社区的策略，认为只要这样的住宅集中是族裔的自愿选择而非被歧视/排斥下的选择，此类族裔社区就是一种合理存在。政府要做的是承认和保护，而非排斥。

三　族裔社区结构营造策略

这一治理理论既包含了从地理景观视角下对族裔社区的城市更新等，

---

① Massey D. S.,“American apartheid: Segregation and the making of the underclass”, *American Journal of Sociology*, Vol.96, No.2, 1990, pp. 329-357.

② Portes A.,“The social origins of the Cuban enclave economy of Miami”, *Sociological Perspectives*, Vol.30, No.4, 1987, pp. 340-372.

具体是指从城市规划、物理景观改造以及建筑形体改造等具体的治理对策来治理族裔社区。例如美国东湖的非洲裔社区，为了整治非洲裔社区治安恶化等现状，最先是通过城市社区更新来改造的。20 世纪 80 年代，美国政府通过鼓励开发商介入，进行地理景观的改造（Lin，1998a）①，通过对非洲裔聚居的社区的重新的城市规划等，来解决非洲裔聚居区的贫困、犯罪等问题。可见，城市规划可以影响到族裔聚居区的社会空间形态。当然，美国早期对族裔社区的治理上采取的城市更新等举措，并没有从根本上解决美国社会的族裔社区问题。清理贫民窟运动、城市更新运动、公房修建及住房租金补助政策等，这些均未能从根本上解决美国黑人聚居区的问题。②

族裔社区结构营造的另一种思路是总体规划族裔社区的族裔人口构成等，关注于依靠族裔社区的人口规划来解决此类社区的问题。例如法国自 20 世纪 90 年代起采用分散移民安置的方式，并借助法律强行将低租金住房插到各富裕街区。法国坚持族群平等的原则，国家统计局也不被允许统计种族和宗教。另外，“穷人和富人住一起”是政府常喊的一个口号。美国在吸取东湖非洲裔社区地理景观改造失败的基础上，也开始提倡居住区内种族和阶级的融合，通过族群杂居，来打破一些族裔聚居区的封闭状况。目前从整体看，美国社会的种族关系趋于缓和，这与在一个社区里营造多种族混杂居住的环境有一定的联系。③

四　整体治理策略

随着全球化的发展，人口的跨国流动日益频繁，城市由于其地理位置优势，在吸引国际资本的同时，往往也会吸引许多境外流动人口，并推动

① LIN, J.,“Globalization and the Revalorizing of Ethnic Places in Immigration Gateway Cities”, *Urban Affairs Review*, Vol. 34, (1998a), pp. 313-391.

② 姬虹：《美国城市黑人聚居区的形成、现状及治理》，《世界民族》2001 年第 6 期。

③ 同上。

城市向国际城市发展。城市国际化直接催生了国际化社区的产生，而国际化社区建设则无疑是城市国际化的重要载体和选择。国际化社区作为城市社会微观再造的社会生活单元，与城市国际化有着十分密切的关系。移民定居后，事实上与母国存在着各种各样的联系，他们因此常会在移入国和自己母国之间建立多重的社会关系。特别是在经济全球化的裹挟下，移民社区与东道国以及来源国的经济活动交流在不断增多。基于此，在外国人聚居的国际城市，要改变原有的治理策略，实施整体治理、全球治理策略。

长期以来，一些移民国家对于大都市存在的族裔社区，由于治理上的失误，存在着城市发展的两极化和社会马赛克现象，由此也使得城市出现了割裂的、多中心的社会空间结构。族裔社区就是一类典型的城市社会空间割裂区域。众多研究表明，这类社会空间隔离的社区，随着居民居住空间的聚集和隔离，也带来一些可预见的外部负效应。城市里这类隔离社区对城市空间的重构，加剧了城市社会和城市空间的破碎化程度。随着隔离社区的蔓延，其社会隔离性（ social segregation）也日渐凸显。①

置身于当前全球化的语境下，要吸取西方国家城市空间碎片化、区隔化所带来的危机，对于涉外社区等区隔社区的治理，要实施整体治理，建立总体的城市治理规划，遵循居住者团结和尊重的原则，旨在促进社会各族群的融合，防止出现区域的不平衡或者社会空间分化。

五　社区族群融合策略

促进族群融合，增强社区凝聚力，打破族群樊篱。“社区凝聚”是相对于社区族群区隔的。外国人聚居的社区，其治理上要强调族群融合，打

① 何艳玲、汪广龙、高红红：《从破碎城市到重整城市：隔离社区、社会分化与城市治理转型》，《公共行政评论》2011 年第 1 期。

造各族群和睦友好的社区凝聚力，打破族群间的区隔。涉外社区区域的社区凝聚力，概言之，就是“发展共享的归属感、对自由民主价值观的尊重、共同愿景、强大而积极的社群关系”①。基于文化和宗教上的自由、开放和包容的多元文化价值观，荷兰早在20世纪70年代就陆续采取了一些积极的融入措施，从80年代初起制定了本国的融入政策，明确其宗旨是保证融入，同时保障移民自身的认同感。

此外，引导跨境流动的人口，在移入地尽快适应移入国的法律，以及社会风土习俗和文化，也是防止出现涉外社区的有效举措。例如，20世纪90年代后期的荷兰，大力推动跨国移民学习了解荷兰文化，通过各种措施缩小移民与荷兰的文化距离，提供各类免费学习机会，促进移民尽快理解和掌握荷兰的社会规范、价值观和风俗习惯，加快移民和少数族裔在荷兰的文化融入。类似的还有加拿大、英国、澳大利亚等国家，这些国家不仅接受文化差异之现实，而且积极采取官方行动来促进少数族裔和当地居民的融合。

对于我国大都市的涉外社区的治理，要围绕“以服务促管理”的理念，在外国人聚居社区，提供各类以融合为目的的社区服务，将社区作为向华外国人提供基本生活信息的主要渠道，为其提供就业、住房、文化、医疗、餐饮等信息。通过服务来促进他们在流入地的融合，从而逐步解决涉外社区这一问题。

① Local Government Association (LGA) Guildance on Community Cohesion, London: LGA Publications ,2002, P6.

第三章 大都市涉外社区形成的机制

随着中非贸易的快速增长，在广州形成了非洲人社区这一客观现象。非洲人社区，不仅仅是一个地理区域上群体的聚合，而且在形态和结构上都与本地社区存在差异。本章将探索广州非洲人聚居社区的形成、演变，以及结构形态的变迁发展机制，这是我们深入了解非洲人社区的内在特质，以及有效治理非洲人社区的前提。

第一节　大都市涉外社区形成的相关理论

社区这一概念，最早由滕尼斯提出。他认为社区体现了一种“共同体的价值取向”，这种“共同体”是“一种持久的和真正的共同生活”，是“一种原始的或者天然状态的人的意志的完善的统一体”[①]。社区不只是一定的地域，或者一定的人群，而是具有持久性的，以共同的认同为纽带的共同体。与滕尼斯观点类似，希勒里（Hillery）将社区定义为“那些具有一个或多个共同体要素以及在同一区域内保持社会接触的人群”。学者戴春认为，国际化社区是“社区中境外人士的数量达到一定程度，社区人群的生活方式和社会文化呈现多元多样的特征，社区相应的组织制度、服务体系及社区空间环境设施具有国际标准，带有不同国家和种族背景的人士能够和谐地生活在一起，是能够包容各类文化和生活方式的城市社区”[②]。从关系角度来看，Rosaldo 提出，“跨国社区”既不能单单从流出地的社区来研究迁移行为，也不能单纯从流入地的社区来研究迁移，而是从人在流动中所形成的关系来研究[③]，而马晓燕在研究北京韩国人聚居时更加具体地指出，移民聚居区是移民与其互动者在社会关系网络的开展过程中形成的支撑移民日常及适应行动的社会环境或社会空间[④]。

参照上述学者的定义，本书涉外社区指的就是一些语言接近、血统同源、文化同源的民族群体所居住形成多个共同体的综合体。对于族裔社区的研究，最早当属美国芝加哥学派。芝加哥学派认为族裔社区是与主流

---

① [德]费迪南·滕尼斯：《共同体与社会》，林荣远译，北京大学出版社 2010 年版，第 2 页。

② 林移刚、谭霞：《社会工作介入国际社区治理的模式与路径研究——以重庆市红岩村社区为例》，《社会工作与管理》2016 年第 11 期。

③ Rosaldo,Renato，“Ideology, Place,and People Without Culture”，*Current Anthropology* ,Vol. 3, No. 1, 1989，pp. 77- 87.

④ 马晓燕：《世界城市建设中移民聚居区的出现及其特征体现——基于北京市望京“韩国城”的调研》，北京工业大学学报 2011 年第 10 期。

社区之间既相互隔离又相互依存，这种共生格局被视为少数族裔族群自身文化凝聚力的结果（Park et al.，1925；Wirth，1928；Zorbaugh，1929；Whyte，1943；Gans，1962）。在实地研究基础上，芝加哥学派出版了一系列关于美国的波兰移民社区的研究，这些研究成果为后来的移民社区研究提供了很重要的视角。①

有关广州非洲人社区形成原因的理论主要有以下几类：

一是社会政策论。李志刚、梁玉成等的研究表明，广州的非洲人社区的形成，与对非洲人的管理政策有一定的关系。周敏等学者通过对美国唐人街的研究表明，族裔社区的形成往往与一个国家的社会政策具有密切的关系。② 帕克认为移民社区的形成是主流社会对少数族裔社会排斥的结果。

二是社会网络论。我国学者关于移民社区的研究成果，更多是对流动进城所形成的农民工社区的研究。王春光、项飚对北京“浙江村”的研究揭示了社会关系网络在形塑群体社区的重要性。③ 吴廷烨、刘云刚、王丰龙运用空间生产理论，探讨了广州“湛江村”作为一个以流动人口为主体，依靠社会网络关系维系，稳定、孤立的同质生产社区是如何形成的。④ 陈宇鹏的研究则着眼于从非洲人的社会关系网络视角来探讨非洲人社区的形成。⑤

三是族裔属性论。周雯婷等对上海古北地区日本人群体的聚居原因及日本人社区的空间演化过程进行了探讨，指出由于中日关系的复杂变化所带来的双方缺乏互信的问题，导致日本人群体选择主动聚居和主动隔离的

---

① 傅义强：《当代西方国际移民理论述略》，《世界民族》2007 年第 3 期。

② Zhou Min, *Chinatown: The Socioeconomic Potential of an Urban Enclave* , Philadelphia, PA: Temple UniversityPress, 1992.

③ 王春光：《社会流动和社会重构——京城“浙江村”研究》，浙江人民出版社 1995 年版；项飚：《跨越边界的社区：北京“浙江村”的生活史》，生活 · 读书 · 新知三联书店 2000 年版。

④ 吴廷烨、刘云刚、王丰龙：《城乡结合部流动人口社区的空间生产 —— 以广州市瑞宝村为例》，《人文地理》2013 年第 6 期。

⑤ 陈宇鹏：《社会资本与城市涉外社区的形成一以义乌市 X X 国际社区与广州黑人聚集社区的比较分析》，《前沿》2012 第 4 期。

方式来寻求居住安全的心理保护和抵御来自当地社会的排斥[①]。周雯婷等对北京望京的韩国人聚居区的研究指出：望京韩国人聚居区并非是韩国人受当地社会排斥而自发形成的庇护所，而是政治、经济、社会和个人选择共同作用的结果[②]。

四是职业聚群论。莫筱筱、刘青的研究指出，乡群的职业类型对社区的形成机制有着重要影响[③]。近年来，随着我国社会经济的不断发展，来华外国人倍增，在一些城市，形成了一些涉外社区。李志刚等学者从全球化下广州出现的跨国商贸主义，来探讨小北路的非洲人社区的形成，认为小北非洲人社区的形成，源于主动聚居和被动隔离。为抵消对异国环境的不熟悉和来自当地社会的抵触、强化非洲人之间在当地的社会联系和信息分享，非洲人主动选择聚居实现低成本的发展[④]。

中国最早出现流动人口聚居区是从20世纪80年代北京出现的“浙江村”始，随后北京的“新疆村”“河南村”等、广州的“石牌村”“珠江村”渐入学者的研究领域。吴明伟和吴晓在《我国城市化背景下的流动人口聚居形态研究》中指出国内的城市流动人口聚居区主要是以农民工为主的低收入流动人群，自发聚居形成生活、工作的区域[⑤]。王春光从社会融入来研究农村流动人口的半城市化问题[⑥]；项飚从聚居区的经济发展角度来探讨北京流动人口的聚居区问题[⑦]；曹庆荣从社区治理和自治组织的模式来进

---

① 周雯婷、刘云刚：《上海古北地区日本人社区族裔经济的形成特征》，《地理研究》2015第11期。

② 周雯婷、刘云刚、全志英：《全球化背景下在华韩国人族裔聚居区的形成与发展演变——以北京望京为例》，《地理学报》2016第4期。

③ 莫筱筱、刘青：《职业型乡群社区的形成基础及机制——以深圳大望“攸县司机村”为例》，《城市问题》2014第9期。

④ 李志刚、薛德升、Michael Lyons：《广州小北路黑人社区社会空间分析》，《地理学报》2008第2期；李志刚、杜枫：《中国大城市的外国人“族裔经济区”研究：对广州“巧克力城”的实证》，《人文地理》2012年第6期。

⑤ 吴明伟、吴晓：《我国城市化背景下的流动人口聚居形态研究》（第1版），东南大学出版社2005年版第11—12页。

⑥ 王春光：《农村流动人口的“半城市化”问题研究》，《社会学研究》2006年第3期。

⑦ 项飚：《社区何为——对北京流动人口聚居区的研究》，《社会学研究》1998年第6期。

行人口管理。[①] 张敦富指出：被排斥为城市“边缘人”的流动人口既无法享受与本地人同样的权利和福利，也难以形成和发展属于自己的社区。[②]

张洪岩等人从迁移的路径来研究得出朝鲜族人的聚居区在由北和东往南和西外迁，从单一聚居区发展到多元聚居区。[③] 马晓燕的研究发现，北京望京“韩国城”的特征是开放性、没有地域边界，聚集的韩国人处于“暂居”的形态，呈现“身土不贰”的归属感。[④]

第二节　广州非洲人社区形成的外在原因

广州的小北地区，成为有名的非洲跨国迁移者的聚居社区，它的形成既有一般性的客观原因，同时，又有着跨境迁移的族裔社区形成的一般规律机制因素可循。这里既有外部的各种客观因素，例如地理地域等，也有内在的机理因素。

一　经济全球化的推力

全球化一词最早出现于20世纪80年代的西方报纸杂志。1990年，全球化话题，成为国际学术界研究的热点论题。全球化一般首先指经济的全球化，经济全球化是指世界各国经济由相互联系到相互融合，向全球经济一体化发展的过程。我国出现大量的外国企业、外国人，都是经济全球化推力下的结果。1997年远东金融危机，对东南亚各国的冲击尤其严重。中

---

① 曹庆荣：《流动与和谐 ——流动人口管理的战略转型》（第1版），上海交通大学出版社2008年版，第10—11页。

② 张敦富：《城市农民工的边缘地位》，《青年研究》2000年第9期。

③ 张洪岩、王蕾、刘德赢：《19世纪以来中国朝鲜族人口迁移分布及聚居区形成研究》，《地理科学》2011年第9期。

④ 马晓燕：《世界城市建设中移民聚居区的出现及其特征体现一基于北京市望京“韩国城”的调研》，《北京工业大学学报》（社会科学报）2011第12期。

国经济在这场来势汹汹的危机前，依旧保持着健康和蓬勃生机，因此吸引了全球的大量避险外资，我国也成为国际资金避险和投资的热土。大量港资、台资等加大在珠三角地区的直接投资设厂力度，特别是2000年中国加入世界贸易组织后，珠三角地区在经济全球化的推动下，凭借着廉价的劳动力，迅速崛起为全球制造业中心，外贸的核心区域，大量非洲商人由东南亚转战到广州，开始在广州开办商贸公司，开展服装、鞋帽、钟表、玩具等方面的贸易，广州开始成为非洲商人新的贸易热土。

二　中非间政治、经贸等的持续良好发展

改革开放以来，非洲人大量涌入我国，当然也离不开我国与非洲国家间政治经济贸易的长期良好互动这个原因。中国和非洲国家自1955年万隆会议以来，无论政治，还是经贸关系都发展良好。中国同非洲的贸易发展良好，贸易额从2000年的73亿美元跃升到2010年的1000亿美元，2014年则上升到了2200亿美元，中国希望通过双方努力，2020年中非贸易额争取达到4000亿美元。[①] 基于中非国家间政治和经贸联系的加强，特别是中非间高层互动的紧密联系，2000年我国倡导创立的“中非合作论坛”成为中非进行集体对话与多边合作的有效机制，构筑了中非间长期稳定、平等互利新型伙伴关系的重要框架和平台。从2002年起短短3年，中国与非洲政党互访超过130次，中国对非政策涵盖了政治、经济，和平与安全等各个方面，其中以经济政策为多。这种国家层面的紧密联系也促进了“巧克力城”社区的快速形成。

① 杨健翔、吴凯翔：《中非贸易额2015年有望接近3000亿美元》，新华网2015年11月9日、2017年2月4日（http://news.xinhuanet.com/fortune/2015-11/09/c_1117088751.htm）。

三　广州城市自身的因素

广州自秦汉至明清，一直是中国对外贸易的重要港口城市。汉武帝时期，即有中国船队从广州出发，远航至东南亚和南亚诸国通商贸易。到明清时期，广州更是特殊开放的口岸，较长时间内曾是全国唯一的对外贸易港口城市。广州是国家贸易中心城市，有我国最早、最大规模的广州进出口商品交易会。每年春秋两季在广州举办的“中国进出口商品交易会”（即“广交会”），与世界200多个国家和地区建立经贸联系，依托良好的区域条件与区位优势，广州经济近20年来一直保持着高速增长，各类产品的出口增长尤为明显。广州的出口产品以轻工业产品为主，2002—2005年间，广州规模以上工业企业出口的产品产值近75%来自纺织业，90年代以来，大量销往海外的服装、鞋类产品成为广州出口经济的主体，服装、鞋类产品的出口数量和数值一直吸引了大量的外国客商。

广州是我国三大航空枢纽之一，也是主要的铁路枢纽和港口。有多条直达非洲大陆的航线，这些都有利于非洲商人的商务活动。广州出口以轻纺为主，与非洲客商的采购需求吻合，因此吸引了大量非洲商人。数据显示，非洲游客2000年到访广州的人数是6358人次，到2005年则增加到31766人次，年均增长率为37.9%，大大超过其他各地区游客的增长。[①] 当然，与非洲等国相似的气候环境，也是非洲人选择聚居在广州的一个重要因素。

四　小北的地理区位优势

广州的小北路、环市东路一带交通便利，同时邻近机场路入口、广州火车站、地铁、多个汽车站。例如非洲人聚集的天秀大厦距广州火车站

---

① 李志刚、薛德升、Michael Lyons,Alison Brown：《广州小北路黑人聚居区社会空间》，《地理学报》2008年第2期。

等交通枢纽距离仅3.5千米，距离“中国出口商品交易中心”直线距离不足5千米。在小北附近，有多个服装、鞋帽等小商品集散地，如“站西钟表城”“白马服装城”“流花服装批发市场”等各类服贸批发市场，这类市场与非洲商人的采购偏好十分吻合，便于他们的贸易和采购。加之历史上这一带是广州的乱葬区，本地人不愿意在这里居住，因而小北地区的写字楼、出租屋的价格，虽然处于城市中心区域，但相比其他区域房租偏低，属于房屋租赁的价值洼地，辖区又有城中村，可提供租金十分低廉的房屋，这些区位特点，吸引了广州做生意的并不富裕的中东人和非洲人。

方英等人的研究也表明，房租租金是影响非洲人选择聚居区域的一大重要原因。基于小北地区的租赁优势，非洲人多在小北的天秀大厦、秀山楼、陶瓷大厦、国龙大厦一带形成商住合一的经营和居住格局（见表3-1）。①

表3-1　小北地区房屋租价　单位：元

	小北	淘金	天河	江南大道
价格区间（元）	1500—3000	3500—4500	3800—5000	2500—3800

五　非洲伊斯兰迁移者“依寺而居”的居住偏好

小北的非洲人，根据我们的调查，信仰伊斯兰教的非洲人占比52%，信仰基督教、天主教的非洲人占比46%，由于信仰伊斯兰教的群体在居住上有靠近清真寺居住的传统，小北地区靠近两大清真寺，怀圣寺和清真先贤古墓，都是著名的清真古寺，因此，小北是这些信仰伊斯兰教的非洲人最合适的居住地。

冬贝拉来自尼日尔，42岁，高中毕业，有13个兄弟姐妹。是一个虔诚的穆斯林，他父亲在世时曾多次来华在广州一带做生意，并告诉

① 方英、梁柠欣：《外籍人聚居区分布规律及其影响因素—以广州为例的研究》，《广州大学学报》2010年第10期。

他中国有很多发展机会。受父亲的影响，在父亲去世后，他来华开始淘金，他和自己国家的人在小北合租了一套房子，并在站稳后把自己同父异母的一个弟弟也带到广州来发展。他说朋友们选择居住在小北，是因为这里离怀圣寺和先贤寺都很近，他们穆斯林喜欢依寺而居，方便每天去寺里祷告。

六　小北地区治安管理上的疏漏

小北地区从地理区域上处于白云区与越秀区接壤地区，在属地管辖上本身存在着两个行政区域接壤地带管理上的“真空”、滞后和短期行为等。小北地区又紧邻广州火车站，以及周边的几大批发市场，人流量十分密集，存在着属地治安管理、铁路警察管理等多头管理，也容易形成管理上无法充分对接等客观事实。此外，小北地区又因为广州城市化滞后，存在着大量的城中村，例如登峰村、西坑村等，这类城中村在管理上依旧存在事实上的二元管理。居委会与改制后的村经济联社（原村委会）并存，在治安管理上，相比城市的住宅小区，管控难度大、治安盲点多，这些客观因素都为那些非法滞留的非洲人躲避公安查验身份提供了便利。可见，管理失灵是小北地区非洲人聚居的一大原因。

除了这些客观的原因外，广州小北的非洲人社区的形成，有其社区形成的内在机理原因，这是我们深入了解小北非洲人社区的结构和发展特点的关键。

第三节　广州非洲人社区形成的内生机理

一　群体聚居是非洲人社区形成的最初形态

小北地区，形成非洲人社区。除了地理地域因素外，也与构成社区的其他因素密切相关。希勒里（Hillery）将社区定义为“那些具有一个或多个共同体要素以及在同一区域内保持社会接触的人群”。同族裔人群的聚集和居住，是一个族裔社区形成的基础形态。

首先，非洲人跨境迁移行动深受族群影响。调查中发现，将近70%的非洲人受到亲人或朋友的精神情感鼓励、经济支持而选择来中国，来广州发展的。

F19说他在自己国家时已经开始有意识地学习汉语，父母和亲戚有来过中国广州做生意，告诉他广州机会很多，所以早在读大学时就计划好要来广州发展。F36和F19同样表示，之所以来中国，来广州，因为受到家人和朋友的鼓励和影响。类似的回答还有F14和F18，“父母都很支持我去中国的广州”“受我朋友的影响，他建议我来这里（广州）”。

F15说，“在我来中国之前，就有不少朋友和家人来过广州，选择过来广州主要是受他们的影响。有朋友在广州，会给予我很大帮助，尤其是第一次过来广州的时候，他们帮我找房子、带我去熟悉市场”。

跨境迁移表面来看，首先是迁移者自我的行为，事实上，迁移者的迁移动机的产生，迁移地点的选择，都是一个理性选择的结果。非洲商人之所以选择落脚广州，落脚小北，其迁移动机深受族群影响。

其次，非洲商人迁移方式上链式迁移与选择同群居住的偏好，也促成了非洲人群体在小北地区的聚群集中。

那提亚来自马里，今年34岁，大专学历。她目前在广州小北地区经营一家化妆品实体店。那提亚来广州已有11年，她说之所以来华发展，因为她的父亲和叔父都来过中国，他的叔父在马里驻广州的使领馆工作过，在广州有一些朋友。当她大学毕业后，父亲和叔父的影响及建议，是她来华的关键动机因素。自她决定来华，叔父委托在广州的朋友负责接机并帮她找好合租的非洲朋友关照她。因为有亲人的帮助，那提亚很快就站稳脚跟，开始了自己的事业，并帮助影响了自己的朋友也来广州淘金。

在住宿方面，非洲人偏好同族群居住。先从熟悉的亲人或朋友那里获取信息，或合租或独居。从图 3—1 可以看到，非洲人与人合租同住的人占 66.9%，与家人同住的人数最多，占 35%；其次是朋友。同住人数最适宜为 2—3 个人。F18 来穗 2 年，一直与朋友合租住在小北的一套四室一厅的商品房里。F24 目前虽然在高校学习汉语，但是不住在学校宿舍，而是与两个姐姐住在一起。F22 刚来广州，人生地不熟，选择了与她同样来自塞内加尔的同胞合租在酒店。通过与自己相熟的亲人、朋友一起合租不仅能减轻他们的经济负担，而且还能在异乡得到一些精神的慰藉、情感的依托，为他们进一步熟悉当地打下了基础。

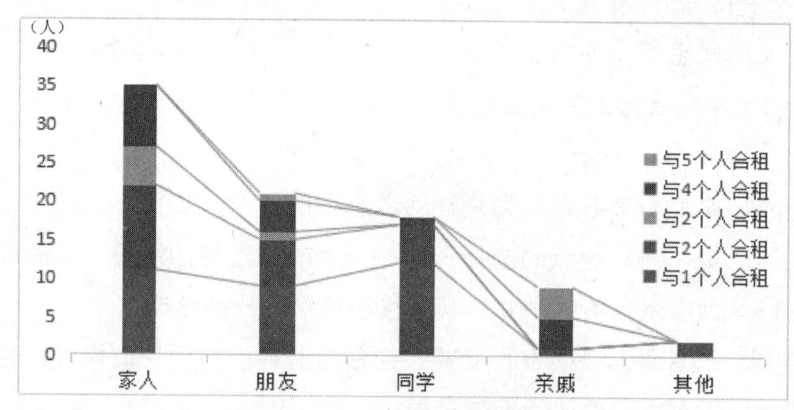

图 3–1　小北非洲人合租房屋情况

除了租住上选择同族群居住外，在居住社区的选择上，非洲人选择外国人比较多（66.9%）和有自己国家的同胞（44.5%）的小区、酒店来居住。

F9 说：“这里非洲人很多，很多适合我们的商店和餐厅，我喜欢待在这里。当您发现周围很多都是和您一样来自非洲的人，在异国他乡，这会让您感觉到放松和自在。”

F16 也有类似 F9 的感受。他说：“以前住白云那边，很多非洲人的，现在很多人都回非洲了。如果我住的地方大都是中国人，很少有非洲人的话，这样对我也不好。现在住小北，有很多外国朋友聚在一起，可以一起聊天，一起相互帮助，在一个外国国家，我更喜欢这样。”

非洲人的跨国迁移，无论是迁移流动的动机的产生，还是迁移流动进入中国的方式，以及选择的居住方式、居住社区的选择等，都带有明显的族裔属性，并因此而在小北形成族群聚合。这种非洲人的群体聚合，还没有形成对居住地域等的稳定的归属感和认同感，其联结纽带是族群，这种群体共同体，只能算是小北非洲人社区共同体形成的最初形态。

二　经济共同体推动了非洲人社区的形成

非洲人在小北地区最初形成的只是非洲人聚群，并没有形成滕尼斯所描述的有共同的社区归属感的社区。随着非洲人群体的增多，基于其宗教信仰、族群特点及特色消费的需求、我国非移民国家的移民政策、以及本地居民对非洲人存在的区隔等，促使小北的非洲人聚居地形成了非洲人的族裔经济共同体。之所以称之为族裔经济共同体，是因为这种共同体主要是以在华非洲人的赚钱为基础，通过非洲人的族裔认同、群体认同为纽带形成的一个族裔经济圈，其经营、运作和商贸活动以非洲人族裔群体认同和群体网络为依托。在此族裔经济共同体内，那些在华居留时间久，拥有更多资源的非洲人扮演领袖人的角色，掌握着更多的资源，后来的非洲人基于族群认同的纽带，获得一定的资源和发展机会。族裔经济共同体内部分工明确，基于族裔和群体认同，小北地区的非洲商人各司其职，维系着该地区非洲人族裔经济共同体的稳定与发展。

首先，非洲人来华的经济利益驱动，是形成族裔经济共同体的因素之一。来华非洲人，以从事中非贸易为主，为了赚钱，他们往往选择在居住地附近注册公司，形成“坐贾”经济和“行商”经济。“坐贾”是指在广州有自己的商铺或办公室的非洲商人，他们是小北非洲人社区族裔经济共同体的构成主体之一。[①]“行商”指的是从事广州与非洲贸易的中间人，通过中非间往返，赚取贸易中间差额。“行商”具体分为公司代表和个人经营两类。[②]以小北的天秀大厦为例，在这栋大厦就有非洲人开办的40多家贸易公司，形成了由贸易公司、服务公司、中介机构等经济链条组成的一个族裔经济共同体。来自非洲刚果（金）的菲力告诉我们，在非洲人族裔经济最繁荣时期，小北的许多写字楼，如登月酒店、惠州大厦、天秀大厦、秀山楼、肇庆大厦，有许多非洲商人租住设立办事处。

其次，非洲人的族群特点及族裔消费特点，也促成了小北非洲人聚居区的族裔经济共同体的形成。通过有效回收的284份问卷可以看出，小北地区非洲人以信仰伊斯兰教为主。由于宗教信仰的原因，在饮食习惯、生活习惯等方面，都与当地居民完全不同。此外，小北地区非洲人普遍不熟悉汉语，大多数以说法语为主，问卷显示语言不通、无法与本地人交流的非洲人占比高达58%。这使得一些需要语言深入沟通的服务领域，例如美容美发、医疗保健、幼儿托管、经商以及法律咨询等方面，因语言难以沟通出现许多问题，这也是促成社区形成了一些服务类族裔经济组织的原因。

第三，非洲人聚居区族裔经济共同体的形成和发展，也源于我国的移民政策及社会环境。我国一直以来都是非移民国家，来华非洲人主要以商贸人员为主，签证以短期的L签证为主，有效期大多只有1个月。对于来往频繁的非洲商人来说，短期签证十分不便。出于工作和居住的方便，许多非洲人通过在广州注册贸易公司，从而可获得为期一年的外国人就业

---

① 李志刚、杜枫：《“跨国商贸主义”下的城市新社会空间生产——对广州非裔经济区的实证》，《城市规划》2012年第8期。

② 李志刚、杜枫：《中国大城市的外国人“族裔经济区”研究——对广州“巧克力城”的实证》，《人文地理》2012年第6期。

证，也有大量非洲人通过设立广州代办处这样一些分支机构，获得长久的居留签证。这些成立的贸易公司，以及驻广州代办处，是小北地区非洲人族裔经济共同体的重要组成部分。此外，因为文化不同，语言沟通困难，加上本地人与非洲人很少往来，很多先期来华的非洲人，往往成立一些服贸咨询公司，扮演代理人，协助后来的非洲人处理在华事务。

苏克雷来自尼日尔，39岁，高中文化程度，是一位虔诚的穆斯林，做服装生意。苏克雷的父亲是一位商人，有多次来华经历，在父亲的影响下，苏克雷在6年前来广州发展，初来时他拿的是L签证，停留时间短，于是找了在小北有注册公司的本国人，成为该公司员工，并因此取得了一年期有效的居留许可证和就业证，过期又可以续签一年，极大方便了经商。后来，在熟悉中国的情况后，他自己也在小北地区注册了一家公司，并通过雇用自己一个弟弟，也为他办好了一年期的就业证，和他一起在广州淘金。目前，苏克雷和弟弟在小北负责看货，进货，他在尼日尔的亲人在当地有商店专门负责销售。

小北非洲人聚居区域，随着非洲人生存、生活和发展的需要，逐渐形成了非洲人族裔身份认同为纽带的族裔经济共同体，这种经济共同体方便了非洲商人的在华生存和发展，也带来大量的比如看店、运货等低技能含量的就业机会，为那些受教育低，经济状况差，以及初次来华的非洲人提供了生存的机会，借着这一族裔经济共同体的形成和发展，小北地区吸引了越来越多的非洲人。也为生活和文化共同体的形成奠定了基础。

三　生活共同体是非洲人社区形成的黏合剂

跨境迁移者的迁移，是经济利益推动下的结果。对于跨境迁移者来说，迁移者的日常生活是否适应，影响着迁移者的其他适应。因为日常生活和每个个体息息相关，又密切联系。

饮食是我们日常生活的重要组成部分，不同的族裔，有不同的饮食习惯。在小北地区，目光所及之处，到处是阿拉伯语招牌的非洲餐馆、穆斯林商店等。许多餐馆无论是装修风格，还是菜品，都是十足地道的非洲餐。一些餐馆内设有闭路电视，播放一些伊斯兰教国家的节目，并在角落有专门的祷告区，方便非洲客人日常的祷告。置身于广州小北地区这些餐厅等休闲场所，恍若置身于非洲某个街区。

节假日等生活方式的重建，同样在小北可以寻觅。在小北，每逢宰牲节，可以亲眼看到非洲人在大街上屠宰牛羊的情景。登峰街菜市场有最全的非洲国家调味品。有了各种香料，聚居在这里的非洲人，可以在日常生活中烹调出家乡的食品。

各种非洲节日和非洲仪式，在这里司空见惯。每逢某国家假日庆典，他们都会穿着正装，到租借场所来庆祝。从饮食到器皿，甚至连烹调食物所使用的饮用水，都要从其本国空运过来以保持庆典仪式的浓郁家乡味。具体的民族都不可能凭空产生，无中生有，总是在具体的地理环境和空间条件下形成和发展起来的。同样，具体的族群社区，也是在共同的地域基础上，一整套的生活方式的聚合。在这个共同地域上，他们有自己的族群链接纽带和网络。

至于非洲人除了饮食之外的其他一些生活需求，在小北地区同样很容易获得。这里的商铺经营领域包括了日用品、布匹、非洲特色服装、化妆品、移动通信、国际物流、机票订购、二手电器等。以日用品为例，记者发现，日用品店中所卖的商品，大多是中国人少见的品牌，以针对非洲人的生活习惯，香水、护发用品居多。而布匹与特色服装的店家则很多都是批发，而且并不卖给中国人，只卖给非洲人。

广州的小北非洲人聚居区，具备了一个完整的生活共同体所具备的一切要素，如居住场所、商贸机构、商场超市、餐馆饭店、宾馆旅店、非洲人族裔经济商圈，以及各种为非洲人社会服务的生活服务等。即使是初次来广州的没钱也完全不懂汉语的非洲人，也可以在这个地区正常生活下去，可见其完善程度。

四　文化共同体巩固了非洲人社区的形成

对于跨国迁移者来说，迁移行为不仅意味着与原有的各种社会关系网络和社会支持的断裂，也意味着需要尽快适应移入国的经济、社会和文化等。一般而言，文化等层面的适应对于跨国迁移者来说，最具挑战，然而文化的适应，是解决跨国迁移者长久性心理安全的关键所在。跨国迁移者在移入国生活和文化的适应，受多重因素的影响。例如迁移者自身的因素，移入国对外国移民的接纳程度等。当跨国迁移者难以获得生活和文化适应时，他们往往选择在迁移地营造他们自己的“社区”，重建和再现他们的生活和文化方式，构建生活或文化共同体，即有共同认可的族群文化和生活方式，以解决迁移者的心理安全和归属需要。

首先，族裔性特点是非洲迁移者重建其文化生活共同体的内驱力。非洲迁移者的社会文化完全异于我国的社会文化，而且又有着完全相异的生活方式和族群特性，在迁移进入我国后，存在着程度不同的文化调适或文化冲突，对于这些远离故乡的跨境迁移者来说，由于移入国完全不同的生活环境和文化环境，必然带来心理的焦虑和不安，在有意无意间，他们会强化其文化身份认同，通过重建熟悉的共同的文化和生活方式等，以期在他国缓解心理上的焦虑，获得心理上的安全。因此，在迁移国，非洲人在族裔属性的内驱力下存在着重建其熟悉的生活及文化环境的需要。

其次，移入国的文化和社会是否包容和接纳是外驱力。有学者认为移民社区的形成是社会排斥的结果（Parker，2004）[①]。移民在迁移聚居在一定地域，作为一种突生的社会群体，由于文化不同，存在着文化差异。尽管霍米·巴巴的混杂性理论认为，在居住地，移民因为本地文化的影响，在重建的文化中存在糅合，混杂，吸纳。但巴巴的前提是各种文化拥有

① Parker, S., *Urban theory and the Urban Experience: Encountering the City*, London: Routledge, 2004.

“平等的个性”[①]，事实上，文化差异下强势文化对于弱势文化具有明显的排斥和歧视。并容易引起弱势文化对强势文化的抵抗和疏离，弱势文化的族裔存在着拒绝主动融入，拒绝强势文化同化的心理，并因为受到移入国的社会文化的歧视和排斥，反而更刻意地主动重建自己群体的文化和生活方式，并通过集体的认同，以一种集体尊严的方式，主动在心理上与移入国的社会和文化保持一定的距离，从而使自己族群的文化或生活共同体，在聚居区域，重建、形成和壮大。

马蒙来自马里，信仰伊斯兰教。之前居住在小北，后来因为小北地区对短期签证持有者租住的限制，才不得已搬离小北，但他每天都会从租住的地方来小北。谈及原因，他说：“我们喜欢住在小北，如果不是因为临时住宿登记的限制，警察查看证件太频繁，我们是不会搬离这里的。现在尽管搬去车陂了，但我们每天还是会来小北，小北这个街区，对于我们来说，有特殊的情感，当我们心情不好时，孤独时，来小北，看见我们的同胞，吃着家乡的食物，和很多朋友聚在一起聊天，心情就会好起来，小北街区是我们非洲人的心灵家园。”

五　小北非洲人社区形成的内在机理机制和逻辑路径

广州小北的非洲人社区的形成，是多重因素影响下的结果。从外部环境来说，有全球化的推力，广州的城市特质以及广州小北地区的地理区位有关。这是非洲人在小北形成聚居社区的外部客观条件，然而，非洲人社区的形成，如同广州的其他涉外社区一样，有其内在的机理因素，这是形成一个社区的内在的更具普遍性的问题，也是更需要探讨的话题。

首先，广州小北非洲人社区生成、发展具有其逻辑路径。这种社区生

① 张颂德、陈光兴、高士明主编：《霍米·巴巴读本》，《南方日报》出版社2010年版，第45—46页。

成的逻辑路径具体为：随着来华非洲人的族群聚居，形成了非洲人聚居区，群体聚居是初始形态；在群体聚居的基础上，基于共同的经济利益追求，形成了族群身份基础上发展形成的族裔经济共同体，这是非洲人社区的第二个阶段性形态；随着非洲人聚居区群体数量不断增多，聚居地族裔经济日渐繁荣，在此基础上形成了以共同的文化身份和生活方式为纽带联结的生活、文化共同体，并最终形成了一定地域，有共同的族群，以及共同的经济，文化认同组成的社区共同体[①]，如图 3—2 所示。

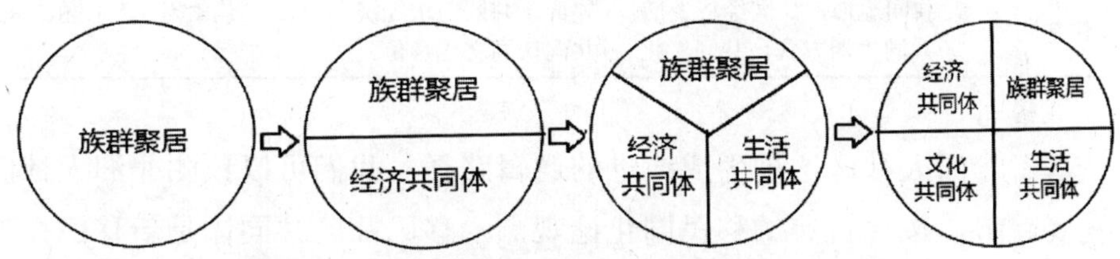

图 3-2　非洲人社区形成的机理机制及演进路径

其次，非洲人社区共同体得以形成、演进的路径，经历了不同的共同体形态，因为每个共同体阶段的特质不同，因而，非洲人社区每个阶段的形态也呈现出不同的结构和特征。在族裔群体聚居阶段，此时的非洲人社区，并不是滕尼斯所说的社区，更准确的表述，它只是非洲人的群体聚居，没有存在社区共同体所需要的各种连接纽带。在族裔经济共同体阶段，非洲人群体已形成以经济为纽带的群体连接，具有社区共同体的一些属性。特别是到了生活共同体和文化共同体阶段，维系社区共同体的纽带更趋多元，社区共同体的结构也因此更加紧密，此时，这类族裔社区表现为内结构封闭，与外社区平行和区隔。表 3—2 所示为非洲人社区共同体各阶段社区结构形态。

① 王亮：《全球化背景下在华非洲人社区的生成及演进路径——以广州小北非洲人社区为例》，《青海民族研究》2017 第 2 期。

表 3-2　　非洲人社区共同体的形态及特征

共同体类型	特征	纽带	结构
族群聚居	共同地域	无	松散
经济共同体	共同地域，共同经济利益	族群，追求经济利益	结构开始紧密，完整
生活共同体	共同地域，共同经济生活，共同生活方式	族群，共同追求经济利益，共同认同族群身份	结构紧密，趋向封闭和二元平行
文化共同体	共同地域，共同经济生活，共同生活方式，共同文化	族群，共同追求经济利益，共同认同文化身份	结构紧密，封闭和二元平行

基于非洲人社区这种生成演进的逻辑路径，我们可以预测非洲人社区的发展趋势。按照古典的移民同化论观点，移民社区共同体是新移民在他国重建其社会、经济生活，用以减缓由于跨国迁移所带来的各种困难的一个过渡性的社区。这类社区是新移民顺利适应移入国社会的基础和起点。然而事实上，当移民社区形成了完备的能够满足其成员的全部需要的社区服务时，移民社区也有可能抑制迁移者学习移入国文化及社会生活等的积极性，有可能减少他们与主流社会接触的机会，使之陷入孤立并与主流社会永远隔离，形成封闭和结构内卷化移民社区。可见，一国内所形成的涉外社区，既可能仅仅是一种过渡性社区，将随着外国人在移入国的适应，而走向衰落和消失；也可能是一个更趋封闭的，与本地社区区隔着的二元平行社区，这种社区的发展走向将可能是更封闭。

第四节　广州市非洲人社区的发展

广州小北的非洲人社区，也就是俗称的“巧克力城”社区，是非洲人社区中最成熟、最具代表的涉外社区。小北非洲人社区自形成以来，经历了不同的发展阶段，呈现出不同的特点。李志刚教授在“中国大城市的外国人‘族裔经济区’研究——对广州‘巧克力城’的实证”一文中，将小北非洲人社区的发展阶段划分为三个阶段：兴起阶段、繁荣阶段、衰落阶段。本文借鉴李志刚教授的阶段划分法，并尝试予以拓展。

一　小北非洲人社区呈现出由兴盛到衰落的趋势

广州市小北的非洲人社区，在发展上大致经历了三个形态。

（一）社区兴起阶段，1990—2003年

这一时期，如前所述，基于小北地区的区位优势，周边紧邻各类商贸批发市场，加上小北地区相对于广州其他中心城区，房租低廉，这些因素吸引了主要从事贸易中间人，赚差价的非洲商人。

此阶段居住在小北的非洲人，主要都是以“行商”为主，他们或受雇于个人（自己家族，朋友等），或受雇于公司委托做广州和非洲间贸易的中间代理人，来往于广州和非洲之间，赚取中间差额。“行商”可分为公司代表和个人经营两类，涉及商品几乎无所不包：电脑、电脑配件、电子及电子配件、衣服及鞋类、手机及电池、DVD播放器等。①

菲力来自刚果（金），在广州已工作生活了将近20年了。据他说，他最早是跟随自己的叔叔来广州的，自首次来广州就一直租住在小北地区。他来广州的主要任务是帮助家族的产业在中国采购商品。他家是个大家族，其他家人在本国打理生意，他则主要在中国等国家从事商品采购。像菲力这样的非洲商人，他们聚居在小北，成为小北非洲人社区最早的住户和淘金者。

这一阶段，非洲人社区的发展态势主要体现为蓬勃兴起，伴随着非洲人在小北地区聚居，此处许多商贸写字楼开业。例如小北地区有名的天秀大厦在1994年开业，国龙大厦1998年开业，还有白马服装批发城周围的天马、步步高等服装轻纺批发城，都是在这一阶段开业。得益于非裔商人

---

①　李志刚、杜枫：《中国大城市的外国人“族裔经济区”研究——对广州“巧克力城”的实证》，《人文地理》2012第6期。

的采购，"逐渐形成以小北为中心的商贸片区。基于内生的地方努力与外生的全球化力量的结合，小北地区终于创造出独具特色的'全球地方化'，小北非洲人社区开始获得空前发展"①。

小北非洲人社区，也是在这一阶段迅速在国内外出名，成为许多非洲商人心目中的淘金热土和胜地。初来广州的非洲人，都不忘第一时间在小北天桥上以天秀大厦为背景拍摄一张珍贵照片，这既是一种炫耀，向自己国家人们炫耀自己已踏上非洲人心目中淘金热土，也是他们寻找从事中非贸易代理机会的最有力的名片。小北地区对于非洲人的吸引力，就犹如20世纪80年代纽约曼哈顿对于中国热衷出国的青年一样。

从地方管理来说，本阶段采取宽松的管理模式。1996年，外国人居住社区化以来，居住地治安管理比较宽松，非洲人不管签证时间长短，均可租住民宅，也可以随意投靠亲友而无须登记。居民出租房屋也无须备案，涉外人员出租屋也比较宽松，这些都客观上导致大量涉外人员的管理存在漏洞，导致无法准确统计非洲人数量。

（二）社区繁荣阶段，2004—2008年

随着非洲客商剧增，小北、下塘等最早的非洲人社区已难以容纳不断增多的非洲人，加上居住在此地的非洲人，由于生活习惯等与本地人完全不同，于是出现了典型的"入侵和占领"社区扩展模式。非洲人不断占领，本地居民不断搬离，推动着小北非洲人社区发展由小北区域向三元里区域扩展。"入侵和占领"的社区扩展模式是由芝加哥大学区位生态学派的帕克、伯杰斯等学者提出的。他们在19世纪20年代和30年代提出了"入侵和占领"的族裔社区发展模型。一方面，新来的、贫穷的移民由于市中心的便利往往首先占领市中心，导致市中心新来族裔居住人口增多，原来的一些中产阶级住户，开始不断搬离到郊区，从而形成少数族裔群体

① 李志刚、杜枫：《中国大城市的外国人"族裔经济区"研究——对广州"巧克力城"的实证》，《人文地理》2012第6期。

对某一地域的入侵和占领。小北地区因为非洲人群体聚居不断增多，在入侵和占地基础上，该社区的地域也在不断拓展，由早期的小北、下塘区域扩展到广园路的三元里一带，并与小北区域连成一片。

这一阶段，由于大量非洲人的聚居，除了原有的一些商圈外，新的大型的商贸市场如雨后春笋般不断出现。迎南外贸服装城 2003 年开业、金龙盘商贸市场 2004 年 2 月开业、御龙服装批发市场 2005 年 5 月开业、旧天恩大厦 2005 年 8 月开业、“唐旗” 2006 年 7 月开业、新天恩大厦 2006 年 12 月开业，以及越洋商贸城，鸿汇商贸城，金山象商贸城等等。随着这些毗邻着的一座座大型商贸城的开业，整个小北的非洲人社区，呈现出繁荣发展的社区景象。

一是形成了一个庞大而十分活跃的非洲人族裔经济圈。仅以注册地在登峰街的 157 家外资企业代表处来看，其中 80% 的外企为非裔商人注册登记的，它们所带来的年营业额已达 75 亿元人民币；部分非洲商人一年做的货柜量就达 5000 个（2006—2007 年）。同时，小北地区的物业经济也因此受益。例如，小北地区一个 3—4 平方米的商铺的营业成本即为 1.5 万元 / 月，而其月营业额可达 30 万元以上；周边宾馆如新登峰宾馆的房价一般在 150 元 / 天以上，区域内酒店一房难求。出租屋经济同样受益，由于非洲人的租赁需求旺盛，小北地区出租屋价格快速增长，租金远高于同区域其他本地居民的租金。

二是形成了非洲人生活圈。在小北，基于大量非洲人的聚居，形成了一个极为完善的，方便非洲人的生活圈。这里有适合非洲人饮食偏好的各类餐馆，既有快餐类小餐馆，也有装饰豪华的餐馆。有服务非洲人的小百货店、理发馆、肉菜店、机票代理、长途电话等。这些满足非洲人日常生活需求的各类服务场所，无论是店面招牌，还是内里的装修风格，出售的各类物品，无不具有明显的非洲族裔印记。

这一阶段，也是小北地区非洲人聚居密度最高的时期。尽管没有详细的政府数据，但我们可以从小北地区酒店、房屋租赁的火爆程度窥见一斑。这一时期，在非洲人聚居区，新开张 10 个大型的宾馆，以 150 元 / 天的房间为例，在小北，这样的房间不下 1000 间。许多居民小区，例如下塘西路上的金鹿社区、宝汉社区等，整个小区非洲租户和本地住户几乎对半。当然，小北地区非洲人居住的密集也可以通过该地区为非洲人提供服务的服务场所不断增多折射出来。

（三）社区衰落阶段，2008 年至今

2008 年，美国金融危机爆发，受其影响，全球各发达经济体经济纷纷陷入衰退，我国的对外贸易受到了很大的冲击。国内劳动力成本又不断上扬，珠三角许多外贸加工型企业生存面临着外部需求急剧萎缩，人民币持续升值等外部压力，内部来说存在着劳动力成本上扬，原材料成本上扬等多种压力，生存和发展日渐困难。珠三角地区面临环境压力，政府提倡淘汰落后产能过剩企业，提出腾笼换鸟、产业升级的新发展理念。一些传统的能耗企业，劳动密集企业，低附加值企业，要么关停并转，要么转战到劳动力更廉价的越南等地，珠三角地区传统的制造业出现衰退迹象。

2008 年北京奥运会召开，为了保障奥运盛会的安全举办，我国对来华外国人的签证发放更为审慎。签证困难，阻碍了部分非洲人来华；此外，我国缩短了短期商务签证的留华时间，持有 M 签证的非洲人常需要多次往返，往返成本高，一些非洲人选择回流。当地政府也加大了对“三非”外国人的管理。例如小北地区成立了治安联防中心，加强日常的治安巡逻，以及护照、签证的常规查验，对非法滞留的“三非”人员，加大遣返和惩罚力度，这些都使得小北地区非洲人居住密度快速下降。

国际汇率的变化。尼日利亚货币奈拉对美元比价不断下跌以及人民币对美元比价不断上升的矛盾导致奈拉直线贬值，利润大为降低。为此，很多非洲大客商暂时停止经济活动，处于观望状态，订单特别是大订单数量减少。同时，汇率不稳定，日均变化率大，导致货款拖延，资金周转慢，限制经济的进一步发展。

非洲一些国家政局出现动荡，一些国家经济发展乏力，当地居民的购买能力下降。我国许多商人也嗅到了商机，直接在非洲国家开店设厂，严重冲击了这些传统的行商和代理。

地方媒体对非洲人及非洲人社区报道上，也存在一定的“污名化”现象。这在一定程度也影响着“巧克力城”的发展。以《广州日报》于2007年12月13日刊登的题为《广州黑人部落全记录》的报道为例。这一报道指出：①“巧克力城”经营的都是低端产品，如低劣的纺织品和二手电子产品；②小北路附近的中国业主因为非洲人聚居而大量搬离该区域；③“巧克力城”满是无所事事的非洲人“打工仔”；④“三非”非洲人数量巨大，非洲人一入境后就消失了”“现在这些非洲人根本没有想回去的念头”。作为本地机关报纸，《广州日报》的这一报道体现了地方政府对于黑人聚居“问题”的关注。但不可否认的是，一个负面的“巧克力城”形象也被媒体得以建构起来，最鲜明的是规模化地使用排斥性的语言。

小北非洲人社区的非洲人聚居密度降低，非洲人族裔经济圈明显萎缩。2012年接受访谈的非裔商人告诉我们，生意越来越难做，物流订单由以前每个月30多单减少到现在只有几单。部分商贸城的非洲租户交不起租金，退租的现象比较普遍。例如金山象商贸城二楼的多数商铺关门，鸿汇商贸城部分商户也选择退租，陶瓷大厦近一半的档口空置。2008年以来，登峰宾馆的入住率也由高峰期的90%跌到现在的不足两成；登峰等地出租屋的出租率直线下降，租金不仅不再上涨，甚至需要下调15%—30%才能招揽到非裔租客；其他服务业如干洗店、住房中介、综合服务等门店的生意也越来越难做，部分面向非洲人的服务行业只能关门停业。

二　非洲人社区向广州市郊区扩散

小北的非洲人社区衰落的同时，在广州的市郊区域，形成了一些新的非洲人聚居区。当然，目前这些聚居区还不具备小北非洲人社区完整的社区形态。

族裔聚居社区郊区化现象，在美国等一些移民国家，这是普遍存在的现象。李伟称之为族裔郊区化。李伟的研究表明，族裔郊区化是族裔移民群体融入当地社会的体现。他指出：当移民居住在市中心，邻里之间大多是同样的族裔，它是一种相对于其他群体的族群隔离社区。而当他们搬到郊区，从原来相对集中，高度区隔到分散，他们将开始融合。[①] 索厄尔（1981）通过记录在纽约的犹太人群体的差异来呈现。那些居住在市中心的犹太人依旧贫困，受教育程度依旧较低，居住空间集中；相反，而那些居住在郊区住宅区的，更富裕，受过专业训练。[②]

关于族裔聚居区郊区化迁移的原因，学者们从不同角度给予了探讨，认为国际移民受全球经济政治的影响较为明显，不同区域、不同时期、不同种族或民族迁居的原因不尽相同（Phillips，1998；Massey 等，1993；Sanderson 等，2009；Burnley，2002 ）。一般认为，经济地位（承租能力）无论是对聚居区的形成还是移民流动的影响均较显著。个人背景（人力资本、婚姻状况、性别等）、社会融入（邻里关系、宗教信仰等）对移民居住流动的现象影响较大（Ley 等，2005；Waters，2005 ）。

近年来，在小北非洲人社区，许多非洲人都选择离开传统的小北聚居点，越来越多的非洲人出现在广州番禺、黄岐，向周边城乡过渡，形成新的非洲人聚居点。

图 3—3 是广州非洲人新的聚居点。

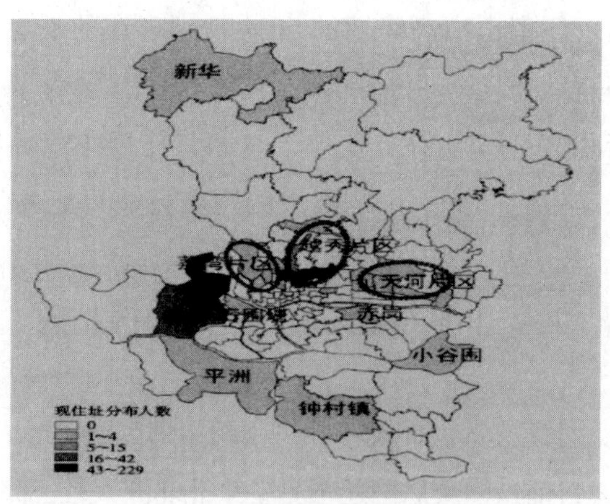

图 3–3　广州非洲人新的聚居点

① Wei Li, *Ethnoburb: The New Ethnic Community in Urban America*, University of Hawai'i Press, 2008, pp. 1-15.

② Thomas Sowell, *Ethnic America: A History*, By New York: Basic Books, 1981.

那么，广州的非洲人聚居区向郊区迁移的原因是什么呢？维也纳大学非洲研究教授亚当斯·博多莫等学者（2010）通过对广州非洲人的研究指出，广州的非洲人居住呈聚居状态，其形成受社会、经济、文化的影响，并处于动态变化中（在粤非洲人的居住呈聚居状态，其形成受社会、经济、文化的影响，并处于动态变化中（Bodomo，2010；Haugen，2011；Berloncelo，2007）。李志刚等（2008）认为，生活成本、租金、邻近工作地、警察的执法强度均对他们的迁居行为有重要影响。

通过我们的调查，广州非洲人社区由小北地区逐渐向郊区转移，主要原因有：

首先，广州市中心城区治安监管力度加大，客观上威慑到部分“三非”非洲人。自亚运会以来，广州加大对主城区的治安监管力度，对于一些治安盲区，加大巡逻力度，对一些外国人聚居区域，加大护照、签证等的审查频度和力度，导致部分藏匿的“三非”非洲人离开小北地区。尹全安在“东莞市外国人非法居留问题研究”一文中指出：2009年至2011年上半年，广东省公安机关查处“三非”外国人中非法居留有7940人，非法就业有13943人，非法入境有5554人。[①]可见，“三非”外国人在广州确实存在一定的数量，对于他们来说，越是治安管控盲区，越有安全感。随着小北地区加强了包括出租屋管理、外国人居住管理等多项管理条例。建立统一的出租屋管理中心，对外国人，通过以房管人的策略，要求入境24小时，必须到出租屋管理中心登记，所有出租给外国人的房屋，业主必须到出租屋管理中心登记。对于签证低于半年的外国人，只可以入住酒店。任何人不得随意容留外国人。对于违反规定的租房，拉入黑名单管理，房屋不得再租给外国人，业主处于15日拘留及罚金等严格的管理措施的实施，地处广州市城市中心的小北地区，对于那些“三非”外国人来说，隐匿和滞留等违法行为很容易被发现。

其次，非洲人的经济原因。早期来华的非洲人，以商人为主，大多持

---

① 尹全安：《东莞市外国人非法居留问题研究》，中山大学硕士论文，2010年。

M 签证，经济能力普遍比较强，因居留时间短，对于居住地的交通是否便捷、是否毗邻各类贸易市场是他们的首选。但近年来来华非洲人，专职从事贸易的逐渐减少，一些非洲人来华后，为了长期居留，普遍通过转换签证，由商务的 M 签证，向学生（X）签证转换。他们很多人一边在华读书，一边兼职帮助非洲的朋友看货，运货，相比早期来华的非洲人来说，经济状况普遍比较差。图 3-4 是非洲人在广州每月的房租支出情况，受访者中有 120 人表示自己和同伴共同承担的租金低于 4500 元，考虑到合租居住是绝大多数非洲人最普遍的居住形式，这也从侧面反映出非洲人的经济状况整体不高。近年来，广州作为一线城市，房屋租金逐年增长很快，小北地区房屋租金也随着广州市整体的租金而不断上扬，非洲人的生活成本上升。而广州的一些城郊地区，房屋租金比市中心低廉很多，这些都吸引着非洲人离开中心城区，另辟新的聚居区。

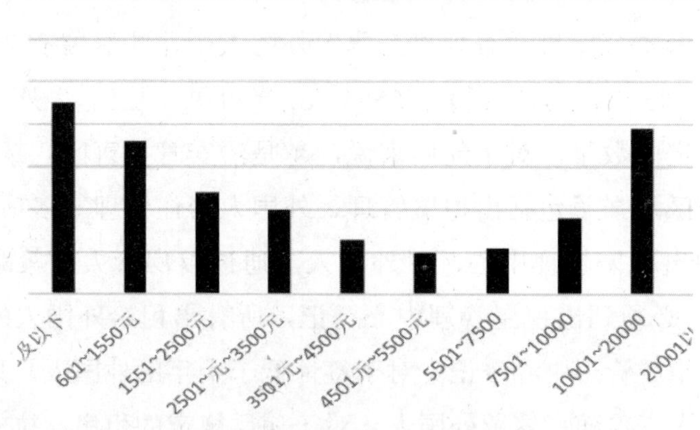

图 3-4　非洲人每月租金支出

访谈对象 F3 说：“你知道，父母把我们送到国外留学，给我们支付学费，这已经是一笔负担，在这边的吃穿住行等开销，在我看来我们应该可以自己想办法解决。在我的国家，在课余时间，我们可以至少打工两个小时，这样我就可以赚取一点日常开销费用。但在中国，留学生不能工作，这是一个很不合理的规定。”F1 和 F7 都表示：“在中国，外国留学生不能做兼职来勤工俭学，但平时在学校上课，放学或者放假就会做起代购。一般在我们非洲的客户只要有需要就会联系上我，然后我就在这边帮他们购买相关的商品再寄回去。要帮忙采购的种类挺多的，有衣服、帽子、鞋子、手表等。”F5 说：“学费一学期大概 9000 元，我不住宿舍，在外面租房子住，可以自己做饭。我经常自己做饭，饭堂的伙食比较贵。比如说，在饭堂，或者学校外面的餐厅吃一顿通常要 10 块钱。如果用来买菜，比如 3 块钱青菜，7 块钱鱼，这样自己做饭可以吃两顿了。”从访谈资料来看，小北地区的非洲人的经济状况并不太好。

最后，市中区业主选择租客时更加审慎，挑选租客族群身份的现象相比较更普遍。访谈对象 F24 表示：“我们本来的租金是 13000 元，后来房东涨到了 20000 元，而且需要预付 6 个月的租金。我们不租后，他就租给了一个中国人，租金只需 12500 元。”F15 在租房子时也遭遇到同样的困境，“我去找房子的时候，很多居民并不愿意将他们的房子租给非洲人”。访谈对象普遍表示，自从政府加大对出租房的管控后，小北地区很多业主宁愿租给本地人少点租金，也不愿租给非洲人。业主小李说：“政府现在有成立出租屋管理中心，出租房屋有明确的规定，如果租客是‘三非’外国人，我们业主也负有责任。”依据《广东省外国人管理服务暂行规定》第五十七条规定：房屋出租人违反本规定第十八条规定，按照下列规定进行处罚：

（一）将房屋出租或者免费提供给未持有效护照或者签证到期的外国人居住的，由公安机关责令改正，没收违法所得，并处月租金 3 倍以下罚款；

（二）未按照规定到房产管理部门办理登记备案手续的，由房产管理部门责令改正，可并处 100 元以下罚款；

（三）未及时向公安机关报告房屋出租情况的，由公安机关责令改正，情节严重的，处 100 元以下罚款；

（四）发现承租的外国人利用出租房屋从事违法犯罪活动，未及时报告公安机关的，由公安机关责令暂停出租 3 个月，并处月租金 3 倍以下罚款。

房屋出租人知道或者应当知道外国人从事无照经营行为而为其提供生产经营场所、运输、保管、仓储等条件的，依照有关法律法规予以处罚。

第五十八条规定物业服务企业为无居住证件或者居住证件失效的外国人提供商务楼门禁卡、出入证、停车证等证件办理服务的，由住房和城乡建设主管部门责令限期改正；逾期不改正的，处 1000 元以上 3000 元以下罚款。第五十九条规定地产中介服务机构为无居住证件或者居住证件失效的外国人提供房屋中介服务的，由住房和城乡建设主管部门责令限期改正；逾期不改正的，处 1000 元以上 3000 元以下罚款。[①] 由于政府对小北市中心住房租赁市场的进一步监管，很多非洲人在租住房屋选择上选择管控不严的城郊地区。

可见，小北非洲人社区从形成到目前的衰落，以及在社区发展上呈现出不断向广州市城郊分散形成新的聚居区域的趋势，一个很重要的原因是因为在小北地区政府加强了规范化监管，这与柳林等人的研究结论相似。柳林等（2016）的研究表明："不同因素对在粤非洲人的迁居频率的影响存在差异，政府管控力度的影响程度最大，社会融入度次之，生活成本及性别的影响较小。在粤非洲人整体上呈现出被动迁居的特点，受政府检查护照、居民接纳程度等因素的影响较明显。"[②]

广州市中心非洲人社区的郊区化迁移，并不表明流动进入中国的非洲人社会融入很好，也不意味着其经济收入更高。恰恰相反，他们迁移的原因部分源于收入不高的现实制约，更重要的是源于寻找社会接纳度高、政府管控相比更宽松的区域。

三 来华非洲人向内地迁移

维也纳大学非洲研究教授亚当斯·博多莫在接受《环球时报》记者采

---

① 《广东省外国人管理服务暂行规定》

② 柳林、梁玉成、宋广文、何深静：《在粤非洲人的迁居状况及其影响因素分析》，《中国人口科学》2015 年第 1 期。

访时表示："虽然广州拥有中国最大的非洲人社区，但一些非洲商人正从广州转移到义乌。义乌正日渐取代广州，成为接纳非洲人的模范城市。"目前，除了义乌外，非洲人在武汉、南京等高校比较多的城市，也形成了一定的聚居规模。

尼日利亚商人里欧·耐格威5年前从广州去了义乌，"和广州比，义乌的商品种类更丰富，而且义乌商贸城的规划也好"。一到义乌火车站，便可以看到站内巨型灯箱广告上塞内加尔商人苏拉的身影。自2007年在义乌扎根、成立贸易公司以来，现年39岁的苏拉已是当地名人。他不仅是义乌非洲人社区的领袖人物，还被义乌市政府选为当地的创业新锐。目前在义乌，约有来自非洲50多个国家和地区的3000多名常驻外商，以及8万多名临时入境客商。接受《环球时报》采访时，苏拉对义乌赞不绝口，认为义乌帮助他实现了"中国梦"。苏拉的办公室位于义乌国际商贸城附近，覆盖三层楼面，聘请了32名员工。每个月他平均要为客户采购200多个集装箱的货物并发往非洲。

义乌不仅吸引了大批非洲商人，其对待非洲商人一视同仁的开放态度也引来当地客商的赞誉。来自乍得的36岁商人阿巴卡说："在义乌，我们和其他来自阿拉伯国家、美国或韩国的外国人一样，没有任何区别。"当地还成立了纠纷调解委员会，邀请16名外籍人士做调解员，处理中国商家和外国买家之间的矛盾。16名外籍调解员中，有6名来自非洲。今年7月，义乌还向常驻当地的外商发放了首批"义乌身份证"——外籍商友卡。这让苏拉对义乌更有归属感，他说："商友卡是非常完美的一个解决方法。"①

四 非洲人社区迁移的忧思

广州的非洲人居住社区由市区向郊区转移，并不像美国等国家移民的

① 张馨元、张娱、曲翔宇：《在华非洲人吐槽"小烦恼"：会因"肤色"遇到尴尬，支持中国打击三非》，《环球时报》（http://news.163.com/16/1125/07/C6MTIDI4000181KN.html）。

居住郊区化。在欧美移民国家，移民从市区向郊区迁移的过程，更多意义上是移民经济能力提高，在移入国获得了更好的社会适应的结果。在这些国家，移民社区的郊区化演变，是一个自然而然发展的过程。政府对于这类社区的治理，更多地是采取自由模式。

非洲人社区由市区向郊区的转移，则是多重因素影响下的结果。

（一）郊区可能重新形成一些高聚居的非洲人社区

小北的非洲人社区的形成，如前所述，既有小北地区独特的地理区位优势的原因，也有一些主观原因。随着小北非洲人社区的形成，以及完善的适合非洲人生活的社区设施，吸引了越来越多的非洲人。近几年，非洲人向广州市郊区迁移，且迁移趋势越来越明显，假以时日，可能在广州市郊形成新的非洲人聚居社区。

奥古斯丁来自刚果（金），来华已有十余年。之前和家人租住在小北非洲人聚居区，三年前，他和家人先是搬到番禺居住，后来，又搬去了广州市花都区的富力金港城社区，据他说，富力那边房租比小北便宜很多。2500元就可以租到很不错的三居室，吃东西也比小北要便宜。目前，光是在花都的富力金港城一个楼盘，就有超过300多新搬来的非洲人。据他说，在广州番禺的丽江花园，由于生活成本低，也有大量的非洲人。

尽管来华非洲人的收入利润比之前低了一些，但依旧高于流动前，因此，驱动他们跨国迁移的动力依旧存在，同时，促使非洲人社区生成的内在机理因素，将继续发挥作用。换言之，非洲人从小北地区迁移到其他区域，在其社区生成的内在机制影响下，将必然在郊区重建类似于小北的非洲人社区。届时，我们可能将在广州城郊，在内地出现更多、更分散的非洲人社区，如果这一迁移和聚居是自发的，没有政府有效的，未雨绸缪的引导，那么，不久的将来，在郊区，将会从非洲人人口聚居区，演变为类似小北的非洲人社区。

（二）市郊对涉外人员及涉外社区管控的难度更高

由于小北地区非洲人数量多，聚居密度高，已形成一个典型的非洲人社区共同体。不可否认，存在一定数量的“三非”非洲人。近年来，当地政府和警方对小北非洲人的管控进一步加强，对于非法滞留的非洲人的处罚和管控常态化。组织有专门的涉外执法巡逻队伍，查验护照，签证，并通过辖区的出租屋，通过以房管人，实现对高流动性的非洲人的有效管理。

毫无疑问，这些严格的管控措施，对于非法滞留在小北非洲人社区的非洲人，起到了威慑作用，大量非法滞留的“三无”非洲人离开了小北非洲人社区，或者迁移到治安管控更弱的郊区，或者回国。但是，严格的管控，也对那些持有合法签证的非洲人带来一定的困扰。一些非洲人对于频繁的查验不胜其烦，也选择搬离市中心。

非洲人居住郊区化，以及可能出现的郊区非洲人涉外社区，将使我们对涉外人员及涉外社区的管理，面临更大的挑战。长期以来，我国城乡之间存在着二元的社会管理体制。相对于城市社区管理精细化的管理而言，乡村、城郊的社会管理更为粗放。治安盲点更多。大量高流动性的非洲人由城市中心向郊区的迁移，其监管难度可想而知，所带来的社会隐患更大。

（三）破坏业已形成的小北非洲人社区生态

小北非洲人社区自 20 世纪 90 年代形成以来，该社区已在国内外享有一定的知晓度。广州是我国的贸易中心城市和国际大都市，其城市定位和特点决定了来广州的外国人主要以贸易商人为主，流动性大，来源广。目前我国的非洲的贸易仍在快速增长中，国内去产能的压力依旧沉重，特别是轻纺等产品过剩严重，外贸出口压力大，这些客观条件都表明广州依旧将吸引包括非洲商人在内的各类跨国商人群体，也意味着在广州将存在一些外国族裔社区。基于此，政府关于此类涉外社区的治理，更应当是引导并与广州城市社会相适应，通过政府主导的引导和规划等，使其成为广州城市的独特名片，而非简单地通过严管使此类群体由城市中心向市郊外围扩散。

第四章 大都市涉外社区的治理模式

大都市涉外社区的治理，不仅关系到外国人聚居城市居民群众的切身利益，关系到这类国际化都市的和谐稳定，关系到我国对外交流的正常有序，同时也关系到我国社会的安全和稳定。探索全球化背景下适合我国国情和特点的涉外社区治理模式，是当前形势下我们迫切需要面对的问题。

第一节　涉外社区治理模式的他国经验

社区治理的模式，往往由于政府和社区之间在涉及社区治理的权责配置方式的不同而存在差异。根据政府和社区之间在社区治理权责关系的不同，当前国际上的社区治理模式主要呈现出三种典型模式：社区自治模式、政府主导模式和混合模式[①]，主要以美国、新加坡、日本三个国家最为典型（见表4—1）。[②]

表4–1　当前国外主要的社区治理模式

	社区自治模式	政府主导模式	混合模式
政府与社区的关系	完全分离	政社不分	部分分开
社区管理主体	社区自治组织	政府及管理部门	政府，社区自治组织
社区运行机制	市场化运作	政府主导	政府支持，居民参与
运行结果	小政府，大社会	大政府，小社会	大政府，大社会
典型代表国家	美国	新加坡	日本

一　美国的自治模式

社区自治是指社区自治组织在自治主体的授权下，依据宪法和国家有关法律独立自主地组织和管理本社区内的公共事务和公益事业。在这种模式中，政府的角色定位是以间接管理为主要原则，其主要工作是制定各种法律法规，为日常的社区管理提供宏观制度方面的规范，而不是进行直接管理。涉及社区事务的具体行为则由社区根据政府制定的各种法律法规进

① 谢守红、谢双喜：《国外城市社区管理模式的比较与借鉴》，《社会科学家》2004年第1期。

② 卢学辉：《日本社区治理的模式、理念与结构——以混合型模式为中心的分析》，《日本研究》2018年第2期。

行自治[①]，其中以美国的情况最具代表性。

在美国的社区管理中，依照相关法律法规，一方面，政府和各色各样的社区自治组织根据各自的优势，承担着各自不同的角色，负责不同层面的社区事务；另一方面，政府和这些社区组织又在明确分工的基础上，开展各种类型和各种层次的合作，发挥整体协调优势。虽然各个地方有所不同，但大体来讲，除政府之外，一般还会有社区委员会、各种类型的非政府组织和企业等其他社区管理主体。就社区管理的实际运作来讲，政府主要负责宏观层面的指导；具体的组织、策划、主办等具体事务常常是由管理委员会和非政府组织来负责；而企业则通过各种方式，透过市场为社区提供不同种类的具体服务。

美国政府分为联邦政府（中央政府）和地方政府，地方政府又可分为州政府、县郡政府、市政府等层级。地方政府之下就是社区。根据美国的法律，不管是联邦政府还是各层级地方政府都没有权力直接干预社区事务。他们参与社区事务的基本方式是制定法律、法规等规范社区各管理主体及其成员的行为。社区的事务要由社区内的“最高权力机构”——“社区委员会”（又称“社区董事会”）来决定。这些情况在美国的《城市宪章》中有十分明确的规定。地方政府可就某项事务向“社区委员会”提供政策性咨询和指导，但不具有任何强制力。“社区委员会”具有半官方性质，负责制定、实施社区各项发展规划。一般而言“社区委员会”由社区内50位左右社区委员组成，由区长任命，不领工资。[②]社区内还会设有各种专业委员会，负责教育、医疗、社区安全等不同事务。

值得一提的是，非政府组织在美国的社区管理中发挥着非常重要的作用。美国的非政府组织非常发达，其中很大一部分就在活跃在不同的社区当中。它们是政府和市场之外的“第三域”，在很多方面有着政府和市场难以比拟的自身优势。社区正是这些非政府组织能够发挥其优势的重要空

① 华峰：《国际化社区的出现与应对》，《学海》2013年第1期。

② 同上。

间和载体。它们在政府、社区居民等的支持下，为社区提供了大量的差别化服务，不仅弥补了政府和企业在提供服务方面的很多不足，也满足了不同居民形式多样化的服务需求。[①]

二　新加坡的政府主导模式

当政府行为与社区行为紧密结合时，政府对社区的干预就变得直接和具体，这种模式可以称为政府主导模式。在这种模式下，政府部门中会设立专门的社区管理部门，政府行政力量对社区管理具有比较强的影响力和控制力。新加坡等一些新型的工业化国家和地区大多属于这种模式。

新加坡是一个典型的城市国家，国土面积非常小；同时，它又是一个典型的移民国家，多个种族、多元文化和多种语言并存，华人、马来人、印度人等都占有很大比重，中华文化、西方文化等交汇，汉语、马来语、英语都是重要的语言形式。按照一般的情况，移民国家会出现很多这样那样的矛盾和问题，而新加坡则有所不同，其良好的国家治理得到了本国和世界范围内的肯定，不少国家或地区纷纷学习新加坡的治理经验。支撑新加坡良好国家治理的因素肯定有很多，但从社区的角度来看，良好的社区管理体制无疑是其中重要因素之一。

新加坡的社区由各级政府机构实行自上而下的管理，主要由社会发展、青年及体育部和人民协会承担社区管理的责任。其中，社会发展、青年及体育部是新加坡政府的重要组成部门，通过社区发展署负责全国社区发展的相关事务，涉及规划社区建设、提供社区服务等几乎所有方面。而人民协会则具有双重性质，一方面，它是一个法定机构，由政府主导，具有十分浓厚的官方色彩；另一方面，它也是一个比较典型的社会组织，与政府组成部门相比，具有较强的草根色彩，是社区管理的主管机构，在新加坡的社区管理中发挥着不可替代的重要作用。人民协会下面还设有咨询

① 华峰：《国际化社区的出现与应对》，《学海》2013年第1期。

委员会、居民委员会等专门委员会负责处理不同的事务；同时，还设有社区发展理事会、市镇理事会等不同机构进行社区管理工作。[①]

新加坡的社区管理主要涉及社区治安环境、社区居民居住环境、公共基础设施建设、社区互助和社区交流等多个方面。为了保障各个方面的服务和政策落到实处，新加坡通过法律形式确定了多渠道的经费来源体系，其中既有政府行政拨款作为基本保障，又通过出台各种措施，拓宽经费来源渠道，注意吸收各种组织和个人的资金，最大限度地发挥社会资金在社区建设和发展中的作用。

三　日本的混合模式

在这种模式下，社区治理一般包括三个主要层次：一是由市政府授权的市政府的专设机构，在特定的社区范围内执行官方政策；二是半官方的社区委员会，由社区选举产生，任期 2 年，其职责是反映社区事务的建议和意见给市政府；三是自治性的社区服务组织如社区服务中心等，主要是在政府指导或委托下具体实施社区的各项服务工作。以色列、澳大利亚、新西兰、日本和我国香港地区采用这种模式，其中以日本最为典型。

日本社区治理的特点是政府对社区干预与社区自治相结合。[②]日本有别于新加坡，政府对社区的干预没有那么面面俱到，强制力也相对较弱，事实上社区的发展环境还是比较自由和宽松的，政府的影响力主要体现在提供宏观指导和经费支持上，其他方面作用相对有限。与此相适应，在制度层面，日本采用地域中心体制。通过提供活动场所、信息服务、公开办事项目等形式，达到收集民意、支持本地域民间活动、改善居民生活环境、满足居民多种生活需要的目的。

另外，在日本的很多基层社区，一般还会设有“町会联合会”和“町

---

① 华峰：《国际化社区的出现与应对》，《学海》2013 年第 1 期。

② 同上。

会'。"町会联合会"和"町会"是不同层次的组织，与新加坡的人民协会有类似之处，既有一定的官方色彩，又有一定的民间特色，它们在许多方面分别发挥着类似我国街道和居民委员会的作用。[①]作为社区居民自治组织的町会，一般按照居民的住址进行划分，其工作人员主要是以兼职形式进行的，并且没有劳动报酬。町会的活动内容主要包括维护安全、美化环境、提高社会福利、保护青少年、举办防灾演习、提供信息、文化修养、加深交流等。

当然，社会组织也是现行日本社区管理体制中不可忽视的重要因素。虽然与其他一些发达国家相比，日本的社会组织起步比较晚，但已经遍及日本社会生活的方方面面。日本不仅通过制定相关法律界定和承认了非政府组织在各种社会事业中的地位和作用，赋予了非政府组织非常广阔的发展空间；而且通过各种形式，为非政府组织的发展提供帮助和便利，比如为非政府组织的工作人员提供培训、为非政府组织开展活动提供场所和资金支持等，来提高非政府组织及其工作人员的办事能力和效率。

四 西方国家主要社区治理模式评述

美国在社区治理上的自治模式，源于新自由主义的影响。新自由主义明确限制政治权力，主张经济和社会本质上是自我调节的实体。[②]在社区治理上，新自由主义主张权力下放，也把权力下放运动推向了新的高潮。由原来的国家照顾转向社区照顾。在新自由主义的影响下，大量的社会力量参与美国社区的治理。特别是随着社群主义的兴起，更是为社会力量参与社区治理提供了理论基础。当今社会，包括美国、英国等许多国家，在社区治理上都主张社区自治。以新加坡为代表的国家，强调在社区治理中

① 华峰：《国际化社区的出现与应对》，《学海》2013 年第 1 期。

② Barry, Andrew, Thomas Osborne, Nikolas S. Rose, eds., *Foucault and Political Reason; Liberalism, Neo-liberalism, and Rationalities of Government*, Chicago; University of Chicago Press, 1996, pp. 19-25.

政府的主导作用，社区治理上更注重行政管理。以日本为代表的混合模式，在社区治理上注重行政性和民间性的结合。

社区自治模式，其实施需要诸多现实条件，否则，极容易成为一种书面上的政治学学术术语。在社区治理中，过度强调社区居民的参与，鼓励社区居民积极参加社区活动、参与社区决策，这在当今个体利益分化，整个社会日益碎片化，社区碎片化，以及个体在市场经济中忙于生存理性的压力，加之社区公共事务的纷繁复杂，公众的生存压力等，不少居民处于生存理性的压力，无意放置更多精力参与公共事务，这些现实事实上阻碍着社区自治的健康发展。

政府主导模式，似乎又陷入另一个极端。这一治理模式过于强调政府的作用，把社区治理当作政府的社会事业或是行政工作，政府通过国家权力及其行政系统来管理基层社区，在基层社区中重建其权威和合法性，但却忽视了社区内居民的社区参与，难以促进民间社会的发育。

当然，这三种模式也存在着一些共同点。无论何种模式，都有两个要素，一个是政府；一个是非政府组织，二者在国际化社区治理中都发挥着非常重要的作用。事实上体现了国家和社会的关系。当然，无论哪种模式，政府的作用都是至关重要的。在政府主导模式中，社区治理行政性较强，从管理机构到经费来源无不体现政府的作用。在混合模式中，政府的作用虽不如新加坡那么直接和具体，但政府依然承担着为社区提供相关规划、指导和经费支持等重要职能。即使是在社区自治模式中，政府对社区发展在组织、指导与监控等方面也发挥着重要作用。

第二节　当前我国涉外社区治理存在的主要问题

我国的城市社区建设始于 1986 年，当然社区治理模式的探讨则更晚。魏娜在 2003 年发表的论文“我国城市社区治理模式：发展演变与制度创新护”一文中，系统梳理了我国城市社区治理的不同模式，将我国多地探讨的社区治理模式，归纳为三种主要模式：行政型社区——政府主导型的治理模式；合作型社区——政府推动与社区自治结合型的治理模式；自治型社区——社区主导与政府支持型的治理模式。①

潘小娟在2004年出版的《中国基层社会重构——社区治理研究》一书中，认为新型的社区治理模式应该以社区居民为核心，重视社区居民的利益诉求，鼓励社区居民自发地、理性地参与到社区治理中来。潘小娟首先厘清了国家和社会的关系，指出“国家和社会虽然是两个不同的结构系统，但是，国家和社会所固有的特征表明，国家和社会并不是相互分离、相互对立的，良性的国家与社会的关系应该是建立在合理分工基础上的相互合作，相互支持，相互协调”。因此，要构建新的社区治理模式，就要正确处理好政府、社区居委会和非营利组织之间的关系，在新的社区治理模式中，“政府应该提供必要的动力支持和保障；社区居委会应该及时向政府和非营利性组织反映社区居民的利益诉求，发挥中介、协调、自治和教育四个方面的作用；非营利组织则负责具体承担名目繁多的各种社区服务项目。②

来华外国人不断增长，以及涉外社区的出现，是近些年才出现的新现象。此类社区相比我国的城市社区，无论是社区人口的构成，还是社区结构，都更为复杂。社区治理也更具有挑战。就目前涉外社区集中的北京、上海、广州等国际化都市来看，既没有形成有效的涉外社区治理模式，在社区治理方面，也存在着一些问题。

一 涉外社区治理的法律法规立法滞后

当前，我国现行的关于涉外社区管理的法律法规主要有以下几部：1985年颁布的《外国留学生管理办法》；1986年颁布的《中华人民共和国

---

① 魏娜：《我国城市社区治理模式：发展演变与制度创新》，《中国人民大学学报》2003第1期。

② 潘小娟：《社区行政化问题探究》，《国家行政学院学报》2007年第1期。

外国人入境出境管理法实施细则》；1994 年颁布的《中华人民共和国外国人宗教活动管理规定》以及 2000 年颁布的《中华人民共和国境内外国人宗教活动管理规定实施细则》；1996 年颁布的《外国人在中国就业管理规定》；2004 年颁布的《外国人在中国永久居留审批管理办法》；2013 年 7 月实施的《中华人民共和国出入境管理法》。除了国家层面的这些立法外，行政规范方面，公安部与国家有关部委联合下发的《关于处理涉外案件若干问题的规定》《关于强制外国人出境的执行办法的规定》，以及 2003 年公安部治安局下发的《公安机关外国人管理工作分工配合机制》、公安部出入境管理局下发的《公安派出所外国人住宿登记管理办法（试行）》等。此外就是一些地方法规，如浙江省公安厅《关于进一步做好出境入境公民户口管理工作的通知》、广东省公安厅颁布的《关于加强外国人管理服务工作的意见》《关于加强在粤“三非”外国人管理工作的意见》《广东省外国人管理服务暂行规定》等。这些都为我们规范和管理在华外国人提供了基本的法律依据。但是，我国当前外国人聚居的国际化社区的立法和制度还比较滞后，没有相关的法律。导致涉外社区基层政府及管理者没有相关的制度和法律作为工作的指南。

二　没有明确界定涉外社区的管理主体

关于来华外国人的管理，相关的法律法规例如《广东省外国人管理服务暂行规定》第五条明确规定：公安机关是外国人管理和服务工作的主管部门，各级人民政府其他有关部门以及海关、出入境检验检疫、出入境边防检查等部门应当按照各自职责，做好外国人管理和服务工作。可见，我国目前的外国人管理工作依然在公安机关的主导下进行，是以公安机关为主导的外国人管理体系。

1986 年以来，外国人居住社区化之后，特别是随着外国人数量不断增加，出现一些涉外社区之后，涉外社区的治理主体，就成为当前此类社区治理一个值得思考的议题。按照我国社区治理的现实来看，基层政府是社区治理的主体，但涉外社区、外国人管理的主体属于公安机关，公安机关和基层政府分属于不同的行政管理体系，在实际管理上存在着条块分割等现象。也容易造成管理中互相推卸责任的现象，不利于涉外社区的治理。

三　涉外社区的社会组织培育和发展不良

从西方国家对多族裔社区的治理经验来看，涉外社区的有效治理离不开各种各样的社区民间组织。涉外社区，其社区构成复杂，社区居民由于不同的民族、风俗、文化和宗教信仰、生活习惯等的差异，邻里间更容易产生各种矛盾。通过引入一些民间社会组织，调动各种社会资源和社会力量参与管理，有利于整合社会资源，协调各族群的矛盾，营造和谐的族群间关系。而且，充分调动各类民间社会组织参与涉外社区的治理，既可以节约政府有限的资源，也能充分依靠各种非政府组织、社区各种群众性自治组织、外籍人士的工作单位、物业公司以及居民个人等社会力量。例如美国的多元族群社区，通过各类型大大小小的民间社会组织，为社区居民提供邻里矛盾调解、困难群体帮扶、社区守望等方面的服务。在新加坡，同样活跃着许多民间社会组织，在丰富社区老年人群的养老，以及其他群体的社区互助方面，发挥着积极的作用。日本的民间社会组织虽起步晚，但发展速度很快。当前已成为日本社区治理的主要力量之一。在为社区居民提供各类社区服务方面发挥着越来越重要的作用。

以广州的小北非洲人聚居区为例，该社区下辖 10 个居委会。一些居委会，例如金鹿社区、童心社区、黄田社区、宝汉社区，都聚居了大量的非洲人，仅金鹿社区，常住非洲人就超过 700 人。在这样一个非洲人和本地人混居的涉外社区，存在很多社区问题，目前民间社会组织只有广州市开心社会工作发展中心一家，在为辖区内本地居民提供为老服务、家庭服务及青少年服务外，也为辖区内的非洲人提供包括语言学习，政策法规咨询，生存及发展方面的服务。辖区内非洲人数量多，对包括语言学习等的需求大，然而只此一家社会组织，因此在为非洲人提供服务方面资源压力十分巨大。

四　现有的社会组织参与社区治理的职能不清

无论是美英，还是日本、新加坡等社区治理模式不同的国家，活跃着的各类民间组织，在社区治理中承担了大量的社会公共和公益事务，这些多族裔聚居社区也因为民间组织的各类服务而把社区居民整合起来，极大地增强了这些多族裔聚居社区居民的社区认同感。就我国来说，一方面，民间组织的培育和发展才处于起步阶段；另一方面，现有的民间组织，政府在其参与社区治理方面的职能界定还不太清晰，导致民间组织在我国涉外社区的治理中的作用还远没有发挥出来。

同样以小北非洲人社区提供社区服务的广州市开心社会工作发展中心为例，该组织参与非洲人社区的服务和治理。政府每年购买服务的经费为200万元，要求配备20名社区工作人员。既要为辖区内包括本国流动人口在内的10万本地居民提供包括长者服务，低收入等脆弱家庭的家庭服务，包括流动儿童等在内的儿童服务，辖区流动少数民族人员的服务，辖区残障人士的服务，辖区社区矫治人员的服务，当然还包括为辖区内众多的非洲人提供服务。由于基层政府对社会组织服务如此多的服务领域和服务功能，对社会组织的服务要求诉求无边界，社会组织既要配合街道和居委的各类常规工作，还要完成面向各类人群的专业服务，而且服务指标设定过多，服务内容也极具挑战，导致该社会组织很难结合所服务社区的共同问题，系统地开展社区治理及社区服务。疲于奔命奔走在政府和居民之间，社区服务难以深入，参与社区治理的作用难以发挥。

五　涉外社区的治理方式刚性，缺乏灵活性和科学性

如前所述，当前我国的涉外社区的治理，在治理主体上以公安机关为主，治理对象和内容主要是对此类社区的外国人进行管理。这种对涉外社

区的治理存在以下弊端：

一是使得整个面向涉外社区的管理显得刚性很强，管理过程中稍有闪失，极易引发强烈对抗。例如，2009 年 7 月 15 日，广州一名非洲人因躲避派出所人员的护照检查而跳楼，引发上百名非洲人围堵矿泉街派出所。在警察的再三解释下，聚集的非洲人才先后离去。事后，警察将伤者送到医院诊治，并因其护照过期将其遣送回国，全部医疗费用及机票都由广东省政府承担。但是，西方媒体却利用这一事件指责中国政府利用暴力机构实施种族歧视。可见，公安管理很容易因刚性特点带来一些坏的社会舆情和国际影响。①

二是这种治理容易使涉外社区的外国人和本地居民形成区隔。当前公安机关对涉外社区的外国人的管理，主要是将外国人纳入实有人口管理，在管理内容等方面，与本地居民有差别。例如住宿、出租房屋等。由此容易使涉外社区的居民明显感觉到管理上的差别对待，也容易使社区内不同居民产生明显的族群距离。

三是这种管理方式不是着眼于整个社区来进行治理。外国人与中国公民的差别在于，外国人流动性强，如果仅凭公安机关来实施管理，需要配备比较充足的警力，导致管理成本过高，事倍功半。如果以整个涉外社区为治理，通过发挥社区内的邻里守望，既节约治理成本，也能更有效地管理流动性很强的外国人群体。

六　涉外社区的治理在理念上重管理，轻服务

全球化背景下，跨国别流动日趋频繁，外国人成为国与国之间联系和沟通交流的重要纽带和桥梁。不同国家之间人员的跨国流动，可促进国与国之间在文化、经济、社会等领域互相学习，互相借鉴。因此，要坚持服务与管理相结合的新管理理念，对涉外社区的治理要坚持管理与提供服务

---

① 王亮：《社区认同视角下外国人管理的探讨》，《职业教育》2015 年第 2 期。

相结合，这是有效实现治理的手段。例如通过对来华的非洲人提供来自政府或者各类型社会组织的服务，有助于来华的非洲人更好地在中国生活，非洲裔在广州获得了除家人、朋友等之外的其他社会支持网络，有利于碎化他们赖以获得服务的宗教族群等正式社会支持网，从而防止他们聚居区的封闭化和族群交往的封闭化等。从这个角度看，提供服务就是实施管理的一种手段。

特别是1996年开始，公安部取消了境外人员只能就住涉外酒店或其他接待单位的这一住宿限制。大量外国人进入社区居住。社区不仅是外国人居住和生活的空间范围，也是外国人与居民共融相处的社会关系交会点。通过依托社区所开展的各类服务，既可以帮助外国人在社区更好融入，同时，社区服务的提供，也可防止外国人在进入社区居住后的区隔和群体封闭化。避免在社区对外国人管理出现盲区。

七　缺乏专业化的社区治理人才队伍

社区是具体化了的社会。涉外社区要治理好，首先需要科学调研此类社区的特点，公共问题和需求，并能结合此类社区的独特特点，科学规划和制定治理的框架和路径，因此需要专业的社会管理人才来实施。

当前我国对涉外社区的治理，治理主体以公安机关为主，公安机关管理的特点是管理个体防止违法。除了公安机关外，地方基层政府也承担着治理涉外社区的职责，但在经济发展压倒一切的当前，基层政府将大部分的时间、精力都放在了经济建设这一指标上，加之地方基层部门缺乏社区管理专业培训，既难以科学又准确地诊断涉外社区的问题，也难以结合涉外社区的特点，制定社区治理的总方案，并通过专业的方法，培育社区发展的内生型动力，实现对涉外社区的有效治理和健康发展。

第三节　探索适合我国国情的涉外社区治理

20世纪以来，全球化的推动下，跨境移民无论是数量还是广度都快速增加着。我国作为全球化的重要推动者，随着我国综合国力的进一步加强，以及在国际社会影响力的迅速提升，中国目前已成为国际移民理想的移入国之一。来华外国人每年创新高，在国内一些重要城市，也出现了越来越多的涉外社区。探索涉外社区的治理的模式等，是当前我国国际化城市所面临的重要课题。

一　建立适合我国国情的涉外社区的治理结构

社区治理结构指的是社区治理中的主体关系，既包括社区组织与外部组织（政府或市场）之间的关系，也包括社区内部的主体关系。[①] 对涉外社区的治理，首先需要清楚界定其社区治理的结构。

（一）坚持党组织对涉外社区治理的领导

在涉外社区的治理上，要确保党的路线方针政策在涉外社区得到全面贯彻落实 。引导基层党组织强化政治功能，聚焦涉外社区的居民需求，实现管理和服务的下沉。强化涉外社区街道党委把工作重心转移到做好涉外社区公共服务、公共管理、公共安全工作上来。在涉外社区努力打造服务型党组织建设，提升涉外社区基层党组织的服务能力和水平，更好地服务涉外社区的居民。探索共建互补，拓展党建工作，扩大在涉外社区新兴领域的党建工作覆盖。健全涉外社区的党组织，确保党组织在涉外社区治理中的政治领导作用。

① 吴晓林、都丽娜：《“社区复兴运动”以来国外社区治理研究的理论考察》，《政治学研究》2015 第 1 期。

（二）坚持政府在涉外社区治理中的主导作用

在涉外社区的治理上，结合网格化管理的方法，基层政府要扮演主导角色。明确政府在涉外社区管理方面的权责，明确基层政府和其他社会组织，以及群团组织在涉外社区治理上的边界。基层政府要尽职尽责地履行好对涉外社区治理的领导职责，加强对涉外社区治理的政策支持、财力物力保障，引导和培育涉外社区的群众自治组织，加强对涉外社区各类群众性自治组织建设的指导规范，探索和主导涉外社区的治理。

（三）孵化和发育基层群众性自治组织作为治理的依靠力量

进一步加强基层群众性自治组织规范化建设，合理确定其管辖范围和规模 。促进基层群众自治与网格化服务管理有效衔接。在涉外社区，及时建立基层政府的各类派出机构和群团居民组织，组织和调动基层群众性自治组织，在涉外社区开展社区协商、社区服务，提高基层群众自组织的社区服务和治理能力，充分发挥自治章程、引导涉外社区的居民在涉外社区的治理中发挥积极作用。

（四）整合社会资源，发挥社会组织的协同治理作用

制定完善的孵化培育、人才引进、资金支持等扶持政策，落实税费优惠政策，在外国人聚居数量大，存在外国人聚居社区的城市和地区，大力培育和发展民间的、公益性的社会组织，在外国人聚居社区开展帮助外国人在华生活和社会融入的各类服务，促进在华的外国人更好地了解我国的制度以及生活文化等，促进涉外社区的族群间关系融合，帮助外国人顺利地融入所居住的社区。

总之，结合我国国情特点，在涉外社区的治理上，探索党领导下，政府主导，调动社会组织、中外社区志愿者等多方参与，形成在涉外社区治理上的政府、社会组织、中外社区志愿者“三社联动”的治理模式。

二　探索完善涉外社区的管理机制

我国现行的外国人管理制度是以公安部门和外交外事部门为主管机关，以教育、商务、工商、司法、旅游、民政、卫生等部门为辅助管理机关，分别进行管理的体制。该管理机制呈现出多头管理的状况。各管理部门在实际管理中，既存在着互相间职责重叠，重复管理的情况，又有多头管理存在着互相推卸责任，存在管理盲区的现状。如民政部门管涉外婚姻，人力资源和社会保障部管外国人在华就业，派出所管外国人住宿登记，出入境管理局负责外国人签证签发与逾期非法居留的处罚，还有劳动、税务、工商等管理部门。由于涉及外国人在华的日常管理部门分散，且各部门之间沟通协调机制不完善，信息无法充分共享。导致涉外人员的管理存在着一些漏洞。因此，亟须改革多头管理状况，探索和完善我国的国际化社区的管理机制。

在西方国家，针对外国人，一般都有专门的移民局实施对外国人的各项管理。在我国，当前外国人数量越来越多，有必要在国家层面成立类似西方国家的独立的外国人管理局。并结合各省来华外国人的实际数量，在有需要的省市或者相邻省市成立省市级外国人行政管理机构，并整合公安、街道、民政等各外国人在华具体的职能管理部门，组建大外管平台和常规办事机制。如广州市探索建立的由涉外管理的35个职能部门组成的、将外籍人员管理工作融入社会管理整体布局中的“外籍人员管理工作联席会议”制度的“大外管”机制。

首先，搭建涉外社区管理的大外管平台阵地，探索建立涉外社区的管理体系和平台。在涉外社区，建立出租屋管理中心工作平台，配合省市区的外国人管理局，及社区的外国人管理，以及街道购买的外国人服务中心等管理、服务管理阵地，负责服务辖区内的外国人，并与公安、出入境、外事机构等涉外管理机关共享相关数据，形成涉外管理工作跨部门业务协同、信息共建共享等工作阵地。外管工作站隶属街党工委、办事处、区外籍人员管理工作联席会议办公室以及街派出所的领导，强调服务与管理相结合。

其次，探索涉外社区的管理模式，围绕“摸清底、管得住、服务好、促融合”的涉外社区治理目标，对涉外社区的外国人要实现“人员管理信息化、管理动态模式化、协同共管常态化、管理依托服务化”的基层涉外管理机制。在外国人聚居点，设立了本兑换点、综合服务室、外贸商场警务室、治安视频监控室。借助街道三个服务和管理外国人的工作中心。①

三　完善涉外社区治理的工作机制

除了建立起适合国情的管理体制外，结合涉外社区的特殊性，还需要探索完善涉外社区治理的工作机制。

各级党委和政府要把涉外社区的治理工作纳入重要议事日程，坚持党委和政府的统一领导，整合社会资源，调动社会组织和群团组织参与涉外社区的治理，形成齐抓共管的工作格局。

各省（自治区、直辖市）党委和政府要建立研究决定涉外社区治理工作的重大事项制度，结合涉外社区出现的新问题，定期组织专家进行研究和座谈，探讨科学的对策。市县党委书记要认真履行第一责任人职责，街道党工委书记、乡镇党委书记要履行好直接责任人职责。各级党委和政府探索建立和健全涉外社区和外国人聚居点的日常工作机制，抓好统筹指导、组织协调、资源整合和督促检查。

根据管理体制，组建工作和服务阵地，并配备专业的工作队伍。出租屋管理中心专人负责，来落实外国人入境24小时登记，外国人服务中心配备专业的社工，外国人管理中心配备专职涉外警务人员。出租屋管理中心，实行“以房管人、以证管人”的工作模式，外国人服务中心实行以服务促管理的模式，外国人管理中心实行综合执法管理的模式，从而实现对

① 郑捷：《试论上海社区外国人管理的大外管体系建设》，复旦大学硕士论文2009年。

涉外社区的有效管理。

四　探索社区治理上合作治理、以服务促治理等创新理念

涉外社区由于人口构成的复杂多元，因此，在社区治理上，应借鉴国际经验，转变过去的由政府单一行政控制走向合作治理。合作治理是指以行政伦理学为支撑，建立在信任基础上，社会各类主体以相对平等的身份，就国家和社会公共事务进行合作共治的社会治理模式。广义的合作概念包括互助 、协作、合作三个层次：互助是感性的，是合作的初级形态；协作是工具性的，是合作中的较高形态。狭义的合作既是理性的，又是抛弃工具性的，它是人类群体基于公共利益的一种共存、共在和共同行动的形式。[①]

社区治理的最高目标是善治，而善治的最终价值导向是倡导一种服务性理念，因此，在涉外社区的治理中，首先，要坚持合作治理，尽可能调动各种治理主体参与到社区治理中，实现合作和协同治理。其次，要建构服务型的社区治理理念，从而实现社区治理的“善治”。

五　依托现代信息技术，创新涉外社区的治理方式

20 世纪 90 年代以来，以计算机为核心的信息技术的迅猛发展，在人类社会各个领域都带来了深远的影响。全球进入信息化时代。在涉外社区的治理方式上，信息化同样可以发挥很大的作用。

涉外社区治理的信息化，是指在涉外社区治理的各个环节中，充分利用现代信息技术、信息资源和环境，建立信息应用系统，使信息采集、流转、传输、利用集约高效，信息资源优化配置，不断提高涉外社区治理的

① 冯晓英：《论北京“城中村”改造——兼述流动人口聚居区合作治理》，《人口研究》2010 第 6 期。

效率和水平。[①]

首先，围绕“人数清，管得住”的涉外社区人口管理特点，利用互联网构建社区内外国人居留管理的信息化平台。建立一个外国人入境—居留—出境全过程的动态管控体系，着重通过境外签证的签发、出入境边防的检查、内地出入境管理机关签证和居留许可的办理、外国人临时住宿登记、外国人出入境管理等信息系统的建立和完善，建立一个外国人动态综合管理信息系统，实现对涉外社区的外国人的有效管理。

其次，增强涉外社区信息化的实践应用能力。建立涉外社区一体化的社区信息服务站、社区信息亭、社区信息服务自助终端等公益性信息服务设施建设。探索建立“互联网＋政务服务＋社区服务”社区治理工程，实施“互联网＋社区”社区治理计划，加快互联网与社区治理和服务体系的深度融合，运用社区论坛、微博、微信、移动客户端等新媒体，引导涉外社区的中外居民参与社区公共事务、围绕社区公共问题由居民协商、组织社区的邻里互助，探索“互联网＋”的涉外社区治理和服务创新。

六　结合涉外社区的特点，探索和创新涉外社区的治理内容

（一）提升涉外社区居民的社区参与能力

基于涉外社区居民构成的多元，社区公共问题的复杂性，调动社区居民，共同协商和解决社区问题，更有助于此类社区问题的解决。因此，在涉外社区治理的内容上，首先要调动社区居民的参与，提高社区居民议事协商能力，凡涉及涉外社区公共利益的重大决策事项、关乎中外居民的切身利益的实际困难问题和矛盾纠纷，尽量由社区党组织、基层群众性自治组织牵头，组织社区内居民群众协商解决。

① 张惠德：《论外国人管理的信息化构建》，《山西警官高等专科学校学报》2012 年第 10 期。

（二）提高社区服务供给能力

涉外社区的治理，归根结底，首要的是为社区居民提供服务，特别是关系中外居民切身利益的各类服务的提供。因此，加快涉外社区公共服务体系建设，建立健全涉外社区的服务机构，结合涉外社区的需求，提供所需要的各类服务，是涉外社区治理的又一重要内容。除了有政府提供，以及政府委托购买的各类公共服务外，结合涉外社区的优势，也可以开展中外居民、邻里互助等为主要形式的各类社区互助服务，以提高涉外社区的服务。

（三）打造社区融合文化，引领涉外社区的良性发展

结合涉外社区人口构成多元，族裔成分多元的特点，引导不同的民族共同参与社区活动，共享社区的各项活动，久而久之，就会使社区内不同的民族形成共同的精神形态，共享和认同社区文化。也就是说，不同的民族，可以通过共同参与和体验某一文化或者文明，而逐渐共享该文化或者文明。我们知道，各民族之间之所以不同，不仅在于他们的生活条件不同，更在于他们的文化特点和精神形态不同。可以说，文化上的精神形态特征成为族群区别的重要标志。因此，促进不同族群融合的重要途径是引导他们体验不同的族群文化，经常举办一些社区活动来加强不同族群的居民之间的联系和互动，从而在涉外社区形成接纳、包容和融合的社区文化，促进涉外社区的良性发展。

（四）提升涉外社区矛盾预防化解能力

涉外社区由于居民构成多元等因素，族群间更容易出现各类矛盾。这些矛盾不利于涉外社区的治理，因此，在涉外社区的治理上，要建立社区居民完善有效的利益表达机制和表达通道，由社区党组织牵头，建立党代会代表、居民代表等参加的居民议事制度。在社区设立人民调解员、基层法律服务工作者、社会工作者、心理咨询师等专业队伍，在物业纠纷、族

群间邻里矛盾、邻里纠纷调解和冲突化解等领域发挥积极作用，引导社区居民及时、合理、合法地对社区公共问题表达利益诉求，求同存异，实现社区居民的普遍共识，预防冲突性事件的发生。

七 培养合格的社区治理人才队伍

培育和建设一支素质高、专业化的社区工作者队伍，是治理好社区的关键。特别是对于涉外社区来说，合格的社区治理人才队伍建设，尤为必要。以非洲人社区为例，当前的社区工作人员，一个明显弊端是社区工作人员专业不对口，素质能力有待提高。特别是金鹿等外国人居住十分集中的社区，许多社区工作人员既没有相关的专业知识，也不通晓外语，遇到社区中外居民的纠纷，存在语言障碍、沟通不畅等方面的限制，由于专业知识和阅历等限制，在涉外社区调解居民之间因文化、习俗、观念等方面的矛盾冲突时显得力不从心。另一方面，目前也没有建立相对科学完善的培训机制。大部分社区的工作人员在上岗之前并没有进行系统完善的培训，平时又要忙于社区工作，没有太多的闲暇时间去进行自我学习、自我提升。

一是要结合当前社区治理的使命，努力提升社区工作人员的专业化水平，可通过在岗培训，提升社区工作人员社区治理的理论、方法、技巧等，培养其扎根社区、治理社区的价值理念。

二是通过薪酬激励等，吸引和引导持证的专业社会工作者到社区来工作，或以多种形式和身份参与社区服务类工作，吸引优秀的民生服务类专业人员，下沉到社区参与社区建设和社区治理，为社区居民提供专业化的服务。

八 培育和吸引社会组织参与社区治理

在涉外社区的治理中，要积极培育和发展社会组织参与社区治理。培育民间的各种社会组织，是我们社区治理中去单位化、去行政化，更具服务化和自治性的重要保证，而且，这些社会组织可在提供服务、协调利益、化解矛盾、反映诉求方面发挥积极作用。因此，我们应该重点培育和发展各类专业性的社会服务组织。一方面，政府可通过方便登记、购买社会服务或委托社会服务、慈善服务以及免税政策和制度化的监管渠道，鼓励和支持新社会组织的培育和发展；另一方面，政府应该重点培育和优先发展公益慈善类、城乡社区服务类社会组织。①

通过这些社会组织所提供的各类服务，可以切实落实服务型社区治理的目标，也可以极大地减轻政府单方面治理的压力。如何吸引社会组织，一是创造条件，为社会组织参与涉外社区的治理搭建制度化平台；二是政府应加大对社会组织的孵化和扶持的资金扶持。由于社会组织是公益取向的，既不能像企业那样以营利为目的，也不可能像政府那样有财政收入的保障，相对来说其筹资渠道比较有限，资金来源常常也比较单一，这在很大程度上会限制社会组织的生存和发展，也影响其在社区治理中发挥作用。基于社会组织在社区治理中的积极作用，需要政府各方面的扶持。

除此之外，还应在涉外社区积极培育和孵化社区居民自组织。社区内自组织能够降低社区治理的成本，自组织程度高的社区，居民往往具有比较高的公共精神与合作意识，能够自觉遵循合作规范，有效避免了“搭便车”行为。同时，社区自组织因为是社区成员自我生成的组织，成员间通常通过面对面协商，取得共识，消除分歧，解决冲突，增进信任，合作的方式解决争端。对于比较复杂的涉外社区和外国人员的管理，社区自组织明显具有优势。因此，政府可以吸纳社区内的一些中非居民兴趣组织参与到对外国人的管理中来。降低管理成本、协调成本等，以实现对外国人的有效管理。

---

① 卢汉龙：《民间社会组织与社会治理》，《探索与争鸣》2006 年第 5 期。

第五章 大都市涉外社区族际关系及治理

族际关系是人类社会普遍存在的一种现象，也是社会学、历史学、民族学、人类学等学科关注的重要领域。从政治学的角度来讲，族际关系是指一个民族国家内部的各民族或种族群体之间以及它们与民族国家现行社会、经济、政治制度和体制之间发生和存在着的互动关系。本章关注的是超越民族国家的跨国流动人口与我国居民之间反映出来的跨国别族际群体间的关系。特别是进入21世纪以来，在全球化的推动下，来华外国人数量倍增，并在我国一些城市形成了外国人聚居十分集中的涉外社区，这一类型社区内外国人和本地居民的关系如何，直接影响着此类型社区的稳定与和谐。研究涉外社区外国人与本地居民间的关系，探讨跨国别族际关系的治理，也是我国国际化都市涉外社区治理的重要内容。

第一节　涉外社区族际关系的相关理论

一　族际关系的实质

霍洛维茨认为由于肤色、语言、文化习俗等的差异，存在着事实上的群体差别，由此必然出现不同族际间关系的问题。以泰勒（CE. B. Tylor）为代表的“经典进化论”学派，将族际关系诠释为人类社会不同发展阶段的各个文化之间的关系，在经典进化论学派看来，各民族之间的差异是社会发展阶段的差异，人类文化的多样性是社会发展不同阶段的反映。族际之间的关系更多是一种线性的优胜劣汰的发展态势。与进化论相反，“传播学派”将族际关系理解为族群不同文化在不同地域和单元之间的传播。从而使族际关系研究开始考虑族际间的横向影响，但这种影响被视为单边、单向，由一方传播至另一方，而另一方被动接受的“单边作用”过程。美国历史学派的创始人博厄斯注意到了文化与所处生境的适用，提出了双重进化思想，丰富了族际关系的理论体系。

罗康隆在《族际关系论》一书中对族际关系定义为：“族际关系是指人类社会针对特定的需要构建起来的个人行为系统，即也是这种不同系统之间的界面互动与调适的复杂依存与制约关系的总和。”[①] 从上述学者关于族际关系的定义可知：族际关系的实质是不同群体的文化。

二　影响族群关系的理论

影响族际关系的因素是多元的，既有各民族由于肤色、语言、文化等方面的差异所带来的族群间关系的不和谐，也有其他方面的原因。概括起

① 罗康隆：《族际关系论》序一，贵州民族出版社 1998 年版，第 19 页。

来有以下几方面。

（一）国家性因素

移入国的社会环境，例如政府对待移民的态度，以及所制定的各项移民政策，政府面向移民群体的各项行政设置等，毫无疑问，政府的上述政策将会直接或间接地影响各族群的社会、经济、文化发展和族群之间的关系。

（二）社会性因素

社会性因素包括很多。例如大众传媒对族际关系状况的影响等。在当今广播、报纸和电视迅速普及的时代，传媒对建构怎样的族际关系影响很大。再就是一个国家占主导地位的群体对外来移民的态度，接纳还是排斥等，也是影响族际关系的主要因素。

（三）文化性因素

各个族群有自己独特的文化以及生活方式，这些文化因素在各个族群中的强弱程度不同、持续性也不同。对于一些族群来说，这种文化差异更为明显，例如一些民族有虔诚的宗教信仰，以及独特的生活习俗、价值观念等，由此导致不同族群因为文化不同存在明显的差异，容易影响族群间的关系。

三　西方国家族际关系及治理的理论

（一）同化理论

同化理论作为西方族群关系研究的一种重要理论，最早于19世纪二三十年代由美国芝加哥大学的学者罗伯特 · E. 帕克和欧内斯特 · W. 伯吉斯提出的。针对多族群国家，他们认为可以通过同化来达到消除族群间差别，实现族群间关系融合的目的。帕克把族群间的互动关系过程划分为四个阶段：接触、竞争、适应、同化，这四个阶段是逐步的、不可逆的。[①]

美国早期在处理族群关系时深受同化理论的影响。戈登（Milton M. Gordon，1964）出版的《美国人生活中的同化》（*Assimilation in American Life*，Oxford：Oxford University Press）一书，系统地回顾了美国建国200多年来处理族群关系的社会目标的演变阶段和每个阶段的特点。他把美国处理族群关系社会目标的演变过程划分为三个历史阶段。第一阶段叫"Anglo-conformity"（盎格鲁—撒克逊化），目标是以早期移民主体盎格鲁—撒克逊民族的传统文化为核心来同化其他族群；第二阶段叫"Melting-pot"即"熔炉"理论；第三阶段叫"Cultural Pluralism"即文化多元主义。[②]

（二）多元文化主义理论

最早提出多元文化主义概念的是哈里斯·卡伦。1915年，卡伦在"民主对熔炉"（Democracy Versus the Melting Pot）一文中首次提出了多元文化主义思想，随后在1924年出版的《美国的文化与民主》（*Culture and Democracy in the United States*）一书序言中第一次使用了"多元文化主义"一词，因此被誉为"多元文化主义之父"。多元文化主义把文化群体作为社会基本单元，是以承认差异、追求平等、主张群体权利、宽容等为核心的一种思想理念。承认不同族群之间存在着文化差异，认为少数族群自身具备的各种文化与主体民族的文化共同构成一个国家的整体文化；反对在社会地位和生活待遇等方面给予少数民族不公平待遇；为了保障族群平等的社会参与，维护其团体认同和生活尊严，需给予其必要的利益保障和群体权利。在实践意义上，多元文化主义政策已成为当今世界多民族国家调适族群关系的首选策略，如加拿大、澳大利亚、英国、瑞士等西方国

---

① Robert E. Park, Ernest W. Burgess, *Introduction to the Science of Sociology*, Chicago: the Chicago University Press, 1921，p. 735.

② Milton M. Gordon, *Assimilation in American Life: The Role of Race, Religion, and National Origins*, New York: Oxford University Press, 1964.

家都已实行了多元文化主义政策，在很大程度上起到良好的族群关系调适的效果。①

（三）连续统理论

由于不同族群存在着族群差别，从而使族群关系呈现出复杂的表现形式。如何对复杂的族群关系进行有效治理，对于族群研究者来说是一个重要问题。美国著名民族学者密尔顿·J. 英格尔，认为应对族群关系进行整体上的认识和定位，他以美国社会为背景，1986 年提出了连续统理论。强调尊重各族群的结构和文化差异，同时坚持所有族群机会均等。在治理上，一方面既尊重多元化的族群关系状态，又重视部分同化，个人同化以及群体同化。②

（四）自由民族主义理论

这一理论兴起于 20 世纪 80 年代末 90 年代初，随着全世界范围内民族主义的兴起及其对西方大国霸权的反对，学术界在反思族群关系的基础，开始从自由主义角度探索族群关系。认为族群自主，他认为通过赋予少数民族群体一些自治权和特殊代表权，使其维护自身独特的民族文化，并以此满足他们民族生存与发展的现实要求。这些权利符合自由主义倡导的自由正义原则，是少数民族应当获得的正当权利。自由民族主义理论在族群关系治理上强调族群自主，主张赋予各族群充分的自主决定权。

（五）族群冲突理论

该理论认为，族群间由于差异，容易引起各族群之间的冲突。这种冲突直接威胁或破坏族群关系和谐。美国政治学家查姆·卡夫曼将族群冲突定义为“自认为拥有独特的文化传统的群体之间的争端”③导致族群冲突的

---

① 陈纪：《西方族群关系研究的相关理论综述》，《湖北民族学院学报》2014 年第 1 期。

② David Parkin, *Congregational and interpersonal Ideologies in Political Ethnicity, Abner Cohen, Urban Ethnicity*, New York: Tavistock Publications, 2004, p. 147.

③ Chaim Kaufmann, “Possible and impossible Solutions to Ethnic Civil Wars “, *international Security* , 1996, Vol. 20, No. 4, p. 138.

原因很多，如族群遭受到的歧视或不平等等原因。迈克尔·E. 布朗对关于族群冲突的已有文献进行了总结，检验了四组引起族群冲突的因素，包括结构性因素、政治因素、经济 / 社会因素、文化 / 认知因素等四种。针对族群关系冲突，该理论认为可以通过制度安排来解决，例如扩大对弱势族群的制度优惠、缩小族群间各种差距等。

（六）族群竞争理论

弗雷德里克·巴斯 1969 年首次提出了族群竞争理论。[①] 该理论认为，族群竞争会导致族群冲突；冲突发生在两个互动的族群之间，而不是发生在两个分离的族群之间；冲突会随着竞争的增加而增加。族群竞争模型认为，现代化提高了不同族群之间对工作、住房和其他资源的竞争水平，当族群之间的竞争增加时，基于族群边界的族群冲突和社会运动就会发生。

（七）族际整合理论

族际整合理论强调的是民族的一体化，实现民族一体化的途径关键是实现民族同化和各民族的融合。因此，族际整合理论下的族群关系治理主张把不同文化传统的族群体形成一个统一整体，通过这种民族一体化来解决多民族国家面临的族群关系问题。该理论认为形成民族统一整体的过程主要包括三种实现形式：一是同化式的族际整合，即这种理论认为非主体民族都应放弃自身具有的语言、宗教信仰、风俗习惯、价值观念等方面的文化传统，逐步成为主体民族的一部分。这一观点在客观上易使少数民族群体强化自身民族意识，激发其民族主义情绪，导致族群关系恶化。第二种是公民国族主义的族际整合，即把民族纯粹看作是一个文化共同体，淡化各族裔的民族差异，强调公民认同，淡化民族认同，强调国家认同。这种族群整合形式强调去政治化，事实上，民族不

---

① Frederik Barth, ed., *Ethnic Groups and Boundaries: The Social Organization of Cultural of Difference*, Boston: Little Brown and Company, 1969，pp. 9-38.

仅仅是一个文化概念，也是一个政治概念。第三种形式是多元文化主义族际整合。多元文化主义是在批判同化式族际整合基础上提出的，同化式族际整合强调“合众为一”，即通过同化，把多族群整合为一。而多元文化主义族际整合强调“和众为一”，主张各民族之间包容差异、宽容差异、和谐共处，最终形成一个多元并存而又混为一体的民族国家。多元文化主义的族群整合再具体实践中也存在现实困境。

四　我国关于族群关系治理的理论

（一）我国历史上关于族群关系治理的思想

我国是一个多民族国家，对于如何处理族群关系的理论和方法。中国传统的儒、道、释学说中关于“人”“族类”有一套说法和看法。它关于非汉族、非中原的其他边缘地区族群和部落的文化，有一套称谓、一套观点，如“夷夏之辨”等。其中既有包容的一面，对周边的“异族”采取一种相对比较平等的态度，认为这些族群是可以被中原文化同化的，即“有教无类”；同时又对所谓没有接受“教化”的“化外之民”采取明显的歧视态度。另外，由于中国特殊的地理位置，长江、黄河流域的文化是整个东亚地区发展最早的，中原王朝对周边各族各国的态度是与这种地理文化结构分不开的，基本上是一种以同化为目的、以安抚为手段的“教化”方略，而不是采取以占领土地和掠夺财物为目标的侵略政策。因为这些地方人口稀少，地域广阔，对中原王朝构不成真正的威胁，而如果对其发动战争，占领之后就涉及长期派驻军队等一系列问题，所以对于中原政权来说占领这些地区在经济上并没有什么收获，得不偿失。中原王朝的这种态度与欧美国家对待海外殖民地的态度是完全不同的。费孝通教授把我国几千年发展进程中出现的族群关系，从理论上总结为“中华民族的多元一体格局”。[①]

① 赵旭东：《一体多元的族群关系论要——基于费孝通“中华民族多元一体格局”构想的再思考》，《社会科学》2012 年第 4 期。

（二）当前我国关于涉外族群关系治理的思想

21 世纪是个多元化的社会，人类彼此之间的交流与沟通日趋频繁，族际关系也越来越复杂。

中华人民共和国成立以后，借鉴我国汉族和少数民族关系的治理经验，当前，在处理不同族群间关系方面，我国主要遵循以下原则：一是以民主法治的方式，推进族群间关系的治理。我国国内任何族群关系的治理，都必须严格遵循民主法治原则，任何组织和个人都必须在宪法和法律规定的框架内活动，在有关涉外人员管理的法律和相关条例规范下，坚持依法治理、民主治理和科学治理来解决族群关系问题。二是探索政府、社会、民间和谐共生的族群关系治理体系。三是借鉴我国多民族国家，处理民族关系坚持各民族不分大小一律平等的民族关系原则，对来华的外国人，无论大国、小国、富国、穷国，在华只要遵守我国法律，在族群关系上遵循一律平等的治理原则。

第二节　广州小北非洲人社区族际关系现状

跨境流动人口进入他国聚居生活，必然给跨境流动群体和本地原住居民带来一定程度的冲击。这些冲击不仅体现在不同族群的文化，生活习惯的冲突，也包括不同群体的关系等的冲突。广州小北地区，随着非洲人群体的不断聚居和集中，非洲人与本地居民之间的关系，是有效治理非洲人社区的内容之一。

对于小北非洲人社区族际关系现状，我们选取了该区域的金鹿社区为样本来实证调查。金鹿社区地处广州市 D 街道，社区居民总人口共有 5279 人，除中国居民外，在金鹿社区还居住着 754 个非洲人，这些非洲人约占全社区总人口的 14.3%，远远高于我国公安部规定的有 50 个外国人居住就属于涉外社区这一标准，属于一个十分典型的非洲人社区。

我们关于非洲人与本地居民的族际关系的测量，一是选用国际上通用的社区感指数（SCI，the sense of community index），具体通过族群间邻里拜访，族群间邻里情感，族群间邻里信任，族群间邻里相互熟知，族群间邻里互助这些指标来体现。二是通过社会距离量表，具体区分为非洲人的融合意愿与非洲人感受到的来自本地人的排斥，来进一步深入测量非洲人与本地人的社会距离，进而直观地呈现该非洲人社区非洲人与本地居民的族际关系。

一　非洲人与本国同胞之间的关系是生活关系密切，工作关系竞争

小北非洲人社区的非洲人是一个人种类别总称概念。事实上，这里的黑肤色外国人，既有来自非洲大陆的，也有部分来自其他国家。小北地区的非洲人以从事跨国贸易的商人居多，他们通过在广州采购各类物美价廉的货品，运回非洲大陆销售，从中赚取一定的利润。

非洲人与自己本国的同胞，关系十分密切。几乎每个非洲国家的人，在小北地区都有自己的商会等民间组织，当然，依赖现代化的交互工具，他们也有自己的微信群，或者 WhatsApp 等一些网络群体。他们通过这些现实的或者虚拟的组织，为他们在华提供包括生活和工作的各类信息。

在工作上，他们之间的关系就充满着竞争。由于非洲国家的主要需求集中在轻纺产品，需求的同质性很大。非洲国家一国市场有限，大量同质性的货品，运去非洲后销售竞争十分激烈。基于此，他们尽管在肤色上是同胞，但在生意上互相防备和竞争。

娜塔亚来自刚果（金），在小北和室友合租一套房子。娜塔亚主要从事衣服箱包等轻纺品的中非贸易，室友一开始主要帮助娜塔亚，后来熟悉进货渠道，认识一些进货的摊位后，也开始从事这类贸易，结果是二人间亲密的关系由于生意竞争而闹翻。奥古斯丁也和我们分享了类似的例子，他妈妈和姨妈，因为采购的货品存在竞争，曾大打出手。非洲人早期来

华时，同国商人之间是不存在直接竞争关系的，相反，由于来自同一个国家，而且远离祖国，他们之间往往会形成帮助和依赖的关系，分享租房以及生意信息，并在长期的交往过程中，很多非洲人成了朋友。

但越来越多的同国人加入中间商的环节中来，同质性的贸易开始出现，这样在广州的非洲人中，同一个国家的商人之间也开始有了竞争关系。在这场竞争中谁能找到更加优质更加低廉的物品运回非洲，谁就能挣更多的钱。基于利益的关系，同质竞争的非洲商人之间开始有意识地隐藏有效商业信息。

除去生意上有竞争时出现的不愉快，来自同一个国家的非洲人之间的交往是十分密切的。他们在生意之余，都会去本国商会领袖处聊天、吃饭，一起参加本国同胞的各种聚会。

二　非洲人与其他同肤色的非洲人之间的交往关系是“情感 + 互惠”

由于肤色、宗教等方面相同，来华非洲人和其他国家非洲人之间互动也比较多，也很容易交到一些朋友。他们之间的大多数人因为采购的货品运往不同的国家，彼此间不存在商业上的竞争关系，因此，更容易分享生意信息。可以说，来住的非洲人之间，只要成为了朋友，彼此间在工作、生活等方面的交往都比较密切。部分来自非洲的小商人，也会直接从这类非洲人的贸易公司进货，并在持续互动中形成一些稳定的合作关系。

三　非洲人与社区中国邻居互动少

非洲人与中国人在肤色、语言、文化及生活方式等方面的差异十分大。来华非洲人，从主观意愿出发，大多数是愿意与中国人做朋友，十分渴望在当地建立社会网络。但是语言、生活方式、宗教、兴趣的影响，实际中与当地人的互动比较少。来穗的大部分非洲人通用语言是法语或者英语，也有部分非洲人只会一些小语种，由此导致他们在生活、社交上都会遇到较大的阻碍。根据我们的调查，52.3% 的非洲人反映在融入广州生活时候遇到的最大困难就是语言不通。由于语言等的障碍，非洲人在社区几乎很少和邻里打交道。同一栋楼宇，很多非洲人几乎不和邻居有任何互动。俗话说，远亲不如近邻。来华非洲人和社区邻里很少互动，当然也就无从谈及彼此间情感关系了。非洲人与本地邻居之间从不拜访超过 90%。

四　非洲人与当地人交往主要依靠各类型中介代理人

在小北非洲人聚居社区，存在大量依靠为非洲人提供各类信息而生存的中国人中介，主要是一些和非洲人有相同宗教信仰的新疆人、青海人、宁夏人等。他们或者经营餐饮，或者清真牛羊肉店，或者美发美容等档口，还有个体性的提供电话卡售卖等。非洲人不懂中文，通过这些服务中介解决在华开立账户、生活等方面的需要。

由于这一群体的存在，早期来华的非洲人无须掌握中文，只要找到这些同宗教信仰的中国人代理就可代办和处理各类事务。除了和各类代理联系外，非洲人与本地居民极少互动。李志刚的研究对象结果显示，被访居民与黑人住户交流普遍偏少（64.4 %），而仅有的交流方式也仅是“点头打招呼”（48.9% ）。[①]

五　非洲人与本地居民间有明显的社会距离，群体处于区隔和封闭

社会距离（social distance）是国际移民研究中了解涉外社区族群关系、社群融合和社群隔离的一个重要指标，是来自不同文化的群体，在关

① 李志刚、薛德升、杜枫、朱颖：《“全球化下”国际移民跨国空间的地方响应——以广州小北黑人区为例》，《地理研究》2009 年第 7 期。

系上的亲密程度和等级。威廉姆斯（Willard C.,1927（33）：94—104）认为，社会距离感是“某个群体的成员在与外群体成员的交往过程中，该群体的成员不愿意接受或承认一种既定的亲密程度的情感”。应该从个体与社会、主观与客观两个维度对社会距离进行分类：主观个体距离是一种对他人的看法和观点；客观个体距离体现为个体在思想、理念和生活方式等方面存在的客观差异；主观社会距离是对一个群体的观点和看法，形成外群体与内群体的差别；客观社会距离体现为不同群体之间的文化差异。[①]

与社会距离这一概念密切相关的一个概念是社会融入。社会融入（social inclusion），也称社会融合，是国际移民研究领域中的另一个重要概念。国际移民理论认为，由于迁入地与迁出地的文化差异，移民往往会出现一种“非整合”现象，即移民在迁入后一般表现出马赛克般的群体分割、文化多元主义和远离主体社会三种生存状态。社会融合既是一个过程，同时也是一个结果，它是一种个人和群体现象，包括态度以及行为的改变。社会融合是一个多维度的概念，在本书研究中，社会融合主要是指非洲人流动进入当地社区，在与本地人的交往，交流，互动等方面的意愿和行为。

另一个与社会距离经常一起使用的概念就是社会排斥（social exclusion）。在国际移民研究中，所谓社会排斥就是指移民社会成员或者社会群体在一定程度上被排斥在主流社会关系网络之外。具体体现为多层面的排斥，例如经济排斥，社会关系排斥，机会和发展排斥等等。当然，这些排斥也存在一定的不同步性，例如关系排斥，经济接纳，或者社会排斥，经济接纳等具体状况。本书不关注非洲人社会排斥的各维度及其组合，在本书中，对非洲人高聚居的涉外社区社会距离的测量，社会排斥是一个重要的参考指标。

关于涉外社区外国人与本地居民的社会距离，我们通过社会融合和社会排斥来体现。具体分为两个层面：即融入意愿和排斥预期。融入意愿是

---

① Willard C.,“People Distance in Sociology”,*American Journal of Sociology*, Vol.33, 1927, pp.94-104.

非洲人在心理上主动渴望和向往融入当地社区和本地居民群体的程度；排斥预期是非洲人与本地居民发生社会交往时预期感受的排斥程度。

社会距离＝社会排斥预期－社会融入意愿

当社会距离为零时，说明涉外社区族群关系是和谐的。

与本研究相关的调查问卷由6个部分组成，具体指标的操作化测量如下：

与当地居民的社会距离：借鉴社会距离量表和反转社会距离量表，并根据实际情况进行了修订，设计了测量非洲人社会距离的“融入意愿量表”和“排斥预期量表”（见表5—1），每套量表各包括6个问题。被访者从“5－非常愿意、4－比较愿意、3－一般、2－不愿意、1－很不愿意”中进行选择。这6个项目被认为代表社会距离程度逐渐增强，就形成格特曼量表。在“融入意愿量表”中，将分值累加得到融入意愿值；在“排斥预期量表”中，以30减分值累加得到排斥预期值。

表5-1　小北非洲人社区族际社会距离量表

融入意愿量表	排斥预期量表
你是否愿意和本地人聊天？	你觉得本地人是否愿意跟你聊天？
你是否愿意和本地人一起工作？	你觉得本地人是否愿意和你一起工作？
你是否愿意和本地人成为邻居？	你觉得本地人是否愿意和你成为邻居？
你是否愿意和本地人成为亲密朋友？	你觉得本地人是否愿意和你成为亲密朋友？
你是否愿意和本地人一起参与社区管理？	你觉得本地人是否愿和你一起参与社区管理？
你是否愿意和本地人通婚或结成亲戚？	你觉得本地人是否愿意和你通婚或结成亲戚？

（一）融入意愿与排斥预期指标及分析

根据表5—2可以发现，融入意愿最强烈的是与本地人聊天；其次是与本地人工作；与本地人成为亲密朋友的意愿大于与本地人成为邻居。排在第五位的是与本地人一起进行社区管理，而与本地人通婚或成为亲戚排名最后，且从标准差中可以看出，与本地人通婚或成为亲戚的标准差最大，说明离散程度最高，即被调查者对于同一问题的答案有较大差异，这说明有部分被调查者希望与本地居民通婚或成为亲戚，也有部分被调查者非常不希望与本地居民通婚或成为亲戚。当然需要考虑被调查者中部分是已婚人士。在排斥预期中，被调查者认为本地居民最不希望与他们一起工作，且该项的标准差最小，说明离散程度低，即被调查者对于该问题的态度较为一致。

表 5-2　融入意愿与排斥预期表

融入意愿	均值	标准差
你是否愿意和本地人聊天？	3.8697	1.074970647
你是否愿意和本地人一起工作？	3.8239	1.009108488
你是否愿意和本地人成为邻居？	3.6396	1.088385112
你是否愿意和本地人成为亲密朋友？	3.7394	1.079120517
你是否愿意和本地人一起参与社区管理？	3.5563	1.094317254
你是否愿意和本地人通婚或结成亲戚？	2.8759	1.350933521
排斥预期	**均值**	**标准差**
你觉得本地人是否愿意跟你聊天？	3.4120	1.059496452
你觉得本地人是否愿意和你一起工作？	3.5775	0.988126294
你觉得本地人是否愿意和你成为邻居？	3.3451	1.02809666
你觉得本地人是否愿意和你成为亲密朋友？	3.4401	0.996441546
你觉得本地人是否愿意和你一起参与社区管理？	3.2324	1.025488499
你觉得本地人是否愿意和你通婚或结成亲戚？	2.8693	1.155968601

（二）非洲人与本地人族际社会距离分析

根据被调查的在华非洲人的“融入意愿量表”中的分值数，将分值累加得到融入意愿平均值为 21.50；根据“排斥预期量表”中的分值数，以 30 减分值累加得到非洲人的排斥预期平均值为 19.88。融入意愿平均值为 21.50 减去排斥预期的平均值为 19.88，社会距离值为−1.62。说明非洲人与本地居民之间存在着比较明显的社会距离，见表 5—3。

表 5-3　　非洲人与本地人社会距离表

	均值	标准差
融入意愿值	21.50	0.333813774
排斥预期值	19.88	0.223722929
社会距离值	-1.62	

我们通过这个实证测量，可以看出，小北非洲人社区，族际关系方面，最为突出的问题是非洲人与本地人的社会距离明显，这种族际间明显的社会距离，不利于小北非洲人社区建立起融洽的族际关系，也导致非洲人和本地居民形成族际间的区隔和封闭，不利于整个社区的发展。

第三节　广州小北非洲人社区族际关系治理对策

由于不同群体之间文化、肤色、生活习惯等的不同，存在着对内群体的认同，和对外群体的排斥。这种内群认同和外群排斥，容易引起族际间关系出现冲突。如何促进族际间关系的融洽和协调，是族际关系治理的首要核心任务。正如菲利克斯·格罗斯指出："不同的民族、部落、宗教和种族如何和睦地生活在同一个国家、同一个城市甚至同一个社区，这是人类社会存在的最古老的问题，也是当今时代最敏感的世界性难题。"①

涉外社区族际关系治理，从社区治理角度来看，是指主权国家通过各种措施对影响涉外社区族际关系和谐、稳定、发展的各类要素进行调适、整合等，其实质是"主权国家通过各种力量，将一国内多元化族裔社区打造为和谐融合的社区共同体，以维护多族裔聚居社区各族群之间的良性互动和和睦发展"。

结合当前小北非洲人社区族际关系的现状，小北非洲人社区族际关系

① ［美］菲利克斯·格罗斯：《公民与国家：民族、部落和族属身份》，王建娥、魏强译，新华出版社2003年版，第17页。

的治理，可采取如此措施：

一　族际关系上，加强族际间的接触和交流

奥尔波特（Allport）针对族际关系紧张和隔阂，于1954年提出了群际接触策略，认为可以通过采取措施促进族际间的接触，来改善群际间关系。奥尔波特通过对500名不同族裔成员的实证实验，证明族际接触可以有效降低群体间的偏见，降低群体间成员接触焦虑感等，促进群际信任、缓解互动压力等。①

受到奥尔波特关于族际接触理论的启示，我们于2017年1月，结合广州市广府庙会以及广州花市节庆，策划了“我爱广州·邀你合影”的族群融合社会实验。活动邀请了19名非洲人游览广州的广府庙会，并在花市广场由非洲人来邀请广州本地人一起合影。在此次活动前，通过前测题目（见表5-4），测量参加活动的19名非洲人对广州本地人的态度，与广州本地人的交往情况，对广州本地社会生活的认同等。

表5-4　活动前测量表：请根据以下问题选择，分值越高代表对该问题认可度越高

题目	0	1	2	3	4	5	均分
你爱广州吗？			3人	16人			2.84
你对广州花市了解吗？	9人	9人	1人				0.58
你愿意跟本地人主动沟通吗？		8人	6人	5人			1.84
觉得本地人对你的态度友善吗？		8人	5人	4人	2人		2.53
你愿意融入广州生活吗？			7人	9人	3人		2.78

随后，非洲人社区的社工们请这批非洲人主动邀请本地居民和他们合影，部分本地人拒绝和非洲人合影，但也有许多本地人和非洲人愉快地合

---

① Allport G., *The nature of prejudice*, Cambridge, MA: Perseus Books, 1954.

影和交谈。通过中外居民的互动和接触，社工通过后测量表来测量族际间接触和互动后非洲人对本地人的态度等的变化，结果发现族际间接触的社会实验很明显地促进了非洲人与本地人的融合和了解。

表 5-5　活动后测量表：请结合分值勾选，越高分代表对该问题认可度越高

题目	0	1	2	3	4	5	均分
你爱广州吗？					12 人	7 人	4.37
你对广州花市了解吗？						19 人	5
你愿意跟本地人主动沟通吗					11 人	8 人	4.42
你觉得本地人对你的态度友善吗？				3 人	13 人	3 人	4
你愿意融入广州生活吗？					13 人	6 人	4.32

通过这次活动的前后测对比，可以看出，这次活动显著缓和了非洲人群体对本地居民的误解。接受非洲人邀请的一些本地居民也说，通过接触，他们发现这群黑面孔也很热情。

小王是首个欣然接受非洲人邀请合影的本地人。他不仅很高兴地和非洲人合影，而且还帮助非洲人邀请其他本地人合影。事后得知他在一家与外贸公司合作的物流公司工作了 6 年，与非洲人打交道接近 6 年，他对非洲人的接纳程度比较高，据他反映："非洲很多人都性格很开朗的。很好打交道的。"小王告诉我们："我有很多非洲朋友。我这个手机 200 多个电话号码，都是老外。"

通过这次族际接触的街头实验，确实证明了族群间的交往和接触，是促进族际间关系融洽和谐的有效手段。

二　打造富有成效的邻里支持网络

跨境迁移的外国人，为了生存，在移入国都偏向于采取聚群居住，聚群居住，抱团生存有利于他们依赖自身族群的社会支持网络生存和发展，然而，这种聚居也容易使这些跨境迁移者群体对自身群体的认同不断强

化、群外认同难以拓展。族群间隔离越清晰，一个社区内族群间将越呈现出两极化，族群间爆发冲突的可能性越大。马克等人（Marko Klasnjal and Natalija Novta，2016）的研究指出，移民群体的被隔离和与本地居民的两极化会共同影响族群冲突的烈度和频度。因此，解决方法之一是邻里支持网络的生成，梅西称之为空间同化（梅西，1985）。目前，广州非洲人在社区的支持更多来自于一些自己国家的社团和临时合租的住家家庭，牛冬的研究称之为过客社团和过家家户。[①] 并指出这类型非正式支持对于非洲人在华的生存和适应提供了很有力的支持。基于梅西等学者的观点，在当前非洲人社区族际关系治理上，应积极引导形成邻里互助支持网络，通过族际间的邻里互动和往来，打造适合外国人融入的邻里支持网络，避免非洲人群体的区隔和群体极化。

三　社区营造，打造适合多族裔融合的社区空间

（一）规划多族群混居的社区居住空间

传统的观念通常认为空间是静止的，事实上，我们人类所生活的空间是具有社会意义的。城市空间学派就认为居住空间居住分异是族际关系紧张的一个原因。在很大程度上，一定空间的格局和分布决定着不同群体间的关系是和睦相处还是矛盾冲突。在一个国家内，大量外国人进入并形成外国人聚居区，这类社区空间的典型特点是社区内外国人数量相对集中，由于外国人与本地居民在文化等的差异，导致这类空间事实上与周围社区空间存在着明显差别，并随着不同族群对空间的再造，形成了本地居民和外国人两个不同的社会空间。这类型社会空间如果任其发展，很容易形成不同族群区隔的邻里关系。

B. 赫罗德通过对英国克罗里新城的研究发现，可以通过社区营造，打造多族群混居的社会空间，从而促进社区内不同族际间关系的和谐。类似

---

① 牛冬：《“过客社团”：广州非洲人的社会组织》，《社会学研究》2015 第 3 期。

的实践，如纽约的布鲁克林地区，是一个族群多元的地区，整个地区有30多个不同族裔，族际间关系复杂，矛盾冲突很多。后来通过社区营造，倡导“和谐共处，享受生活”的社区居住新理念，最终通过不同族裔的混居，使整个社区呈现出新的“机遇空间”，改变了原来族际关系紧张的状况。①

1970年以来，美国形成了许多族裔贫民窟社区，80年代以来，政府通过鼓励开发商介入，进行地理景观的改造（Davis，1992；Lin，1998B），有效缓解了族裔贫民窟社区这一社会问题。可见，城市规划可以影响族裔聚居区的社会空间形态。

基于此，广州当前的非洲人社区，需要进行积极的社区营造，要避免在外国人聚居区的游客主义（短期机会主义）和疏忽主义倾向，市政府和规划者应该在评估当地社区的需要之前提出民族地区的发展计划。规划者应该采取行动，而不是作为一个城市警察或盲目的开发人员，但是作为一个中介价值观多样性在空间和有意义的移民社区的参与规划过程。

（二）统筹好涉外社区各族群人口的规模及聚集密度

族裔社区和族裔社区是具有一定区别的，族裔社区同族裔人群的聚集密度越高，人群数量也更多。通常，在一个区域内，各族群人口规模是大致相当还是数量相差悬殊，都会严重影响当地社区主体文化的形成，以及各类资源的分配。特别是一些多族裔社区，某一族群人口占比过高，一方面，其他人口占比少数的人群必然趋向于逃离该社区，逃离不了，则因为资源争夺与数量庞大的族裔群体在关系上会陷入排斥、冲突等。当前，小北地区非洲人聚居数量过高，在一定程度上占有了本地居民的资源，这也是影响中非居民族际间关系的重要因素。柳建文的研究表明，一些城市对民族流动人口实行“集中居住，集中管理”的模式，在一定程度上导致了民族间的隔阂。②新加坡是国际上对社区族际人口统筹规划较为成功的国家。

① 康少邦等编译：《城市社会学》，浙江人民出版社1987年版，第240页。

② 柳建文：《经济转型时期的新疆民族关系与政府调控》，《北方民族大学学报》2009年第3期。

自 1964 年以来，新加坡出台一系列政策明文规定每个小区乃至每幢公寓不得形成单一族群聚居点，房屋按照比例出售给各族居民：每个社区人口中，华人比例不得超过 84 %，马来人不得超过 22 %，印度人和其他民族的人不得超过 10%；每幢公寓中，华人不得超过 87 %，马来人不得超过 25 %，印度人和其他民族的人不得超过 13%。[①] 新加坡通过社区族群人口构成的统筹控制，从而确保一个社区内不同种族（民族）、信仰不同宗教的居民数量，防止某一社区形成族裔高度集中的族裔社区。美国、马来西亚也纷纷采取族际人口数量统筹混居的策略来解决族际间关系问题。

四　重构涉外社区的文化，打造异质文化的混杂和融合

霍米·巴巴作为后殖民主义主要的批评理论家，认为族裔社区，以及族际关系冲突等问题源于殖民主义的强势文化对弱势文化的控制和歧视。他主张每一种文化的独特性，认为在族裔社区重建混杂性的文化，可以化解族裔社区不同族际间的矛盾。霍米·巴巴把这种混杂性文化阐释为不同文化相互交流碰撞后形成的具有多种文化特点但各种文化又独具特质的混合空间。在巴巴看来，这种混合空间是那种“富有产出性的文化融合和杂交、继而存活生长”的可能性空间，也是由文化混杂开辟出来的一块文化“协商”空间，还是一个人类文化的成长性空间，借此可以创造出人类文化的新模式。在这样的文化空间中，社区成员的身份认同必然会是多层次的复杂结构。因为他们原先秉持的文化所内涵的某些要素和特质因为失效而式微甚至消失，他们必须为调适新的生存环境而构建和倡导这样一种伦理原则，即各族群不去刻意地强调自己的文化特殊性，也不会被要求放弃其特殊性，而是各自只按照自己的生存与发展诉求用自己的方式来选择和表达自己，却能够为一种平等宽容的人文环境和氛围所容忍和接受，那么各

① 卢爱国、陈洪江：《空间视角下城市多民族社区互嵌式治理研究》，《内蒙古社会科学》2016 年第 11 期。

个族群即使文化形态各异，也都会将这个空间认同为自己的“家园”。这样，社区不同族际间的关系将更趋向于尊重和接纳。

如何建构不同文化混杂与融合的社区文化？

一是要坚持对各文化平等、宽容态度。霍米·巴巴强调在不同文化混杂的空间中各种文化都有权保持“平等的个性”，而不应该是那种有着差序结构在移民社区，由于人口迁徙所带来的自然生态和人文生态的变化，新移民也好，原有居民也好，稳固的族群认同和地域认同其实已经不复存在，族群传统文化的一些特质也逐渐式微并失去了“复兴”的可能，人们不得不为适应新的环境而改变既有的“自我”。混杂的生存环境使得他们在文化调适中彼此间会有“模拟”和“杂合”。换言之，在涉外社区文化重建过程中，政府也好，社会也好，无论是来自哪一个文化群体、拥有怎样的社会权力，都应该有意识地尊重来自不同族群移民的自我身份认同，平等宽容地对待异质性生存方式和价值选择，既不要将某个族群文化的独特性用一种“刻板印象”加以限定，也不要试图将自己所认为“先进”的东西强加于人，应该允许并给予一定的时间和空间。

二是要结合涉外社区各族裔节庆为切入点，在社区开展形式多样的文化活动，拉近各族群众心理距离、减少误解，增强彼此的了解和互信。要力争使这类各族裔的文化节庆活动常规化，社区举行的文化活动在时间上成了惯例，每年都照例举行。再就是社区的这类文化活动的内容，要体现出不同族裔的民族性，并与广州本地的文化、其他族裔的节庆文化相结合，如汉族过的春节、元宵节各族群众在一起包饺子、包汤圆，可以和非洲穆斯林的节日结合起来，我国一些传统节日的社区庆典可以和非洲国家的一些国庆等庆典活动结合起来。

五　营造开放、包容的社会环境，促进多族裔关系的和谐

（一）倡导大众传媒营造客观，开放和包容的媒介环境，避免对非洲人群体的“污名化”等报道

当代社会，广播、报纸、电视等大众传媒已渗透到我们日常生活的方

方面面。普通公众关于社会各个方面的认知，无一不是受到大众传媒的影响。媒介对某一群体的态度，看法，直接引导和影响着社会公众的认识。如果媒体舆论导向带有明显的种族歧视，民族主义思潮等倾向，又通过电视、报纸等运用情感化手段进行夸张渲染，极容易导致普通公众形成对某一群体的刻板印象、负面评价。非洲人来华，由于语言、文化等的差异，普通公众与在广州的非洲人群体接触少，对于非洲人群体的认知和态度，更多是通过大众媒介对非洲人群体的再现，来获得对非洲人群体的认知。如果大众媒体对非洲人群体的报道污名化，负面报道多，久而久之，个别非洲人的负面形象就会成为整个非洲人群体的固化形象，并影响普通公众对非洲人形成负面的认知和态度。因此，公共传媒应在舆论传播方面发挥“正能量”的作用，广播、电视、报纸使用相同的标准评价移民。正确引导社会各阶层对移民客观评价，避免移民的“污名化”。

（二）引领倡导社会公众对来华外国人持包容、开放的心态

本国主流群体对外国人的接纳也是影响族际关系的因素。在一个多族群的国家或地区在政治、经济领域和人口规模上占据主导地位的族群在政策的制定、主流媒体的态度以及“族群分层”发展趋势的导向等方面，通常都占据着主动权。所以，这个族群的传统族群观和对待其他族群的宽容程度，对于这个国家或地区的族群关系往往有着重要的影响。各族群之间由于体质、语言、宗教、习俗等差异都可能会使族群成员之间在心理上产生认同或排斥，彼此在心理上存在距离感，体现在族际关系上存在着一定的张力。因此，要结合我国国情，引领倡导我国公民拥有大国国民应有的开放胸襟，以开阔胸怀接受和尊重不同族裔的文化，树立包容、开放的国民心态。

六　借鉴我国的民族政策，制定适合我国国情的族群治理政策

政府相关的族群关系政策也影响着一个国家的族群关系。来华外国人

增多并居住社区化这一现象是近年来才出现的情况。我们当前此方面没有相应的政策，但我国是一个多民族国家，有相关的汉族和其他少数民族关系的系列政策。如 2014 年 12 月，中共中央、国务院印发《关于加强和改进新形势下民族工作的意见》，要求从国家制度层面上强调要积极推进多民族社区“互嵌式”治理。2016 年《政府工作报告》再一次提出“互嵌式社区治理”的政策策略。这一治理政策将自然科学的嵌入原理（物理学的物体嵌入、建筑学的结构嵌入和数学的变量嵌入）和社会科学的嵌入理论（卡尔·波兰尼的嵌入性概念、格兰诺维特的嵌入性理论、沙龙·祖金的嵌入类型学研究）迁移到社区治理领域而缔造的科学命题，首先意指各民族在地理空间相互嵌入、相互联结、相互耦合，形成相对稳定的居住结构。[①] 毫无疑问，政府相关的政策，是我们处理涉外社区族际关系的指南和纲领。

七 引导来华外国人积极融入当地社会

跨境迁移到一个陌生的国家，通常面临着生理、心理和社会适应等各个方面的压力。从陌生到熟悉，再到适应并完全融入其中，这是一个漫长而又艰难的过程。跨境迁移者在新移入国，应当积极适应移入国社会和文化。本国居民对外来者关系上的排斥，除了族裔性因素外，还因为部分跨境迁移者不自觉遵守所在国的各种文化和习俗。以非洲人聚居的小北社区为例，许多本地居民之所以排斥非洲人，不愿意接纳他们，也与外国人自己有很大的关系。

长期从事中非贸易的陈先生说：“非洲客户经常迟到，从来没有准时过。比如我们约了一起去工厂看货，他们都不会准时到……特别是要预订车票的时候，经常不会准时出现。”而这种不守时的拖拉习惯对于其贸易

---

① 卢爱国、陈洪江：《空间视角下城市多民族社区互嵌式治理研究》，《内蒙古社会科学》2016 年第 11 期。

伙伴而言则是一桩十分头疼的事，尤其是涉及资金交易方面："总而言之，我觉得非洲人做生意的话，整体水平他们的诚信度一般般。（因为）也有一些客户，他们通常都是把定金交了之后，然后就会一直催你尽快赶紧把他们的东西给做出来，结果工厂把货物生产出来后，他们又迟迟不把尾款给结清了。"

40 岁左右的李师傅在广州开出租车有 14 年了，他见证了小北的变化。在访谈过程中，他明确说不喜欢拉非洲客。"他们非洲人一上车的话，要不就大喊大叫，比那个高音喇叭还要响的，要不就乱碰车里的东西，打表到目的地，还要讨价还价，而且他们有的乱发脾气，就会用手去打仪表盘。我就会给我们同伴说，非洲人一律不拉。"

吴女士有房子出租给非洲人，一提到非洲人她就抱怨不已。"我一点都不想租房给非洲人，很烦的，他经常拖房租的。明明 5 号收租，他要 20 号或者 20 多号才给你租。就是拖给你，但是不会不给你。很少准时。"我们访谈过的两位房东都告诉我们，大多数非洲房客都有拖房租的行为。"一般他们都不会准时交房租的。比如，说好了 1 号交，他们可能会拖你三四天甚至一个星期。"

族际间社会关系的融洽，以及族际间社会距离的缩短，有赖于族际双方的努力。入乡随俗，跨境迁移者在移入国的主动适应，对于族际间融洽关系的形成，同样重要。

为此，一是要在涉外人员落地中国后，结合其签证情况，提供落地融合性服务培训，帮助外国人尽快了解我国的社会和文化，促进他们更好地适应我国的社会。二是在社区层面，提供各类型融合为主的服务。跨境迁移者也应遵循移入国的社会和文化，并积极采取行动迎接变化与挑战。转变观念，主动提升其在移入国适应的意愿。行动方面，要主动积极参加移入国提供的各类融入服务，主动参与社区活动，增强自己在异国他乡的适应能力。心理方面，在坚持自己族群特性基础上，要突破自己的心理障碍，主动积极和本地人沟通和交往。

第六章 大都市社区外国人治理

2003 年之后，在中非贸易繁荣带动下，来广州的非裔人士以每年 30%—40% 的速度增长。[①]大量非洲人流动进入广州，在促进广州社会经济发展的同时，也存在着由于族群间文化、生活方式、价值观念、意识形态等方面的不同，从而在与本地居民的互动，遵守我国法律法规等方面，存在着冲突，当然，也客观上存在着“三无”非洲人滞留等违法犯罪的行为，研究和探讨大都市外国人管理，是国际化大都市面临的新任务。

① 邱天人：《广州黑人，大城市的另类弱势群体》，《非常识》第 296 期。

第一节　广州市非洲人概况

广州市到底有多少非洲人？全国第六次人口普查数据显示，目前常住我国的外国人有59.4万人，仅广东省就有31.6万人，居全国之首，其中非洲人占比最多。亚当斯·博多姆（Adams Bodomo）的研究认为：广州一个城市就有10万人（Bodomo, 2012）①，当然，目前为止官方没有给出具体的数据。鉴于非洲人群体调研的困难性，样本很难以标准抽样方式获得，因此，对小北地区非洲人群体的概况，我们采取滚雪球方式建立样本框，在小北地区总共对300名非洲人进行问卷调查，回收问卷288份，回收率96%。其中有效问卷284份，问卷有效率94.67%。问卷采取当场回收的方式，并使用SPSS软件进行数据分析。

为保证调查数据的准确性，本次调查访问员的选择非常严格，招募可以流利使用英语和法语进行交流的志愿者，从而确保在调查过程中可以和非洲调查对象顺利进行沟通。此外，为了能更深入地掌握广州小北地区非洲人的现状，在研究方法上，还通过访谈法，深度访谈20名非洲人。

一　小北地区非洲人群体人口学概况

通过对所回收的284份问卷的分析，体现出如下特点：

（1）性别结构差异大。通过表6—1的数据可以发现，目前居住在小北地区的非洲人，在性别构成上以男性为主，占总样本的84%，女性仅占16%。男女性别比例差别大。

（2）年龄结构以中青年为主。在年龄上，每个预设的年龄段均有分布，28—32岁年龄段所占比例最高，达到25.7%；23—27岁和33—37

① ［加纳］亚当斯·博多姆：《非洲人在中国：研究综述》，《中国非洲研究评论》2013年。

岁年龄段同样占有较大比例，分别为 19.37% 和 15.85%；而 23—37 岁年龄段的外籍居民占到总样本量的 75.35%，可见，小北地区的非洲人以中青年为主。但调查发现 47 岁以上的非洲人人数仍占 10.56%。

（3）婚姻状况方面，未婚单身非洲人与已婚非洲人人数所占比例相近。20 世纪 90 年代末，来华非洲人主要以单身为主，本次调查显示，有更多的非洲家庭来华。调查显示跨境人口流动有从个体向家庭转变的趋势。

（4）在非洲人的身份构成上，经商（从事国际贸易）和留学生所占比例最高，分别为 34.51% 和 29.58%，其次，企业管理高层与个体老板也占有较高比例，被调查对象中，只有 3.17% 的人员表示没有工作。

（5）非洲人的国籍分布上，安哥拉等国家比例增大，与登峰街街道提供的国籍分布有一定的出入。政府提供的数据显示：马里、刚果、尼日利亚所占比例最高，而本次调查的样本显示出，来自尼日利亚的外籍居民数量在减少，来自安哥拉、肯尼亚、塞内加尔等国家的人数比例有所上升。

（6）受教育情况方面，专科及大学学历所占比例最高，为 53.52%，超过半数。其次为高中学历，占样本总量的 18.66%，硕士研究生学历也有较高比例，为 11.97%，排名第三位。高中及以下学历的人数占样本量的 30.63%。大学以上学历人数占样本量的 13.03%。

（7）宗教信仰方面，以基督教及伊斯兰教为主。在宗教信仰上，伊斯兰教所占比例最高，为 51.05%，超过半数，其次为基督教信徒，占样本总体的 40.49%。可见，外籍居民宗教以伊斯兰教和基督教为主。

（8）签证类型上，以商务签证占主体。占调查样本量的 41.9%；其次是学习签证，占 30.28%。除此之外，持工作签证与旅游签证也有较高比例，分别占 14.08% 和 12.68%。可见，被调查者多数来此经商和学习，同时也有获得工作签证的高级知识分子。

表 6-1　样本基本情况表

一级指标	二级指标	频数（%）	一级指标	二级指标	频数（%）
性别	男	239（84）	年龄	18 岁以下	2（0.7）
	女	45（16）		18—22 岁	41（14.4）
婚姻状况	未婚单身	150（52.82）		23—27	55（19.37）
	未婚同居	8（2.8）		28—32	73（25.7）
	已婚	121（42.61）		33—37	45（15.85）
	离异	3（1）		38—42	26（9.15）
	丧偶	2（0.7）		43—47	12（4.23）
	再婚	0（0）		47 岁以上	30（10.56）
职业分布	留学生	84（29.58）	国籍分布	刚果	50（17.61）
	企业管理高层	21（7.39）		尼日利亚	17（5.99）
	个体老板	28（9.86）		索马里	11（3.87）
	打工	6（2.11）		尼日尔	12（4.23）
	经商	98（34.51）		安哥拉	24（8.45）
	没有工作	9（3.17）		肯尼亚	38（13.38）
	其他	35（12.32）		马里	37（13.03）
受教育程度	没读过书	10（3.52）		塞内加尔	30（10.56）
	小学	8（2.82）		其他	79（27.82）
	初中	16（5.63）	宗教信仰	无宗教信仰	1（0.35）
	高中	53（18.66）		伊斯兰教	145（51.05）
	专科及大学	152（53.52）		基督教	115（40.49）
	硕士研究生	34（11.97）		佛教	5（1.76）
	博士研究生	3（1.06）		其他宗教信仰	17（5.99）
	其他	8（2.82）	是否接受过除家人，朋友外的各种帮助	接受过	28（0.098）
签证类型	旅游签证	36（12.68）		未接受过	256（99.90）
	商务签证	119（41.90）			
	学习签证	86（30.28）			
	工作签证	40（14.08）			
	过境签证	3（1.06）			

二　广州市非洲人的经济状况

追求更高的经济收益，是跨境迁移者流动的主要推力。大量非洲人流动进入广州，其收入状况如何？是我们首要调查的。由于直接询问收入通常是一个比较隐私的话题，被访问者往往会拒绝回答，因此，对小北非洲人的经济状况，我们是通过其职业状况、消费情况、住房情况等间接予以体现的。

（一）来华非洲人群体经济状况整体不高

小北非洲人的职业状况，从图 6-2 可以看到，来穗的大部分外籍人士都从事倒卖商品（34.51%）和留学生（29.58%）的职业。另外还有少部分人从事企业高管（7.39%）、有自己的门店做老板（9.86%）、打工（2.11%）以及从事其他的职业（11.9%），而没有工作的人只占到 4.65%（如图 6-1 所示）。

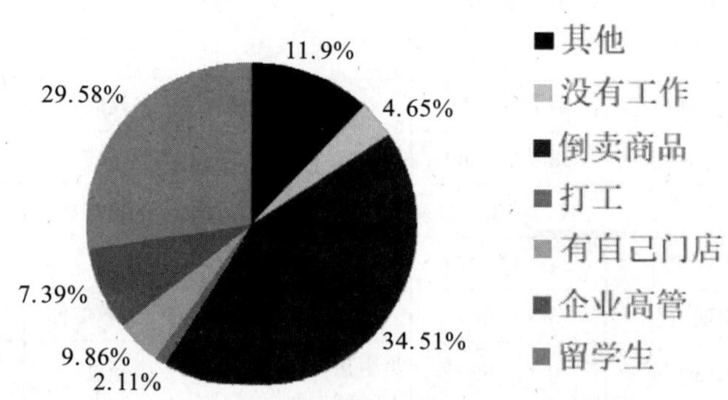

图 6-1　非洲人的职业状况

消费状况往往是衡量个体经济状况的一个重要参照因素。小北非洲人的消费状况，根据我们的访谈可以看出，大部分小北的非洲人的主要消费都花在住宿和餐饮上面。F13 表示，“在广州吃个饭也要 6—8 美金，但是在我们国家只需要 1 美金而已”。F6 说，“学费大概一个学期 9000 元，我不住宿舍，花费高，我在外面和朋友合租房子住。吃饭、租房、交通、购物，最少 2000 元每个月。这可能对经商的老板不算多，但是对一个学生来说，还是挺多的”。住在学校的 F3 说，“我很少在饭堂吃饭，我经常自己做饭，饭堂的伙食比较贵。比如说，在饭堂，或者学校外面的餐厅吃一顿通常要 10 块钱。如果用来买菜，比如 3 块钱青菜，7 块钱鱼，这样自己做饭可以吃两顿了”。F15 表示，“这边的东西比非洲贵，房租贵，穆斯林餐馆也很贵。我每天花 50 元左右，一个月的话大概要 3500 元”。F15 在小北的国隆大厦有办公室，距离小北地铁口大概 10 分钟路程，是在一栋居民楼里。办公室设有厨房，F15 表示平时他也会和合作伙伴或者朋友一起在办公室做饭，从而减少外出餐饮消费的频率和负担。

住房情况同样可以体现出小北非洲人的经济情况，根据问卷显示，284 名非洲调查者当中，有 94 名被调查者选择独自居住，有 190 个调查者选择合租。从表 6.4 可以看到，选择与家人同住的有 81 人（43.1%），与朋友合住的有 64 人（33.3%），与同学合住的有 45 人（23.6%），也占一定的比例。合租人数比较多选择 1—2 人为主。

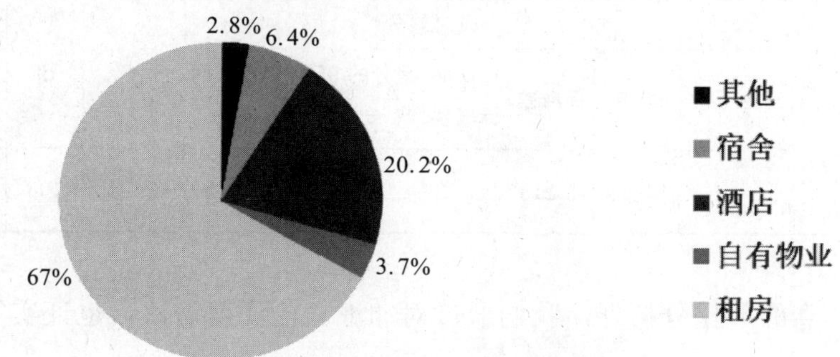

图 6-2　非洲人的居住状况

（二）跨境流动后在华非洲人收入显著提高

我们对非洲人来穗前后的收入情况做一个假设：即来穗发展对非洲人的收入没有影响。随后通过配对样本 T 检查，检查两者间的关系：从表 6—2 可以看到非洲人来穗后的收入均数（4.15）比来广州前的收入均数

（3.51）要高 0.64；从表 6—2 可以看到“自己国家的月收入”与“在广州月收入”中 P<0.001，两者存在明显的线性关系；从 6—3 可以看到 T 的概率为 0.004，即小于 0.005。最后可以得出结论，由于 P 小于 0.01，拒绝原假设，由此可以推断出非洲人流动来广州后的收入要明显高于在自己国家的收入。

表 6-2 非洲人来广州前后收入成对样本统计量

		均值	N	标准差	均值的标准误
对 1	之前月收入	3.51	284	2.814	0.270
	月收入	4.15	284	2.968	0.284

表 6-3 非洲人来广州前后收入成对样本相关系数

		N	相关系数	Sig.
对 1	之前月收入 & 月收入	284	0.707	0.000

表 6-4 非洲人来广州前后收入成对样本检验

		成对差分					t	df	Sig.（双侧）
		均值	标准差	均值的标准误	差分的 95% 置信区间				
					下限	上限			
对 1	自己国家月收入 在广州月收入	-0.633	2.218	0.212	-1.054	-0.212	-2.980	108	0.004

除问卷的数据分析外，我们通过对非洲人的深度访谈，也证实了我们的结论。

当贝拉来自加纳，42 岁，高中毕业，有 13 个兄弟姐妹。在自己国家，当贝拉生活情况并不好。他父亲在世时曾来过中国做生意，并告诉他中国有很多发展机会。受父亲的影响，在父亲去世后，迫于生计的他来华开始淘金，他和自己国家的人在小北合租了一套房子，在广州机会很多，他家经济状况很快改善，并在站稳后把自己同父异母的一个弟弟也带到广州来发展（F9 访谈）。

同样是经商的 F10、F11、F20 都表示对当前的收入满意。正如 F20 说，“看情况，有些时候可以赚钱，有些时候亏本，因此有时候赚得多有时赚得少，但总体是满意的”。学生身份的 F1、F3 和 F7，平时在学校上课，放学或者放假就会做起代购，他们说，“尽管是学生，但我们也有很多机会在中国赚钱”。F13 持商务签证，每次只能在中国逗留 12 天，按我国涉外人员管理规定，他每次他只能住酒店，120 元一天，一次往返买卖算上往返机票也是一笔不小的开销，但他表示，“尽管在国外，背井离乡，长途漂泊往返，非常艰辛，但是有更多的机会赚钱，这个就够了”。

数据显示出非洲人群体来华后，普遍感觉经济收入比流动前有所提高。因此，广州吸引非洲人流动的经济动因依旧存在，也意味广州依旧是非洲人理想的聚居地。

三　小北非洲人的生活状况

广州小北非洲人的生活状况我们通过其社会交往、生活方式、社区参与三个方面来进行探讨。

（一）社会交往

跨境迁移者由于族裔属性的影响，在社会交往上通常存在着一定的偏好。社会网的研究表明，移民在移入国建立异质性的网络更有利于移民在移入国的融入。

1. 与中国人的交往方面

从非洲人主观的交往意愿来看，他们（90%）还是很愿意与中国人做朋友，建立在流入地的社会网络。但是由于语言、生活方式、宗教、兴趣的影响，与当地人做朋友还是需要一定的时间、平台来磨合。如图 6—3 所示。

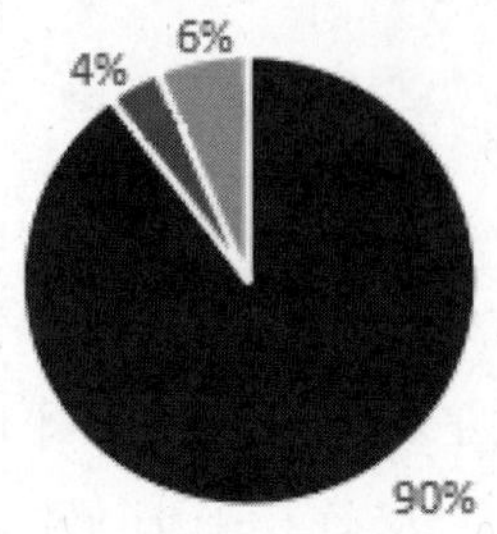

图 6–3　非洲人与中国本地人的交往状况

F2 和 F9 都信仰伊斯兰教，他们都通过在寺庙做礼拜认识了中国的穆斯林。F2 表示平时做完礼拜会和新疆朋友一起去吃饭聊天。而 F9 愿意和中国的穆斯林交友是因为“没有生意上的竞争，所以就比较能够玩得来。”同为学生的 F1、F3、F4、F5 目前都在学语言，而且因为都喜欢踢足球，而且加入了登峰街家庭综合服务中心的“爱华足球队”，因此结识为朋友，并经常相约和足球队的中国朋友一起参加踢球比赛。除了血缘、地缘、业缘等群体外，趣缘群体也可以拓展社交，当然掌握本地语言则更有优势。F18 说，“我在中国收获了很多中国朋友，得益于我会讲中文”。而对于流动性比较强，在国内居留时间较短的外籍人士来说，社交圈是相当狭窄的。比如 F13，他前后跨度来中国 4 年，但是“中文？我完全不懂中文啊！”“我一般很忙的，早上 9 点忙到晚上 9 点到 10 点，所以有时间我都宁愿休息一下。”所以，没有时间没有共同语言，对于外籍人士来说，社交网络几乎是封闭式的。

事实的交往互动方面，非洲人与广州本地人的交往并不多，仅有的交往也仅仅限于点头打招呼这一层面。由于语言等因素影响，非洲人在社区几乎很少和邻里打交道。同一栋楼宇，很多非洲人几乎不和邻居有任何互动。李志刚的研究对象结果显示，被访居民与非洲人住户交流普遍偏少（64.4 %），而仅有的交流方式也仅是“点头打招呼”（48.9% ）。①

① 李志刚、薛德升、杜枫、朱颖：《“全球化下”国际移民跨国空间的地方响应——以广州小北黑人区为例》，《地理研究》2009 年第 7 期。

2. 非洲人的内群体交往互动频繁

小北非洲人社区里的非洲人，是国内研究和称呼非洲人的一个人种类别总称概念。事实上，小北非洲人社区里的黑人，既有来自非洲大陆的，也有部分来自其他国家。

非洲人在华的社会交往，主要集中于自己族群，日常互动十分频繁，既包括生意上的互动，当然也包括情感等层面的互动，如图6—4所示。他们有自己的生活圈子和交往圈子，并在当地保持着自己原有的生活方式和各种习俗，与本地居民极少交流。李志刚、薛德升研究发现，“广州黑人聚居区的形成与社会排斥机制相联系，主要体现为黑人的主动聚居与被动隔离并存”。[①] 在小北非洲人聚居区，几乎每个非洲国家的人，都有自己的商会等民间组织，他们也通过这些非正式支持网，解决在华遇到的各种问题。

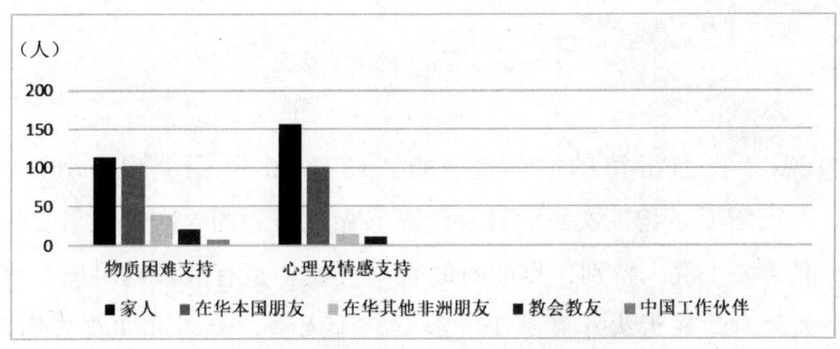

图6-4　非洲人与自己群体的交往状况

（二）生活方式

外籍人士要融入当地在生活习惯是一个巨大的挑战，他们融入前都自带自身的生活习惯来融入。以非洲人来说，大部分非洲国家与中国有5—7个小时的时差，而大部分非洲人在广州都保留自己国家的时差，中午起床，凌晨入睡；还有运动的习惯，如F1、F5、F8、F18依然保留运动的习惯。由于大部分外籍人士都有信仰，因此他们依然保留定时定点做礼拜或祷告

① 李志刚、薛德升：《广州小北路黑人聚居区社会空间分析》，《地理学报》2008年第2期。

的习惯。从表 6—5 可以看到，70.6% 的人依然保留到寺庙或礼堂做礼拜的习惯。

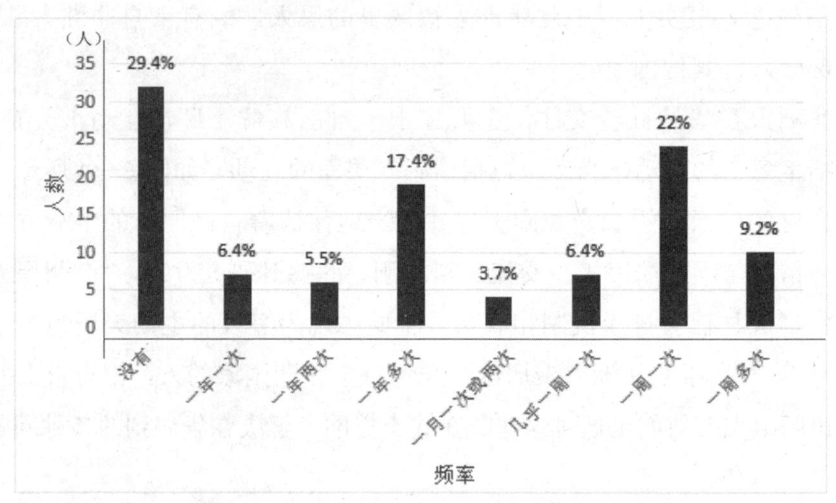

图 6-5　非洲人的宗教状况

F9 说，“我们祈祷的时间是 5 点、13 点 30 分、16 点 30 分、19 点、20 点，一天需要祈祷 5 次。而我去清真寺做礼拜一周 5 次，如果有时间的话早晚都会去一次。特别一点的时间是周五或者是有节日的时候，我经常去那个大教堂，靠近火车站那个。经常一个人去，有时和朋友去”。而有基督教或者天主教信仰的外籍人士表示即使不去教堂，自己也会每天在家做祷告。而他们都表示对于大部分中国人没有信仰很不可思议。除了保留宗教习惯，运动也是外籍人士联络感情、扩大社交圈、娱乐消遣的共同习惯、兴趣爱好。F6、F12、F19 都会定期约上自己国家的朋友租场地踢足球，有时候和别的国家打比赛，有时候纯粹运动娱乐。F12 分享平时礼拜天就会约上朋友到广园西那边的足球场踢球，“租个场要 900 元 1 个小时，就每个人凑一点儿钱就可以了。大家一起玩我觉得挺开心的”。

（三）社区参与

社区参与情况是衡量非洲人是否融入社区的一个指标。在广州小北的非洲人聚居区，辖区有专为外国人提供各类服务的登峰街家庭综合服务中心，每逢节日，外国人服务部门都会举办节庆活动，如端午节由社区长者教授外籍人士包粽子、元旦外籍人士和义工一起在社区义演、外籍人士义工重阳节到养老院慰问长者等。但由于语言不通、宗教问题（穆斯林不参加基督教的圣诞节活动）等原因，参与社区活动的非洲人并不多，只占到10.37%，如图6—6所示。

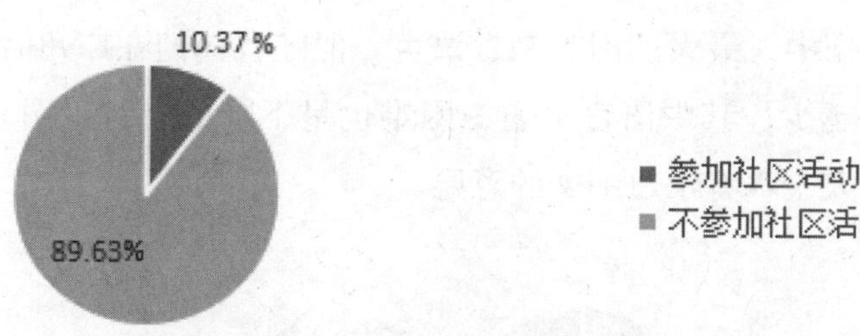

图6–6　非洲人在聚居社区的社区参与状况

四　小北非洲人的文化适应情况

跨境流动群体的文化适应是一个隐性的维度，往往受制于在流入国的经济状况及社会生活状况，当然，文化适应情况有反过来加速或阻碍流动者在流入地的经济状况和生活。因此，我们也可以通过分析广州的非洲人对流入地的文化适应情况以衡量其在广州的整体状况。

（一）小北非洲人的语言情况

来穗的非洲人大部分都掌握法语或者英语，抑或两者都有，也有少数非洲人不会说英语或者法语，只会说葡萄牙语、西班牙语、阿拉伯语等，来华以后，总体上在生活、社交上都会遇到较大的语言阻碍。

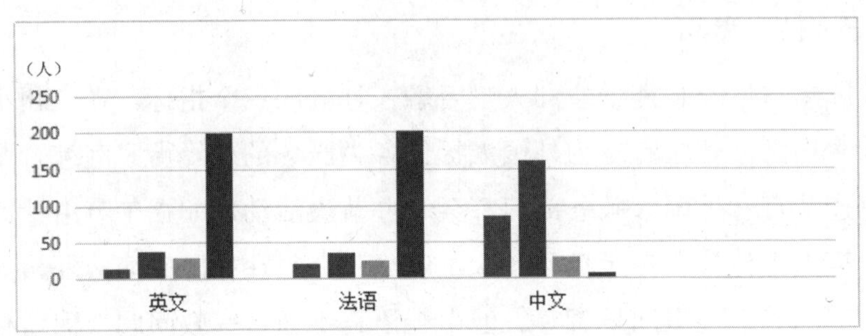

图 6–7　非洲人的语言状况

从图 6—7 可知，超过八成的受访者最大的困难是不通晓中文，在广州的生活工作中，最大的困难来自语言。但随着他们在广州时间越长，他们的困难就越少，其中语言不通的困难也呈下降的趋势。图 6–8 反映出，95% 的外籍人士都有学习中文的意愿。

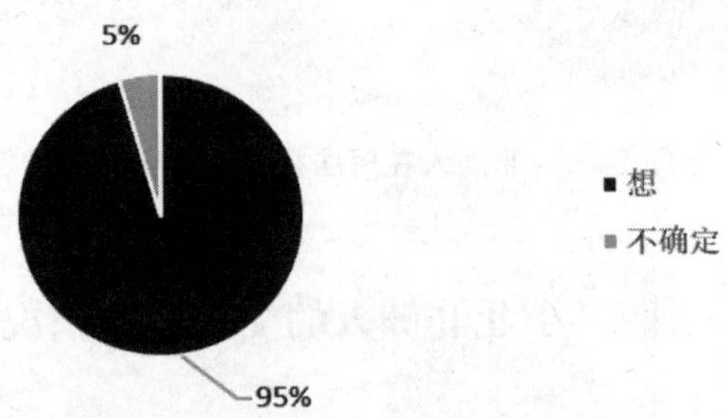

图 6–8　非洲人学习中文的意愿

从访谈情况也反映出，在穗居留时间较长的非洲人，他们有较多的与中国人接触打交道的经历，因此他们对语言需求更为强烈。F9、F11 就是一个例子。他们都表示，通过做生意、和中国朋友聊天、看中文电视频道等方式让他们掌握了中文表达。F9 还表示，得益于自己会中文，平时买卖、生活交际上都能避免因为语言障碍带来的欺骗事件。在访谈过程中，F12 表示自己来到中国后认识了一个中国朋友，他教中国朋友法语，中国朋友教他中文，从而习得了一口流利的中文。目前他打算学习认识更多的汉字以及掌握书写技巧，想回国做翻译。从零开始学起中文的F2说，当我慢慢地可以说一点中文时，我也就慢慢适应了中国的生活。F13和F17。F13说平时做生意的时候因为不懂中文，谈价格的时候就写下数字，如果双方都同意了就用手势表示买卖就做成了。F17在人际交往中遇到困难，因为不懂中文，很难与本地人交流，所以自己接触的只能是一样说法语的非洲人。

（二）小北非洲人对流入城市的认同情况

图6-9显示在穗非洲人对广州城市社会持有比较高的评价。无论是自己在这个都市未来的收入，还是对这座南方大都市的未来发展和机会，都充满了信心。这也预示着，来穗非洲人的数量还将不断增长。特别是随着我国“一带一路”战略的提出和实施，广州作为海上丝绸之路重要的节点城市，将吸引越来越多的包括非洲人在内的外国人。深入了解在穗的非洲人群体，做好涉外人员的管理，对于广州来说，是挑战，也是现实任务。

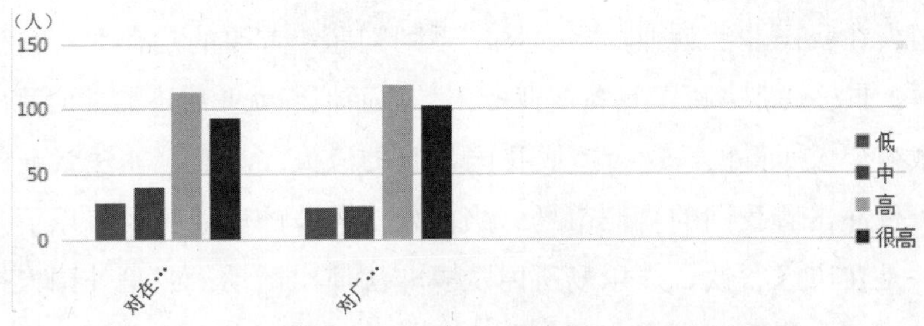

图6-9　非洲人对所在城市的看法

第二节　广州市非洲人的问题

非洲人在促进广州经济发展，社会更加多元化，国际化的同时，也存在一些损害广州社会经济发展的问题和行为。

一　非法就业问题

根据我国法律，外籍人员在我国就业必须持有中华人民共和国颁发的外国人就业证，未取得国家人社部的批准，外国人不得在华就业。

图 6-10　外国人派驻中国的代表证、就业证

外国人在我国非法就业，将引发一系列问题。首要的是存在着偷税漏税的问题。非法就业者因不具备就业资格，故而他们就业后不需要向我国税务机关缴纳个人所得税，这会造成我国税收的流失。当然，非法就业的外籍人员，也冲击着我国的就业市场。当前外国人非法就业主要有以下几种类型：一是在市区餐饮、娱乐场所内从事非法演出活动；二是外国人持旅游、访问签证来华后，在未办理就业许可的情况下，在中外企业工作；三是持学生签证的非洲人，为自己国家客户在中国从事看货、发货等代理事务，赚取代理费用；四是部分中小学校、语言培训机构非法聘用外教从事外语教学工作。外国人在我国非法就业，既违法，又扰乱了我国的就业市场。此外，由于外国人非法就业缺乏必要的法律，一旦发生外籍人员与中方雇主之间的劳资纠纷，容易形成不安定因素，给外管工作带来新的难点问题。

尽管官方没有此方面的相关数据，然而，非法就业问题，却是一个真实存在的问题。特别是随着小北非洲人聚居区域，形成了较为完整的适合非洲人生存和发展的社区共同体后，为大量非法滞留的非洲人提供了包括盯货、运货等族裔就业机会，而相对封闭的非洲人社区，又为这些非法就业的非洲人群体提供了庇护。

二　非法滞留问题突出

广州的非洲人大致有多少，尽管没有官方的数据，根据李志刚等学者通过统计数据和访谈资料估算，据与非洲各国社团主席的访谈，广州的非裔商人约为6.36万人，其中暂居者约为2万人。[①] 当然，也有学者认为大约10万。[②] 这其中包括了一定数量的“三非”非洲人，其中，非法居留是“三非”非洲人的主要形式。每年都有一些初次来华的非洲人持短期旅游签证入境广州，然后就撕毁或藏起护照，变身“无国籍人士”，开始在华非法居留。[③] 以2012年广州非洲人聚居区域一次小规模的突击检查“三非”人员的行动为例，当次活动拘审“三非”外籍人员71人，处罚744人。而被查到的“三非”人员通常都抗拒被遣返，在遇到公安人员执法检查时常常采取跳楼、横冲马路等方式逃避检查，极易酿成重大事故，引发涉外事件。[④] 再如2009年7月15日，广州一名非洲人因躲避派出所人员的护照检查而跳楼，引发上百名非洲人围堵矿泉街派出所。在警察的再三解释下，聚集的非洲人才先后离去。事后，警察将伤者送到医院诊治，并因其护照过期将其遣送回国，全部医疗费用及机票都由广东省政府承担。但是，西方媒体却利用此事件指责中国政府利用暴力机构实施种族歧视。

警察J向笔者透露，目前他们盘查“三非”人员（非法居留、非法就业、非法入境）主要通过街头驻点、突击入户或入店对非洲人进行证件查

① 李志刚、杜枫：《“跨国商贸主义”下的城市新社会空间生产——对广州非裔经济区的实证》，《城市规划》2012年第8期。

② [加纳]亚当斯·博多姆：《非洲人在中国：研究综述》，《中国非洲研究评论（2013年）》。

③ http://news.163.com/16/1125/07/C6MTIDI4000181KN.html.

④ 熊威：《城市外籍人口服务与管理创新机制研究一基于广州市三区三个街道的调查报告》，《西部法学评论》2014年第4期。

询，因“三非”人员隐身在非洲人聚集的社区，很容易躲藏起来，很难被发现，而且一旦有非洲人发现警察在盘查证件，他们马上会通过内部的沟通渠道把消息传播出去，那些“三非”人员就会迅速隐匿起来。

三 非法入境问题

我国陆地与15个国家接壤，边境线长，我国与朝鲜有1300多千米边境线，与越南接壤也达1000多千米，而且边境通道多。造成缅甸、越南、老挝、朝鲜等国许多人非法入境来到云南、广东、广西、海南、黑龙江以及河南等内陆省份，长期非法滞留。①

仅2006年，我国公安机关查处非法入境、非法居留、非法就业的“三非”外国人就达3.6万人，遣返出境9560人。此前5年间，全国公安机关共查处“三非”外国人122690人；此前近10年间，全国共遣送“三非”外国人6.3万人次。可见“三非”问题已经成为一个很严峻的问题。②

非洲人的非法入境问题在我国也普遍存在。根据我们的调研，目前非洲人入境中国的口岸，一个是西南的云南、四川，一个是新疆，与俄罗斯接壤的东北口岸，再就是北京口岸，广东口岸，特别是随着北京、上海、广州等口岸对非法滞留外国人的管制严格后，一些非洲人选择从内陆一些口岸出入来华，存在着一些非法入境的现象。

四 其他违法犯罪问题

来华非洲人多以商贸经营为主，不同于来华持工作签证的外国人，他们签证时间短，流动性很大，人户分离情况也较为普遍。特别是1996年公安部取消境外人员住宿限制后，外国人在华的居住方式呈现多元化，主

---

① 许敏：《“三非问题”的政府对策分析》，《今日南国》2008年第3期。

② 同上。

要包括自购房居住、租赁房屋、短期借宿等多种居住方式。相对于本土居民居住相对稳定、居住形式单一等特点，外国人居住社区化的特点则要复杂很多。加上涉外人员在社区的管理主要由派出所、公安和街道出租屋管理中心监管，由于基层派出所和街道管理责任多，以及商品房住宅的私人化，保护个人隐私等具体限制，导致来华的非洲人在社区匿名化的现象普遍存在，突出表现在一些涉外社区，存在一些“无护照、无签证、无收入”的“三无”非洲人，这类“三无”非洲人，既是治安管理最困难的群体，也是各类犯罪行为可能的高发群体。

五　族群间各种冲突问题

每个民族都有其特定的文化，以及风俗习惯和生活方式，多族群聚居的社区，必定存在着不同族群间的文化冲突，价值观念冲突，生活方式冲突等各类冲突。

（一）价值观念冲突

中华民族是一个勤劳勇敢的民族，崇尚艰苦奋斗等民族价值观。来自非洲大陆的非洲人，其民族属性则都显现出热情、散漫、崇尚享受的特点。非洲人的价值理念既与我们的价值观有相同之处，但也不乏冲突。

业主陈先生有物业出租给非洲客户，他说：“非洲房客拖延缴纳房租是经常发生的事，从来没有准时过。比如，说好了1号交，他们可能会拖你三四天甚至一个星期。”对于非洲人这种没有时间观念的习惯，在小北地区做外贸生意的庄老板也深有体会：“对。比如我们约了一起去工厂看货，他们都不会准时的……特别是要预订车票的时候，经常不会准时出现。”而这种不守时的拖拉习惯对于其贸易伙伴而言则是一桩十分头疼的事，尤其是涉及资金交易方面：“总而言之，我觉得非洲人做生意的话，整体水平他们的诚信度一般般。（因为）也有一些客户，他们通常都是把定金交了之后，然后就会一直催你尽快赶紧把他们的东西给做出来，结果工厂把货物生产出来后，他们又迟迟不把尾款给结清了。”

因为非洲人体现出来的这些观念上的不同，多数本地人对非洲人的印象持负面态度，认为他们“传播艾滋病”“学历低、素质修养低”“卫生习惯差”“不守规矩”等等。

（二）消费观念冲突

在穗非洲人以商人居多，很多来华的非洲人，自身经济状况并不富裕，主要是以有几万元本金的提包客为主，拿着几万元来采办货物，然后塞进编织袋内，直接坐客机拎回非洲。“运气好的话，不需要超重托运也能上机。”这是广州的非洲商人最普遍的写照。由于资金少，他们不注重牌子，只钟爱低端产品，看货时斤斤计较，哪怕是一分一毫，而且非常喜欢讨价还价，甚至坐出租车也要砍价，导致从本地商户，甚至连出租车司机，都普遍对他们有轻视和不耐烦的心理。金山象商贸城的李老板很直爽，他快言快语告诉我们：“我们生意人很实在，进货多，够爽快，那我们一定服务周到热情，我们做批发的，谁不喜欢这样的进货商。可这些非洲商人，一般都是拿着几万元本金就来做生意，进货少，我们俗称为‘提包客’，他们还很啰嗦，讨价还价没完没了的，做一单也没几个钱赚，换谁都不会耐烦啦!”有位出租车司机叫王双成，他说他很讨厌拉非洲人，是“宁愿拉白脸也不愿拉黑脸”。因为非洲人相比于其他人要吝啬，他们相当喜欢斤斤计较，一分钱都算得很清楚，有的直接耍赖，说口袋里就剩这点钱了，搞得他很被动。[①] 非洲商人的这类消费习惯，很容易和当地人产生冲突。

（三）生活方式冲突

大多数非洲商人为了方便和非洲大陆的家人及合作伙伴联系，在广州的作息习惯都保持与非洲时间同步，白天睡觉，下午 3 点才外出活动，深夜才是非洲人最为亢奋热闹的时段，他们三五成群，或在广场边，或在马路边，喝酒聊天，大声喧哗，播放着热情洋溢的高分贝音乐，严重干扰

---

① 甄静慧：《非洲人在广州》，《双周刊》2009 年第 19 期。

本地邻里居民的休息。这就导致了诸多广州人去投诉非洲人扰民。绝大部分的本地居民由于语言上的障碍，没办法同非洲人进行直接沟通，许多市民只好通过拨打110出警来抗议非洲人的扰民行为。在一些非洲人居住密集的社区，非洲人因为扰民也和本地居民产生过多次冲突。非洲人不被本地人接纳的另一个原因是香水问题。几乎所有的非洲人都爱使用香水，他们习惯使用的香水味道十分浓烈，广州天气炎热，室内有空调场需要密封性，非洲人一到公共场所，浓重的香水味就扑鼻而来，一些居民闻着刺鼻的香味就无法忍受，所以，在地铁、公交、出租车等场所，喷洒着浓烈刺鼻香水的非洲人，总是令本地人掩鼻远离。

六　非洲人的宗教信仰问题

随着外籍人员的大量入境，他们的宗教信仰也带来了一系列问题。一方面，我国公民大部分是无神论者，所以相应的宗教机构并不是很多，但是来华外籍人员中大部分是有神论者，根据我们的调查，284个样本中，只有一名非洲人无宗教信仰，伊斯兰教非洲人和基督教非洲人所占比重都很高。广州的非洲人对宗教信仰十分虔诚，他们参与宗教活动的热情也十分高涨。尽管非洲商人身处广州，但是他们并没有停止宗教活动，他们或者由自己国家商会负责人发起，在住所附近租用合适的地方，以家庭教会的形式每周举行宗教敬拜活动，这主要是信仰基督教的非洲人，对于信仰伊斯兰教的非洲人，由于他们很多人每天要敬拜多次，小北一些穆斯林餐厅，有专门的净室供他们随时敬拜。他们也会去邻近小北的清真先贤古墓和怀圣寺敬拜。我国不是一个宗教氛围浓厚的国家，本地人在与来华非洲人的交往过程中，慢慢也会受到他们的宗教和文化生活的影响。

当然，宗教问题也是一个比较敏感的话题，在我国它常和民族问题交织在一起，一定情况下也容易引发民族矛盾。特别是当前，世界范围内的许多不安全因素、不安全事件都和宗教、民族问题有关。面对来华的这群有多种宗教信仰的非洲人，既要尊重和保护他们合法的宗教活动，同时也要打击非法宗教活动，以及借宗教外衣的各类反华活动、与宗教极端势力勾结的恐怖活动等。

七　群体封闭化、社团化等问题

上文提到，非洲人的日常生活交往，主要和自己内群体互动。在华的生意往来，非洲人主要依赖那些早期来华并已在华拥有贸易公司的成功的非洲商人。

当被勒来自尼日尔来华有 4 年了，他的跨国采购种类比较多，既有轻纺产品，也有一些器械，例如轮胎、电子产品等。他告诉我们，一些价值低、小额的采购，会选择中国人开的物流公司，而大宗采购，价值高的货物，一定会选择非洲人开的物流公司运回非洲的。在异国他乡，我们就信任来自我们非洲的人。

宋茜对在华留学生群体的调查发现："从整体而言，我们发现部分留学生群体绝大多数还是生活在属于自己的小群体里，留学生间的交流由于各个国籍的不同呈现一定的差异，但是以留学生与中国学生的接触而言还是相当有限的，其有限性体现在广度、深度及频度上。留学生群体在一定程度上还是呈边缘化的特征，很少能与所在国充分地融合。"[①]

我们对广外、广工和暨大的非洲留学生群体的调查，也再次证实了宋茜的研究。无论是来穗的非洲商人，还是非洲留学生，都只和自己族群来往，他们甚至和来自欧美的留学生也从不来往。

为了在华更好地生活，他们非常依赖各自国家的商会，牛冬称之为过客社团。[②] 这类过客社团对于非洲人在华的生存和适应提供了很有力的支持。菲利克斯就是一个商会的负责人，他告诉我们，他每天除了打理自己在广州的公司外，还要花很多时间来处理自己国家人在广州遇到的各种各样的

① 宋茜、李洁然：《关于在华外国留学生的群体类型及其结构分析》，《高校教育研究》2008 年第 7 期。

② 牛冬：《"过客社团"：广州非洲人的社会组织》，《社会学研究》2015 年第 3 期。

困难。他们商会定期会组织一些聚会，主要是自己国家的节日庆典，他们会提前和广州当地管理机关申请，获批后举办。他不停地抱怨说负责这个商会，要花费他很多时间和精力，但他们国家的来华人员不熟悉中国的情况，遇到困难总来找他帮忙，他也没办法。至于帮助解决的问题，多种多样，有经济陷入困境的，有病重需要帮助的，有入境遇到麻烦需要担保的，有经商遇到欺骗需要当地警方介入等。他自豪地告诉我们，他们国家在中国的使领馆人员也很信任他们，有时候他们还会去北京汇报自己国家人在广州的情况。当然，广州负责涉外管理的部门也会定期邀请他们这些商会负责人座谈，了解在穗的各个国家的非洲人的情况，他们也会和中国政府反映情况。

除了这些非洲人十分依赖的社团外，广州的非洲人还通过共同租住一套房子，以“过客家户”[①]的临时家庭形式，作为在华的另一种非正式支持。据调查，广州的非洲人一起合租房子共同生活的现象十分普遍。根据我们有效回收的284份问卷，有94人选择独自居住；有190人选择合租。选择与家人同住占比近34%；选择与朋友合租的占比45.6%；选择和同学合租的占比21.3%。合租一般2—3人为主。

无论是过客社团，还是过客家户，都说明广州的非洲人的日常交往群体主要是非洲人。这与本地人的排斥有关，也与非洲人自身的族裔属性有关。正如李志刚的研究所指出的：“广州黑人在社会交往上主要体现为黑人的主动聚居与被动隔离并存。”[②]

八　群体性事件等治安风险问题

由于来华的非洲人在交往、生活和工作等方面具有十分明显的族裔性，非洲人与本地人文化观念、生活方式差异巨大，既难以融入，又因为各种非正式支持而不愿主动融入，事实上形成了封闭的二元居住社区，这

---

① 牛冬：《“过客家户”：广州非洲人的亲属关系和居住方式》，《开放时代》2016年第7期。

② 李志刚、薛德升：《广州小北路黑人聚居区社会空间分析》，《地理学报》2008年第2期。

也预示着他们很容易因为一些小事件而产生一些群体性事件。例如，2009年7月，近300名非洲人冲击广州一街道派出所的群体性事件更让人震惊。事件的导火线是因一名尼日利亚籍男子因躲避公安查护照而坠楼重伤。据路透社报道，现场非洲人情绪激动是因为中国当局在60周年国庆前夕，以安保为由收紧外国人签证的审批，在新措施下，很多在华非洲人因办不到签证而失去在广州的居留权，一些人则选择非法逾期滞留。尼日利亚籍男子坠楼的消息传出后，此前已对该新措施不满的非洲人，愤怒一触即发，他们迅速聚集，然后冲击派出所，借机闹事。[①]几百名非裔外国人与警方发生了对峙，造成当地交通一度瘫痪。

这起群体性事件也说明，当前在广州的非洲人，由于种种原因，容易引发群体性事件，威胁我国的社会安全。

第三节　中非友好背景下加强对非洲人管理的原则

改革开放是我国的长期国策，在全球化浪潮中，我国敞开国门，笑纳世界英才，以促进我国社会、经济更快速健康持续地发展。当前，我国已成为世界各国外国人理想的移入国之一，来华外国人数量逐年创新高，加强对外国人的管理，任务重大。

一　维护国家主权原则

国家主权指的是一个国家可以独立自主地处理本国的对内对外事务而不受他国干涉。国家主权原则在外国人管理方面主要体现在：对来华外国人的管理，是我国主权国家行使国家主权的一部分。一个外国人一旦进入我国国境，就马上属于我国的主权管辖范围。我国的相关管理机关，行使对外国人的管理职能。它们在我国宪法和法律规定的范围内，对外国人事

① 漆菲：《“西出东进”外国人在华犯罪加速》，《环球视野》2010年第314期。

务实施行政管理，不受外国政府或外国组织的干预；我国对来华外国人的管理，以维护我国的国家主权和利益为宗旨，对违反我国法律规定，损害我国社会公共利益的外国人，外国人管理机关应进行限制、制裁、禁止和打击，绝不容许外力干预、损害我国尊严，妨害我国正常秩序。

中华人民共和国成立以后，我国彻底废除了旧中国与外国签订的包含治外法权和领事裁判权的不平等条约，对于来华外国人，在管理上遵循坚持维护国家主权的原则，无论是外国人的出入境，以及在华的一切活动，都必须遵循中国的法律法规，任何来华外国人，其行为都不得凌驾于中国法律法规之上，对损害中国国家主权的外国人，坚决予以处理。

二　依法管理原则

涉外无小事。对外国人的管理，往往会影响国与国之间的关系和往来，一些管理上的疏忽和不当，不仅会损害当事国的利益，也会累及国与国之间的关系，因此，为了既维护自己国利益，又避免出现国家间的矛盾和纠纷，各国都在根据实际制定本国的外国人管理法律制度，依据法律对外国人进行管理。

依法管理原则是指国家行政主体在进行外国人管理活动时，必须具有宪法和法律所确定的资格，做出的管理行为必须符合法律规定的范围、内容和程序，既要运用法律手段管理各类外国人事务，保证国家行政管理的正常进行，又不得超越权限，滥用职权，行政主体和境外人员必须严格遵守法律，一切违法行为都应承担相应的法律责任，不容许任何组织和个人有超越法律的特权。

我国相关的外国人管理法律法规，包括1986年颁布的《中华人民共和国外国人入境出境管理法实施细则》；1994年颁布的《中华人民共和国外国人宗教活动管理规定》以及2000年颁布的《中华人民共和国境内外国人宗教活动管理规定实施细则》；1996年颁布的《外国人在中国就业管理规定》；2004年颁布的《外国人在中国永久居留审批管理办法》；2013

年7月修订实施的《中华人民共和国出入境管理法》等法律。同时，还包括我国缔结或加入的国际公约，如《维也纳外交关系公约》.《维也纳领事关系公约》等；也包括我国与外国签订的条约如《中华人民共和国美利坚合众国领事条约》；及我国政府与外国政府签订的协定以及国际惯例，这些都是我国对来华外国人进行管理的法律法规依据。

三 保障在华外国人合法权益的原则

我国要坚持实行对外开放的国策，不断扩大和国际社会的合作和交流，就必须要切实保障好外国人在华的合法权益。我国宪法规定，在中国境内的外国企业和其他外国经济组织以及中外合资经营的企业的合法权利和利益受中华人民共和国法律的保护，中华人民共和国保护在中国境内的外国人的合法权利和利益；《中华人民共和国外国人入境出境管理法》规定，中国政府保护在中国境内的外国人的合法权利和利益。外国人的人身自由不受侵犯，非经人民检察院批准或者决定或者人民法院决定，并由公安机关或者国家安全机关执行，不受逮捕。

除了我国法律法规外，我国也是多项国际人权条约的缔约国。作为缔约国，我国也严格遵守联合国《世界人权宣言》，同时，中国也签署了《公民权利和政治权利国际公约》，通过依据这些条约，保障在华的外国人的合法权益。实践中，我国各级的涉外管理部门也通过各项措施，尽可能地为来华外国人提供便捷、优质的服务，对侵害境外人员的案件，及时受理，迅速查处，维护外国人在华的合法权益。

四 综合治理的原则

外国人管理是一项复杂而又挑战性极大的工作，稍有不慎，容易带来一些不好的国际影响，基于外国人管理的复杂性和艰巨性，因此在管理上要尽可能整合各种管理资源，实施综合和协同治理的原则，调动社会各类管理主体参与到外国人管理中去。

对外国人的管理，涉及政府许多部门，如出入境管理局，公安局，外事办、外国人管理局、政法委、街道办等政府职能部门，还涉及民政部门、教育部门、医疗卫生部门等业务部门，管理事务复杂，管理难度艰巨，仅凭借公安机关是很难有效实现对来华外国人的治理的。必须在明确界定外国人管理的各职能部门的权责、分工和管理内容的基础上，统筹协调，调动各个管理主体的主动性和积极性，实现各部门的协作配合、齐抓共管。

一是建立协作机制。各有关的外国人管理部门要建立健全外国人管理的分工协作机制，例如联席会议制度等，通过定期地沟通和交流，及时发现和研究外国人管理中出现的新问题、新情况，共同协商解决。

二是建立共享的信息管理平台。建立共享当然信息化管理平台，有助于涉外管理各职能部门及时互通有无，防止外国人入境后管理出现盲点。而且，外国人信息共享平台，可以进一步整合利用政府相关部门的资源，实现公安出入境、边防、卫生检疫、国家安全、检察院、法院、税务等部门就人员、国籍、出入境、签证、健康状况、纳税、犯罪情况等信息资源的共享，可充分发挥各部门职能作用和专业优势。

第四节　中非友好背景下加强对非洲人管理的对策

全球化趋势下，国与国交流合作是主流、是趋势。我国社会的发展，也需要我们要继续坚持开放政策。针对非洲来华外国人数量倍增的现状，在加强管理的对策方面：

一　建立统一的外国人管理机构

从当前外国人管理的实践来看，对外国人的管理，牵涉多个部门。既包括出入境管理局，也包括落地后辖区公安局、街道，以及其他职能部门。

管理多头也容易出现管理过程中权责重叠，或者互相推卸责任的现象。例如，当前，广州市在对非洲人的管理方面，之所以出现大量“三无”非洲人问题，其中一个原因是当前管理非洲人的部门之间或者职责分工不明确，或者各管理部门之间的责权重叠或者漏洞较多，难以形成齐抓共管，各管理主体协调配合，协同一致的局面，导致很多涉及非洲人的管理事务，发生后不能得到及时有效的处理，使广州的非洲人管理的管理成效难以实现，也给广州市社会经济发展带来诸多安全隐患和社会问题。

随着来华外国人数量越来越多，可以借鉴西方移民国家的做法，成立专门的外国人管理机构，统筹和协调各外国人具体管理部门。例如执法管理归口公安，社区管理归口街道和社区，而外国人管理局负责外国人管理的顶层架构，管理协调以及管理统筹。从而避免了多头管理盲区的现象。

二　依托技术创新，建立统一的外国人信息化管理平台

基于在穗非洲人以从事商贸活动为主，流动性大，签证时间短，出入境频率高等特点，迫切需要依托大数据技术，建立统一的外国人信息管理平台，从而使对外国人的管理更精准、更到位。尽管2013年7月生效的《中华人民共和国出境入境管理法》第五条规定，国家实现有关管理部门信息共享。但这只是一套入境管理信息系统，对于入境后的日常信息，特别是居住在社区的外国人，一方面流动性大，加之当前公民房产的私有特性，导致散居社区的外国人的各类社会活动信息难以被掌控。因此，需要在统一的外国人管理机构的领导下，协调出入境、公安、房管、税务、工商等建立从入境到日常管理的外国人信息化管理平台。便于我们甄别来华外国人的情况，实行分类化管理，既吸纳了有利于我国社会经济发展的外国人，又及时阻止了危害我国社会经济的外国人的进入。

要建立包括出入境管理、签证管理、居住地治安管理、出租屋登记管理、社区管理等网格化的管理体系。实现来华非洲人从签证、入境到社区租赁住房的信息管理，以及居住地治安管理、社区管理等多元的管理内容

多位一体、协同管理。改变过去的各管理部门条块分割的情况，建立管理体制，包括明确各管理主体的职责；建立下调机制和运行机制等，确保外国人从申请入境到入境后的各个方面，都有相应的管理。

三　探索完善以社区为依托的涉外社区管理模式

从1996年开始，公安部取消了境外人员只能就住涉外酒店或其他接待单位的这一住宿限制。自此，越来越多的外国人开始进入社区居住。社区不仅是外国人居住和生活的空间范围，也是外国人与居民共融相处的社会关系交会点。社区可以为来华的外国人提供各类型支持和帮助。通过依托社区所开展的各类服务，既可以帮助外国人在社区更好融入，同时，社区邻里守望的特点，也可防止外国人在进入社区居住后的匿名化。这类隐蔽、匿名化生存的外国人，很容易导致群体的封闭化和结构化，给治理带来很大的隐患。加强社区化管理，可以更好地促进外国人融入社区，共建中外居民相互理解、相互包容的和谐文明社区。我国管理城市居民的基层组织是居民委员会。所以可以在有大量外籍人士的国际社区里建立社区工作站或居民委员会。作为政府和居民沟通的桥梁和纽带，加强社区和政府的联系，沟通信息，协调关系，解决物业公司解决不了的问题，满足社区对政府资源的需求。社区工作站通过调动和整合社会资源，实现对国际社区的服务。另外，通过完善基层管理组织，建立基层公安机关与基层社区联动组织，加强对“三非”外籍人员的管理对非法的宗教活动等实施监控，具体措施如下：

第一，明确社区民警的职责。社区民警等执法人员是涉外社区化管理的主要执行者，因此，要对社区的外国人做到“四知”，即知姓名、知国籍、知来华事由、知居留期限，在规定时间内掌握其落脚点和基本情况。

第二，建立涉外社区居住的信息化管理制度。各类房屋中介机构、小区物业部门、出租业主，以及酒店负责人员，要及时到街道的外国人管理中心，配合提供租住的外国人的信息。租住社区民居及酒店的外国人，在落地社区必须24小时内主动到街道的外国人管理中心登记个人信息，以建立从入境到留住社区的动态信息数据库。

第三，外国人就读和工作的大专院校和涉外用工单位，要及时到辖区街道的外国人管理中心备案外国人的信息，及时汇报辖区境外留学生和就业人员的来源、在外居住情况。

第四，外国人聚居集中的社区街道，要在集中区域，例如学校、酒店、物业管理中心，以及外国人就业集中的场所，配备管理联络员，专人专责负责来华外国人在社区内的信息登记及汇报。

第五，引入社会组织，提供促进涉外社区融合的各类服务，促进外国人在所居住社区的融入，避免出现外国人因无法融入而出现抱团生存，群体封闭化等现象。

通过整合和动员社区各类管理力量，实现对外国人的社区化、综合化、信息化、协同化管理。

四　以服务促管理，通过服务实现对外国人的有效管理

全球化背景下，外国人成为国与国之间联系和沟通交流的重要纽带。不同国家之间人员的跨国流动，促进了国与国之间在文化、经济、社会等领域互相学习，互相借鉴。基于此，对来华外国人的管理，要转变原有的轻视服务这种管理思维和管理理念，对来华的外国人提供服务，依托服务这种软性管理也是管理的手段之一。

自1996年外国人居住社区化之后，社区在管理外国人方面任务加重。当前社区管理主要体现为派出所公安管理以及出租屋管理，由于基层派出所管理责任多，加上商品房住宅的私人化，事实上社区的涉外管理存在较多盲区。社区可以通过引入各类社会组织，为辖区的外国人提供包括在华生存、工作、适应等为主题的服务，促进外国人在所居住社区的融合，为外国人提供来自社区的各类支持，促进中外居民邻里互动，培育中外居民对居住社区的认同，营造密切和谐的邻里关系，通过邻里守望、邻里互助

等防止了外国人在社区的隐匿，密切了不同族裔的交流，缓解了中外居民的矛盾和冲突，又可以碎化他们赖以获得服务的宗教族群等正式社会支持网，从而防止他们聚居区的封闭化和族群交往的封闭化等。有利于从这个角度看，服务就是管理的一种很有效的手段。

五　依托以房管人实现动态化管理

面对外国人的不断增加的现状，为防止出现大量的"三非"外国人，需要改变原有的静态管理方式，采取动态管理方式。通过以外国人租住的房屋和酒店为抓手，以及将外国人纳入派出所实有人口管理的工作思路，实现对入境的外国人摸清底、明人数、知情况。

一是要摸清与外国人租住联系密切的各类房屋中介机构，租住的民居，租住的酒店，以及租住的办公楼宇的情况，掌握外国人工作生活所依赖的住所的情况。

二是制定出租房等的管理规定，明确涉外房屋出租户标准，规范涉外房屋租赁行为，并建立涉外房屋出租户档案，与房主签订治安责任书，强化出租户责任。

三是严格实施旅馆酒店业涉外住宿的实名登记制度，以及及时汇报制度。准确、及时、全面地掌握住宿宾馆饭店的外国人的情况。

四是与有外国人就学、就业的学校和单位建立定期联系、情况互通制度，及时掌握这些场所的外国人的情况。

六　建设高素质涉外执法队伍，依法打击外国人在华的违法犯罪行为

对外国人的管理，是主权国家行使国家主权的一部分。一个外国人一旦进入他国国境，就马上属于流入国的主权管辖范围。对外国人的管理，不仅需要为其提供行政管理，如办理居留证件等，对违反入境国法律的外

国人，要做到“管得住”。依法对其处理也是外国人管理的重要内容。因此，针对在我国有各种违法犯罪的外国人，要坚决依法进行处理。要加大对各类型非法案件的处理，提高对来华外国人违法活动的震慑力。促使他们遵守我国的法律法规。加强基层民警培训，提高民警的涉外执法能力。

为改变公安基层民警处置涉外案件经验不足，外语基础薄弱的局面，当务之急是建立一支高素质的涉外执法队伍。包括熟练掌握我国的各涉外法律法规等专业知识，熟练掌握外语，可以顺利和外国人进行沟通和交流。当前广州的外国人管理之所以出现一些不好的情况，其中高素质的涉外执法队伍缺乏是一个很重要的原因。据有关部门介绍，当前可以和外国人流利沟通，又熟悉我国涉外法律的涉外公安执法人员不足百人，面对数量庞大，问题众多的外国人，根本无法有效进行管理。

针对当前高质量涉外执法人员队伍缺乏的现象，要加强对公安基层民警的培训工作。从公安机关出入境管理部门和公安院校中选调处置涉外案件经验丰富的人员组成教官队伍，定期对基层民警进行有针对性的外国人管理和涉外案件处置培训、教育培训的重点内容。[①]

七　从严从重打击“三非”外国人问题

人力资源和社会保障部门要动态掌握国际劳动力在我国的就业需要，结合我国国民经济和社会经济发展需要，引进专业的国际人才。加快外国人在华就业的相关立法工作。严格禁止低端劳动力入华就业，加大对外国人非法就业的处罚力度。建立相应的职能部门规范和管理外国人在华的就业。当前关于外国人在华就业，主要由用人单位负责监管，没有专门的管理机构，基本处于放任状态。

从严从重处罚外国人非法就业行为。我国《外管法实施细则》第十四

---

① 武广震、杨鹰：《辽宁省外国人非法入境、非法居留、非法就业问题及防控对策》，《党政干部学刊》2011 年第 7 期。

条规定，对私自谋职的外国人，中止其任职或就业同时，处以1000元以下罚款，情节严重的限期出境。而在其他许多国家，对非法居留及就业的外国人有着严厉的处罚措施。在澳大利亚，外国人非法就业被查获将处罚10000美元，还要偿还政府的工作费用。[①]由此可见，我国的处罚显然过低。

加大对非法滞留的惩罚和遣返力度。当前，我国对外国人的邀请权力下放，众多的企事业单位、政府部门都可以向外国人发出邀请；而正式发签证的是外交部，但处理他们遣返是公安部门的出入境管理局；外国人进入中国国境后，又由派出所系统管理。各个部门各自为政，哪个外国人曾经有被遣返记录，外交部并不清楚。被遣返后的“三非”人员，很可能两个月后又重新过来了。

在这样的情况下，地方政府“遣返”的积极性肯定不高，但“三非”人员又不能不打击。因此，很多时候，公安部门遇到“三非”人员，就采用罚款处理，希望能通过压缩生存空间，逼迫他们自行返回。事实上，我国对“三非”人员经济处罚的额度也不高，并未达到好的效果。而且，罚款还有一个不好的影响，就是令部分“三非”人员感觉到，签证过期没有关系，只要付钱就可以在广州继续居留下去。

八　结合国情，分类引进和管理

全球化加剧了人口的跨国别流动。人口的跨国别流动，对于流入国而言，是一把双刃剑。一方面，合理、有序、高素质的外国人的流入，对于一个国家的政治、经济和文化的促进作用明显。特别是当前高新科技对生产力的发展促进迅猛，一个国家掌握高新技术，则很容易由后进国家弯道超车进入先进国行列。因此，引进和吸引国外优秀的高素质人才，对我国社会经济发展有很大促进作用。另一方面，低端、低技能、低收入的外国人涌入，不断冲击流入国的劳动力市场，也消耗着流入国的财富，侵占流入国的福利。

---

① 许敏：《“三非问题”的政府对策分析》，《今日南国》2008年第3期。

此类现象在西方主要移民国是普遍现象。当今世界，许多国家都开始实施贸易保护和国家保守主义。例如特朗普主政下的美国，还有英国等，都开始严格限制外国人，严格限制移民，其中一个重要原因也源于此。

我国目前经济社会发展态势良好，对外国人的吸引力越来越大。因此，一定要结合我国国情和社会经济发展的需要，做好来华外国人的分类引进和管理。可借鉴西方国家，例如加大技术移民和投资移民等经济收入高的外国人的签证配额，严控其他类型的外国人来华签证。严格控制持短期签证来华后转其他类型的签证的现象。

对来华外国人除了分类管理外，还要建立动态的积分评价机制，以确定是否延期。例如，可设定经济收入，受教育程度、年龄、婚姻状况，以及在华的社区参与情况、志愿者公益情况等，建立一套评价指标，来评估来华外国人在中国的社会适应及发展状况、作为为申请来华的外国人发放签证的依据。

总之，全球化背景下，人口的跨境流动现象日渐频繁，我国是人口大国，当前又是外国人移入的热点国家，未雨绸缪，探索对来华外国人的管理，是当前一大迫切任务。

第七章 大都市涉外社区族裔经济及其治理

在这些外国人居住的社区，也就是本书所特指的社区，往往形成一定的族裔经济，族裔经济是族裔社区内在结构中一个非常重要的组成部分。

最早对族裔经济（ethnic economy）展开研究的学者是马克斯·韦伯，他在对欧洲犹太裔民族经济活动的分析中发现，由犹太人所主持的公司行号在组织上和员工聘任制度上都有偏好同一族裔员工的倾向（Light & Gold，2000 : 5），由此形成了一种不同于现代资本主义制度的族裔经济形态（ethnic capitalism）。①美国社会学家艾德娜·伯纳希切（Edna Bonacich，1973）最早提出族裔经济这个概念，强调族裔经济指的是由少数族裔群体成员从事的经济活动，强调活动参与者的族裔属性，即经营者和大部分雇员为族裔成员。②瑞兹（Reize，1990）认为族裔经济是族裔成员参与的、使用族裔母语的所有经济活动。③罗杰·沃尔丁格等（Roger Waldinger，1990）对族裔经济的定义增加了“族裔文化”这一评价标准，即族裔经济提供的商品或服务应具有族裔特色。④波特斯和他的伙伴（Portes and Bach，

① 狄金华、周敏：《族裔聚居区的经济与社会——对聚居区族裔经济理论的检视与反思》，《社会学研究》2016 年第 4 期。

② Bonacich, Edna,“A Theory of Middleman Minorities”, *American Sociological Review*, Vol. 38, 1973.

③ Reitz J G.,“The Survival of Ethnic Groups”, *Annual Review of Sociology*, Vol. 16, No. 1, 1990, pp. 111-135.

④ Waldinger R., Ward R., Aldrich H. E., et al.,“Ethnic entrepreneurs: immigrant business in industrial societies”, In: Waldinger R., McEvoy D., Aldrich H. E., et. al., *Spatial Dimensions of Opportunity Structures*, Newbury Park, CA: Sage Publications, 1990: 106-130.

1985；Portes and Jensen，1987，1989，1992；Wilson and Portes，1980；Portes and Zhou，1993），通过对迈阿密的古巴族裔经济研究，认为族裔经济包括两个特点：地域上族裔公司或企业在族裔聚居区内集聚，经营上以族裔群体为主，雇用大量本族裔成员，以本族裔成员为服务对象。[①]这里，波特斯（波特斯，曼宁，1986）特别强调要关注族裔经济组织雇用本族群人员这一特点。明确指出所谓族裔经济是指一个族裔聚居区主要以雇用本族群成员的一种经济形式。[②]加里多等人（Garrido and Olmos，2009）认为族裔经济包括族裔代理或中间人，族裔企业和族裔经济。族裔代理或中介人，类似韦伯的外星商人（alien traders；Weber，1927），他们是传统的族裔商人，凭借其双语优势因贸易桥梁而获益。[③]梅西和邓盾（Massey and Denton，1988）认为族裔经济通常包括 5 个维度，即：族群隔离或者区隔；聚居；集中；暴露（识别性）和均匀度。族群隔离维度，是指族裔经济体的群际间互动十分少或者几乎没有。聚居是指此类经济往往在族裔聚居区。集中是指地理空间上此类经济密度很集中。暴露是指这种经济通过各种标识明显区分了少数族裔和主流群体。均匀度是指此类经济在族群内影响和比重很高，但在整个一国经济中占比很低。

随着中非贸易的不断增长，来华非洲人数量也呈现出快速增长的趋势。在广州业已形成了以小北为中心，包括秀山楼、天秀大厦、登峰友谊宾馆、登月酒店、越洋商贸城等区域的“广州巧克力城”社区，也称为非洲人社区，并围绕聚居社区形成了非洲人族裔经济商圈。

---

① Portes A., Jensen L.,“The enclave and the entrants: Patterns of ethnic enterprise in Miami before and after Mariel”, *American Sociological Review*, Vol. 54, No. 6, 1989, pp. 929-949.

② Portes, A. and Manning, R.D.,“The immigrant enclave: theory and empirical examples”, in Olzak, S. and Nagel, J. (Eds), *Competitive Ethnic Relations*, Academic Press, Orlando, FL, 1986: 47-68.

③ Garrido, A.A. and Olmos, J.C.C.,“Theoretical overview of immigrant entrepreneurship”, *Sociologia*, Vol. 41, No. 3, 2009, pp. 199-221.

第一节　社区族裔经济的相关理论

跨境移民为何要在陌生的国度形成其族裔经济？换言之，是哪些因素促进了族裔经济的形成？围绕着对这个问题的解答，国内外形成一些解释族裔经济的理论分析框架。

一　族裔经济缘何产生的理论

一种研究视角认为是社会政策等的排斥的结果。周敏的研究表明，主流社会和经济中的种族排外和种族歧视因素，是促成移民创办自己的族裔经济的成因。①一些少数族裔群体的成员之所以倾向于自己创业，创办族裔经济是因为受主流社会的排斥和歧视的结果。移民作为后来者，要么从事本地人不愿意从事的职业，否则，只能自己创业。历史上在欧洲盛行的反犹太主义导致整个社会排斥犹太人，禁止他们拥有土地和从事专业技术行业，迫使犹太人只能成为做生意的小商贩、店主和放债人。同样，美国早年的排华运动迫使华人移民为了生存和自我保护而建立唐人街，聚居于自己的族裔社区内并发展聚居区族裔经济，如开餐馆、杂货店和洗衣店等。②

第二种视角则认为是劳动力市场分层的结果。皮奥里（Piore，1979）提出的双重劳动力市场理论（dual labor market theory），认为劳动力市场内部实际上存在着结构性分层，而发达国家产业的先进程度，影响着劳动力市场的分层状态，劳动力市场具体分为上层劳动力市场和下层劳动力市场。上层是待遇好，晋升机会多，稳定体面的职业；下层则是一些待遇差的边缘性职业。移民和其他族裔的劳动者只能从事边缘性行

---

① 周敏：《少数民族经济理论在美国的发展：共识与争议》，《思想战线》2004年第5期。

② Wong, Bernard P., *Patronage, brokerage, entrepreneurship and the Chinese Community of New York*，AMS Press, 1988.

业（Fernandez，1998；Salaff & Greve，2003；Doringer & Piore，1971；Piore，1979）。波特斯和巴赫在双重劳动力理论基础上，提出了“三重市场需求理论”。即在上层劳动力市场和下层劳动力市场之外又增加了一个“族裔经济区”，他们的研究将聚居区族裔经济内部依据经济属性（经济模式、发展导向等）做出了二元的区分，提出了聚居区族裔经济的不同发展方向，而且颠覆了以往对“族裔经济是主流经济之外的边缘经济”的刻板印象，并强调族裔经济同主流经济的“接轨”。①

社会网理论，也是解释族裔经济的一种理论视角。道格拉斯·梅西指出，移民在移入国形成一定的聚集经济，源于移民的社会关系网络的影响。② 移民网络是一系列人际关系的组合，其纽带可以是血缘、乡缘、情缘等。移民网络形成后，一方面，移民信息可能更准确、更广泛传播，移民成本可能因此而降低，从而不断推动移民潮；另一方面，随着时间推移，向国外特定地区定向移民可能融入某地的乡俗民风，从而不再与经济、政治条件直接相关。关于这方面的研究，主要是从移民网络与聚居区族裔经济的生成来进行研究。例如，后来的移民行为之所以得以继续，之所以形成聚居，是与移民或返国移民同亲友同胞之间的关系网络为支持的。早期到达的移民通过提供各类资讯等，降低了后来移民过程的成本和风险（Massey，1998；阿朗戈，2001；马晓燕，2013）。③

也有学者从地理等空间的视角来探讨。开普兰（Kaplan，1998）从空间的视角将族裔经济与族裔聚居区进行联合考虑，认为族裔经济往往形成于靠近族裔聚居区或直接以族裔聚居区为空间载体的区域。④Li Wei（1997）

---

① 狄金华、周敏：《族裔聚居区的经济与社会——对聚居区族裔经济理论的检视与反思》，《社会学研究》2016年第4期。

② Douglas S. Massey, “Understanding Mexican Migration to the United States”, *American Journal of Sociology*, Vol. 92，No. 6, 1987, pp. 1372-1403.

③ 狄金华、周敏：《族裔聚居区的经济与社会——对聚居区族裔经济理论的检视与反思》，《社会学研究》2016年第4期。

④ Kaplan D. H., “The spatial structure of urban ethnic economies”, *Urban Geography*, Vol. 92，No. 6, 1998, pp. 489-501.

通过对洛杉矶的华裔族裔经济进行研究，认为族裔经济的发展与族裔聚居区的人口增长存在密切关系。根据李伟的解释，以聚居区内以大量居住的族裔成员为对象的经济活动，其进入门槛更低且更易获得事业成功，所以族裔经济产生与族裔聚居区的地理位置有关。[①] 还有学者认为由于主流社会难以满足族裔群体特色的消费需求（如对某些商品和服务的特殊偏好的消费需求），因而促使为族裔群体服务的族裔市场的形成。这一族裔市场受族裔人口规模、族裔成员的特殊品位和消费需求以及族裔成员自身的不利条件（如不谙当地语言、社会隔离）、族裔文化等因素的共同影响。[②]

二　族裔经济功能的理论

族裔经济，作为移民在移入国聚居区发展而来的一种经济形式，如何评价？

早期的研究者波特兹（Portes and Stepick，1985；Portes and Bach，1985；Portes and Jensen，1989；Wilson and Portes，1980）认为族裔经济对移民具有积极作用。正是由于族裔经济的存在，从而避免了移民在移入国家因为语言，缺乏移入国认可的工作经验，以及受教育背景不认可等劣势而被主流的劳动力市场排斥的事实。类似的研究还有皮奥利（1970）等，认为移民由于技术等的不足，极容易落入第二（下层）劳动力市场。族裔经济使新移民在移入国积累了工作经验，获得了更高的经济收入，总体上有助于他们的融入。言下之意，族裔社区的族裔经济，作为一个国家两个劳动力市场外的第三种市场，可成为移民更好的选择。从族裔经济的经营者企业家视角来看，族裔经济也有其优势（Wilson and Portes，1980），威尔森指出，因为族裔经济主要的雇员是本族裔人群，这种雇佣

---

① Li Wei.,“Los Angeles's Chinese ethnic burb: From ethnic service center to global economy outpost”, *Urban Geography*, Vol. 19，No. 6, 1998, pp. 502-517.

② Aldrich H. E., Waldinger R.,“Ethnicity and entrepreneurship”, *Annual Review of Sociology*, Vol. 16，No. 1, 1990, pp. 111-135.

关系既有市场的特质，同时由于族群信任等影响，雇员更忠诚，彼此间存在更多信任，这有助于企业家降低用工中的各种风险和管理成本。

桑德斯等学者（Sanders and Nee，1987，1992）则对族裔经济持批判态度，他认为族裔经济的雇主和被雇佣者实际是存在冲突的。雇主希望固化与被雇佣者的关系，从而垄断利润，获得更多收入。总之，族裔经济的企业家成功是因为他们剥削着自己的低收入的同族群体。谢宇的《族裔经济与移民收入》一文，通过实证的研究表明，移民在族裔经济的劳动收入远远低于他们在主流市场的劳动收入。波特兹和詹森（Portes and Jensen，1987：770）认为此类族裔经济区实际上更容易沦为贫民窟。[①]

三 族裔经济形成及发展趋势的理论

关于族裔经济形成的路径，Winant（1994）认为族裔经济形成是一个“社会历史过程”。通过族群分类、聚居到创立族裔壁橱以及规模化的族裔经济等。

在族裔聚居基础上，族裔经济的最早的形式是一些很小的族裔壁橱，其显著的特点是，尽管这类族裔壁橱是整个社会经济结构的一个组成部分，但它们通常是运行于一国经济系统的外围的、相对独立的经济形式。当然，这类经济形式相对于主流经济而言也就不那么重要。

这类族裔经济的空间分布往往取决于其经济的活跃程度。如果客户主要是本族群成员，这类族裔经济在空间上往往是聚集的。相反，如果族裔经济不仅仅定位于服务本族裔人群，那么，这类族裔经济在分布上将具有扩展特征。例如，美国旧金山等城市早期的中国餐厅是服务于中国人的，因此，区域位置主要在唐人街领域，而早期的洗衣店一开始就是服务于不同族群的，因此地域分布上多处于分散状态。

关于族裔经济的发展趋势，波特斯和巴赫指出，不同的少数族裔群体

① Portes, Jensen, L.,“What’s an ethnic enclave? The case for conceptual clarity”, *American Sociological Review*, Vol. 52, No. 3, 1987, pp. 768–771.

根据不同的经济文化背景和其他结构因素选择不同的融入主流社会或向上社会流动的就业路线。因此，不同族群的族裔经济发展趋势不同。受其启发，周敏通过对美国唐人街华裔经济的研究，提出了“保护型—外向型”的族裔经济类型区分（Zhou，1992；周敏，2013）。[①]在她看来，保护型经济源自于唐人街或华人聚居区的内部，带有强烈的族裔色彩和自给自足的性质，它的经济元素（如资金、劳动力和消费者）都掌握在华人手中。也正因为如此，聚居区族裔经济的资本市场、劳动力市场和消费市场“三位一体”形成了对该经济的特殊保护机制。而在外向型的经济中，企业利用族裔资本和族裔劳动力的优势向主流消费市场发展。类似地林建正提出了“双轨模式”。他认为，族裔经济内部也存在一个“低端轨迹—高端轨迹”的经济分化，其中族裔经济的低端轨迹主要是由“血汗工厂”和陈旧简陋的低层楼房所构成，以无福利保障、低薪水和劳动密集型的工作（即街边小贩、夫妻店）以及贫民窟般的生活环境为特征；族裔经济的高端轨迹则是以资本密集型的金融业、跨国商贸以及以知识密集型的专业服务行业和现代旅游业为代表（Lin，1998）。[②]

上述关于族裔经济的理论，从不同视角分析了族裔经济何以产生的原因，以及族裔经济的发展轨迹，是我们分析我国大都市族裔经济的有用视角，通过这些理论的分析，可以更深入探讨广州的非洲人族裔经济论题。

第二节　广州非洲人社区族裔经济的现状及特点

在我国，大量外国人进入中国并形成一些聚居区，是1996年公安部允许外国人居住社区化以后才出现的现象。广州是我国对外贸易的重要城

① 黎相宜、周敏：《抵御性族裔身份认同——美国洛杉矶海南籍越南华人的田野调查与分析》，《民族研究》2013年第1期。

② Lin, Jan，*Reconstruction Chinatown: Ethnic Enclave, Global Change,* Minneapolis: University of Minnesota Press, 1998.

市之一，其地理位置的特点，以及气候上与非洲国家接近等因素，随着中非贸易的增长，广州吸引了大量的非洲人。以广州市小北为中心，包括秀山楼、天秀大厦、登峰友谊宾馆、登月酒店、越洋商贸城等区域，形成了广州特有的“巧克力城”非洲人聚居区以及相应的族裔经济圈。

小北地区非洲人聚居区的族裔经济，1990 年零星出现。东南亚金融危机之后，随着珠三角外向型经济的发展，大量非洲人流动进入广州，并在小北商圈聚居。以天秀大厦为例，这栋大厦就有非洲人开办的 40 多家贸易公司，形成了由贸易公司、服务公司、中介机构等经济链条组成的一个族裔经济。来自非洲刚果（金）的菲力告诉我们，在非洲人族裔经济最繁荣时期，小北的许多写字楼，如登月酒店、惠州大厦、天秀大厦、秀山楼、肇庆大厦，有许多非洲商人租写字楼设立办事处。

以 2009 年在天恩（包括新旧天恩）访谈的非裔“坐贾”为例，当时新旧天恩共 500 多个摊位，25% 的店面由非裔商人直接租用，另外 75% 是以中国人的名义登记。[①] 但是，其中实际大约 85% 的摊位由非裔商人经营，因此 60% 的摊位是中非商人合作的结果。

小北非洲人聚居区的族裔经济规模，也可从区域内各种类型的面向非洲人的餐厅以及商铺窥见一斑。在这些服务非洲人的餐厅内，基本没有本地人就餐的身影。聚居区的商铺的经营领域包括了日用品、布匹、非洲特色服装、化妆品、移动通信、国际物流、机票订购、二手电器等。大多是中国人少见的品牌，以非洲人日常生活实用的居多。服装、布料及特色民族服装的商店一家紧挨一家。

一　小北地区非洲人族裔经济概况

小北地区非洲人族裔经济的规模，可通过其族裔经济的种类、经营的构成等方面得以体现。

---

① 天恩管理处访谈，2009 年 4 月 22 日。

（一）小北非洲人聚居区族裔经济的种类

围绕着小北非洲人聚居区，有金山商贸城、越洋商贸城、鸿汇商贸城、新鸿汇大厦等商贸城，还有天秀大厦、惠州大厦、秀山楼、肇庆大厦、陶瓷大厦等商住大厦。表 7—1 到表 7—4 是我们在 2016 年 8 月在非洲人社区实地走访统计的数据。

表 7-1　金山商贸城非洲人族裔经济数量　单位：个

种类	纺织					美妆						数码							生活用品			建材				其他		
	布匹	衣服	箱包	鞋子	头巾	首饰	假发	美容店	理发店	化妆品	眼镜店	手表	热能	机电	数码	手机	家电	电脑	成人用品	杂货店	儿童玩具	灯光	厨浴	墙纸	建材	餐饮	物流	广告
数量（家）	4	8	4	2	0	0	3	2	4	2	2	7	2	1	4	2	4	0	1	4	1	1	3	1	4	0	5	4

表 7-2　越洋商贸城非洲人族裔经济数量　单位：个

种类	纺织						美妆					数码							生活用品			建材				其他		
	布匹	衣服	箱包	鞋子	帽子	头巾	首饰	假发	美容店	理发店	眼镜	手表	热能	机电	数码	手机	家电	电脑	成人用品	杂货店	儿童玩具	灯具	厨浴	墙纸	建材	餐饮	物流	广告
数量（家）	14	48	17	24	2	1	3	3	0	0	5	3	4	3	6	18	6	11	0	7	2	0	5	0	20	3	6	6

表 7-3　鸿汇商贸城非洲人族裔经济数量　单位：个

种类	纺织						美妆					数码							生活用品			建材				其他				
	布匹	衣服	箱包	鞋子	帽子	头巾	首饰	假发	美容店	理发店	眼镜	手表	热能	机电	数码	手机	家电	电脑	成人用品	杂货店	儿童玩具	灯具	厨浴	墙纸	建材	餐饮	物流	广告	兑币	皮带
数量（家）	34	120	9	18	0	0	3	10	0	0	7	3	2	1	19	4	21	1	0	16	2	1	0	0	10	7	1	6	1	1

表 7-4　　新鸿汇商贸城非洲人族裔经济数量　　单位：个

种类	纺织						美妆					数码							生活用品			建材				其他				
	布匹	衣服	箱包	鞋子	帽子	头巾	首饰	假发	美容店	理发店	眼镜	手表	热能	机电	数码	手机	家电	电脑	成人用品	杂货店	儿童玩具	灯具	厨浴	墙纸	建材	餐饮	物流	广告	运动器材	摩托车
数量（家）	1	24	10	5	0	0	4	0	0	0	0	1	7	6	12	3	0	0	3	8	1	4	0	0	1	3	6	1	1	2

从表 7—1 到表 7—4 的数据可以看出，非洲人社区族裔经济的数量众多，涵盖的种类很多，经营范围比较多元。不仅包括非洲人生活用品，各种民族服饰，还包括非洲国家特色饮食和餐厅，非洲国家的艺术品等。

（二）小北非洲人社区族裔经济的规模

小北非洲人聚居区的族裔经济规模，仅以登峰街的 157 家外资企业代表处来看，其中 80% 为非裔商人注册登记，它们所带来的年营业额已达 75 亿元人民币；部分非洲商人一年做的货柜量就达 5000 个（2006—2007 年）。同时，小北地区的物业经济也因此受益。例如，小北地区一个 3—4 平方米的商铺的营业成本即为 1.5 万元 / 月，而其月营业额可达 30 万元以上。以全长仅 1750 米的广园西路为例，沿路形成了极为完整的非州人族裔经济服务链，包括酒店、餐饮、机票代理、长途电话等，调研统计表明，沿路分布酒店 25 家、餐饮 28 家、家庭小百货店 30 家、广告设计打印店 13 家、机票代理 12 处等。[①]

另外也可从区域内各种类型的面向非洲人的餐厅以及商铺等来窥视。在这些服务非洲人的餐厅内，基本没有本地人就餐的身影。聚居区的商铺

① 李志刚、杜枫：《中国大城市的外国人“族裔经济区”研究——对广州“巧克力城”的实证》，《人文地理》2012 年第 6 期。

的经营领域包括了日用品、布匹、非洲特色服装、化妆品、移动通信、国际物流、机票订购、二手电器等。大多是中国人少见的品牌，以非洲人日常生活实用的居多。服装、布料及特色民族服装的商店一家紧挨一家。

表 7-5　数据来源于在小北地区的实地调查资料的整理　单位：个

类型	辖区总数量	非洲人经营或服务非洲人的店铺数
服装店	28	15
美发店	6	2
杂货店	18	8
水果店	7	1
肉菜店	12	10
餐馆	42	39
宾馆	2	2
洗衣店	3	1
机票代理	3	2
贸易商行	61	41

另据广州市 2015 年和 2016 年的统计年鉴数据，2015 年广州出口到非洲的摩托车价值是 49308 万美元，2016 年出口的摩托车价值则上升到 127910 万美元，年增长超过 250%。广州的中非贸易额的急剧增长，也从侧面说明了广州的非洲人族裔经济具有一定的规模。

（三）小北非洲人社区族裔经济的构成

结合前面学者们对族裔经济的概念，以及我们国家是非移民国家的客观事实，我们认为，广州小北地区的非洲人族裔经济构成包括：（1）非洲经营者或者中非合营的经济，也叫“坐贾”。他们在广州有自己的商铺或办公室，是小北非洲人聚居区族裔经济区的构成主体之一。（2）聚居区内为非洲人提供各类服务的经济组织，这些经济以服务非洲人为主，其提供的产品和各类服务有明显的族裔性特点。（3）从事中非贸易的非洲代理或者中介人，也叫“行商”，他们是通过中非间贸易的往返，赚取贸易中间差额的非洲商人。行商具体分为公司代表和个人经营两类。[①]

二　小北地区非洲人聚居区族裔经济的类型

（一）小北地区非洲人聚居区族裔经济的类型

小北非洲人的族裔经济类型，从经营者来划分：小北地区非洲人聚居区族裔经济的类型，包括非洲人自己经营的各种贸易公司。以及中非合作的经济组织，中国经营者设立的各类服务非洲人的经济组织等几种类型。

从非洲经营者的商业形式来分，又分为“坐贾”和“行商”两种类型。“坐贾”指在广州有自己的商铺或办公室的非洲商人，他们是小北非洲人聚居区族裔经济区的构成主体之一[②]。这类人群所占比重不高。“行商”指的是从事广州与非洲贸易的中间人，通过中非间贸易往返，赚取贸易中间差额的非洲商人。行商具体分为公司代表和个人经营两类[③]。从我们实地调查的情况来看，在小北非洲人社区，行商中多以公司代表为主，其企业经营规模大小不一。

小北非洲社区族裔经济从性质来分，分为合法的族裔经济，还有从事涉毒、涉黄的非法经济。

合法的族裔经济，主要包括前文所说的“坐贾”和“行商”经济等。如“坐贾”的经营形式包括批发商店、物流公司和服务商店 三类。批发商店通常扮演着跨国贸易的桥梁，这类批发商店的店主不仅在小北有商店，在自己国家也有店面，他们一般是通过在广州开设商店从而与中国商家建立供货关系，并据此熟悉整个进货流程，当然也通过他们开设的商店，为哪些小本生意的非裔行商牵线搭桥，许多非洲行商也在这些非洲人开的批

① 李志刚、杜枫：《中国大城市的外国人“族裔经济区”研究——对广州“巧克力城”的实证》，《人文地理》2012 年第 6 期。

② 李志刚、杜枫：《“跨国商贸主义”下的城市新社会空间生产——对广州非裔经济区的实证》，《城市规划》2012 年第 8 期。

③ 李志刚、杜枫：《中国大城市的外国人“族裔经济区”研究——对广州“巧克力城”的实证》，《人文地理》2012 年第 6 期。

发商店进货。物流公司集中在小北天秀大厦的 4 层以上的办公室、恒生 大厦、宇航大厦，新天恩、唐旗、越洋等商贸城也有部分此类公司。物流公司一般同时雇用中国和非洲员工：中国员工利用语言与地缘优势，建立和加强与中国工厂的商贸联系；非洲员工一般面向非裔“行商”

服务，减少非裔“行商”的商贸障碍。与批发商店相比，物流公司是真正 的中间商人，负责联络中国供货商与非洲商人，连接中非贸易网。服务商店一般在各大商贸城都有分布，如天秀大厦高 层的餐馆、小北一带大大小小，各种口味的外国人餐馆、食品店、服装店、理发店等。随着非裔商人在广州的聚集，族裔群体内部逐渐形成 不同行业分类，服务商店因而得以成行成市。例如，仅小北宝汉直街一条街上就汇集了非洲不同国家的民族服装服饰店，还有伊拉克餐馆，土耳其餐厅，伊朗餐厅等各国口味的服务商店等。

小北出汇集大量的合法经济外，也存在一些非法经济，主要涉及地下钱庄和其他违法犯罪活动。例如，访谈的非裔商人 80% 的资金是通过地下银行、携带现钞的形式进入广州；尼日利亚的地下银行 DunChris 在“巧克力城”就设有专为非洲人服务的兑换点，其一天的资金流量可达上百万美元；部分非裔商人 1—2 小时内通过电话就可以筹到 10 多万美元并兑换成人民币。同时，“巧克力城”存在赌博、诈骗、抢劫、吸毒、卖淫等其他人员，成为治安管理打击的重点对象。

小北非洲人社区族裔经济的出现，与聚居在此的非洲人密切相关。在小北地区，既有大量面向非洲人需要的经济，例如各类批发及零售的商铺、穆斯林餐厅、物流公司、中东及非洲航空公司以及非洲国家驻广州的分支公司等。同时，也有隐形的非法经济。

（二）小北非洲人社区族裔经济的特点

小北地区非洲人社区的族裔经济，不同于本地经济，具有独特的特点。

1. 族裔性

小北地区非洲人族裔经济，最大的特点就是族裔性。体现在这类经济活动的服务对象仅为非洲人。在小北地区活跃着的这些面向非洲人的经济，无论是各种商品，还是服务都是面向非洲人的。如同小北中国人开的专售非洲货品的老板所言，“我们这些货品都是不卖给中国人的，只卖给非洲人”。此外，这类族裔经济经营的商品，几乎都是富有非洲人的民族文化特色的。例如服装店出售的是非洲风情的长袍，食品店出售各种非洲调味品等。

2. 文化性

小北地区非洲人族裔经济，也体现出族群文化性特点。来华非洲人 99% 信仰各种宗教，其中又以信仰伊斯兰教者为众，在许多非洲国家，全民信教。宗教信仰在整个国家民族文化中十分重要。在小北的许多餐馆，有专门的供穆斯林敬拜的场域，各类食材也充分体现了穆斯林群体的宗教信仰偏好。一些餐厅的装修风格也体现了非洲国家的特色，餐厅的电视节目也是以卫星电视转播非洲国家的节目，在这些非洲餐馆就餐，令人有身处非洲大陆的感觉。

3. 依托族裔关系资本生存和发展

族裔经济形成本身就是移民关系网络的产物，小北地区非洲人的族裔经济尤其依赖族裔关系网络。与当代其他国家商业经济相比，非洲，尤其是西非和中部非洲许多国家的商业经济，几乎都是家族经济，以马里为例，整个国家的商业就控制在大小巴帝利、亚拉、巴布鲁等 6 个家族手里。非洲人来华，无论是“坐贾”还是“行商”，都是由家人等熟人关系网络组成的分工有别的家族经济形式。

当然，民族共性也是一种资源，一种“社会资本”，可以服务于自身发展。例如这些本族群的成员，可以为其他来消费的非洲人提供一个熟悉的环境、一个广泛的宗亲网络，可以提供一种融资借贷的资金来源。其背后，往往还附加亲缘和地缘关系，依托这种宗亲网络，加强了对于雇工双方的了解和违规行为的控制，本民族共享的价值观等也成为这类企业生存和发展的保障。

第三节　广州非洲人社区族裔经济形成的原因

小北非洲人社区形成非洲人族裔经济，是多方面因素促成的结果。显而易见的原因是因为小北地区是广州最早，也是非洲人聚居数量最多的地区，这是族裔经济形成的人口和空间原因。除此之外，还有其他原因。

一　来华非洲人族裔性特点是内因

首先，小北非洲人受教育情况普遍不高，语言上以法语和英语为主，由于语言障碍，在非英语的中国从事各种商务活动备受约束。在日常购物方面，通过身体语言可以一定程度上消解这一问题，但在一些需要语言深入沟通的服务领域，例如美容美发、医疗保健、幼儿托管、经商以及法律咨询等方面，语言难以沟通的问题更趋严重。通过有效回收的284份问卷可以看出，小北非洲人聚居区日常主要面临的困难是语言不通、无法交流，占比58%。顺应小北聚居区非洲人的各类服务需求。在聚居区形成了一些专门面向非洲人的经济组织。如租约车、长途电话服务、翻译经纪人等服务。

其次，小北非洲人主要是以伊斯兰教为主，由于宗教信仰的原因，在饮食习惯、生活习惯等方面，都与当地居民完全不同。通过有效回收的284份问卷可以看出，小北非洲人中，信仰伊斯兰教的非洲人占比51.06%，排第二的是信仰基督教的非洲人，占比40.49%。无宗教信仰的被访问者只有1名。基于有很高比例的非洲人信仰伊斯兰教，因此，在生活习惯等方面，与当地居民都存在很大的差异。因此，出现了大量面向非洲人饮食需求的餐馆、面包房、售卖清真食物的商店等各类经济组织。也有学者认为由于主流社会难以满足族裔群体特色的消费需求（如对某些商品和服务的特殊偏好的消费需求），因而促使为族裔群体服务的族裔市场的形成。这一族裔市场受族裔人口规模、族裔成员的特殊品位和消费需求以及族裔成员自身的不利条件（如不谙当地语言、社会隔离）、族裔文化等因素的共同影响。[①]

再次，非洲人聚群生活的族裔生活特性，也是重要的族裔特点。通过有效回收的284份问卷可以看出，小北地区的非洲人，在居住方式上，和家人一起居住的占比17.9%，住所经常变动的占比8%，和非洲朋友合租的占比46.2%。独自一人居住的占比27%。在小北街头，我们经常可以看到非洲人结伴出行的身影。非洲人这种喜欢聚群生活的特点，不断吸引更多的非洲人租住在小北地区，从而使该地区非洲人数量快速增加，这是该地区非洲族裔经济发展的重要人口因素。

最后，高度封闭的熟人交往圈子关系网络，也是非洲人族裔经济形成的内因。移民研究表明，移民从迁移意愿到迁移行为的产生，以及在新移入国的立足、生存和发展，移民群体的熟人关系网络都发挥很重要的作用。然而，过于依靠族裔关系网络，对移民在移入国的社会融合存在很大弊端。由于难以顺利融入，导致大量移民必须依赖自我的熟人圈子重构一些经济组织。根据我们的调查，大量非洲商人，在贸易中高频度依赖自己族裔的交往圈子，与本地中国商户直接打交道的非洲商人比例并不高，许多非洲商人无论进货、发货等商业链条，都主要依靠早期来华的一些非洲商人开办的各类服务贸易公司。李志刚的研究也表明，非洲“行商”中有37位的供货对象是非洲人，占比为77%；而与中国人直接打交道，由中国人供货的非洲“行商”只占17%。[②] 为顺利在他国生存和发展，避免因环境变化而带来的挑战，以及原社会关系网络、原社会支持缺位所带来的各种问题，非洲人从迁移到立足等，都紧紧依靠同族裔，同文化宗教的自我群体来建立自己的交往圈子和经济圈子，因此，非洲人聚居区族裔经济的形成，与非洲人的族裔性特点有关系。

---

① Aldrich H. E., Waldinger R., “Ethnicity and entrepreneurship”, *Annual Review of Sociology*, Vol. 16, No. 1, 1990, pp. 111-135.

② 李志刚、杜枫：《中国大城市的外国人“族裔经济区”研究——对广州“巧克力城”的实证》，《人文地理》2012年第6期。

二　我国非移民国家的国情及相关涉外政策是客观原因

非洲人聚居区形成一定规模的族裔经济，既与非洲人族裔性特点有关，也与流动进入的国家的结构性特点具有一定的关联性。

首先，我国非移民国家的国情间接促成了第三市场的形成。一国劳动力市场一般分为两层，即上层和下层。对于非移民国家来说，从法律来说，不存在吸引外国人就业的国家政策，所以存在制度推力，但我国在全球化背景下，又吸引着大量从事商贸的外国人，也鼓励跨国贸易，因此，必然会出现承担跨国贸易的外国人中介，这类跨国中介是族裔经济的重要组成部分，因为两层劳动力市场的限制，他们必然建立第三市场，即族裔经济市场。

其次，我国在移民等方面所体现出的结构性制约体现在相关的移民政策方面。非洲社区族裔经济的形成，是我国移民政策累积下非洲人策略选择的结果。非洲人聚居区形成一定规模的族裔经济，既与非洲人族裔性特点有关，也与流动进入的国家的结构性特点具有一定的关联性。基于我国非移民国家的特质，对于来华外国人，在居留、就业等方面我国都有严格的规定。如签证方面，除获得工作许可签证，学生签证以及外交签证，大量外国人，特别是从事商业贸易为主的外国人，其签证大多以有效期一个月的短期签证为主。重新续签往往要返回自己国家重新申请，非洲许多国家政府办事效率低下，来华签证往往需要拖延很长时间。因此，许多非洲人为了能够长久在中国居住，在经历辛苦创业后，都会在中国设立办事处或者注册公司。

约翰来自喀麦隆，和他的哥哥在广州有自己的办事处，还在登峰街有一家商铺，每月办事处的员工工资、档口租金以及写字楼租金等花费在 4 万元左右。他告诉我们，注册公司并让自己成为自雇员工，就可以获得中国政府颁发的一年期签证和就业证。这些非洲人也通过在广州成立办事处，雇用本国同胞，从而帮助他们由短期的商务签证转变为工作签证，约翰就是他哥哥注册公司后，雇用他从而也获得一年期签证以及就业证的。可见，小北非洲人聚居区族裔经济的出现也是非洲人为了长期居住和就业的策略选择的结果。

再次，我国非移民国家的特点对移民的结构性制约还体现在本地居民对非洲人的总体接纳度比较低。李志刚等对在穗非洲人社区及其族裔经济的形成演化过程进行了基于深度访谈的分析，提出非洲人形成聚居的社会空间以及经济形态，与非洲人被动隔离和排斥有关联。根据我们有效回收的 284 份问卷来看，52.82% 的非洲人表示从未与邻居有过任何接触，互相之间从不关心。在关于社会排斥的调查中，67% 的非洲人认为当地人对他们不友好。来自刚果（金）的菲力租住在登峰街一个小区有 10 多年了，他说小区保安，邻里都认识他。但因为这个小区的非洲租户多，为了查看他们的护照，所以平常可以开车进出的大门不允许他们进出，他每次开车都十分不便，而且最让人难以接受的是，每天不管进出几次，每次进出都必须查看护照，这让他觉得很愤怒。聚居区族裔经济的形成与其他群体的排斥有密切的关系。由于小北的非洲人存在明显的被排斥感受，导致他们在聚居方面，主动选择抱团生存以及在聚居地重构其族裔经济的策略选择。

最后，我国在移民等方面所体现出的结构性制约体现在社会设置上对外服务的机构和人员十分不足。我国当前对于来华的外国人，主要通过出入境管理、签证管理和居住地管理。除了这些管理外，政府部门缺乏相应的服务外国人的服务部门，导致许多外国人来华后，在工作、相关法律法规等方面的服务十分匮乏，相关的经商信息严重不足。那提亚来自非洲国家马里，来华已 6 年，她说出入境管理部门曾召集一些非洲商人参加座谈会，他们建议中国政府相关的经贸部门能定期举办经贸信息发布会，但这些提议基本上也没有落实。小北地区登峰街家庭综合服务中心内设外国人部为辖区的非洲人提供服务，但因工作人员数量有限，目前的情况是，除提供面向生活方面的信息外，经济层面法律法规政策层面的信息供给依旧存在较大的空缺。我们的调查也反映出，284 份有效样本中，有获得来自中国各类型帮助的非洲人占比仅有 4%。基于来自政府以及社会组织的支持缺乏，因此，来华非洲人必然倾向于通过互助和自己族裔的商会等，这也在客观上促成了族裔聚居经济的兴起。

三　非洲人社区族裔经济的文化性促进着族裔经济的形成和发展

跨境迁移者尽管身处异国，但都渴望在移入国有他们熟悉的生活方式等母国文化。因此，外国人在聚居区形成聚居区族裔经济，不仅有经济上的驱动，也有文化上的驱动因素。具体体现为通过族裔经济可以重构非洲人在他国的文化身份认同，增强他们的族群凝聚力以及心理安全感等。

首先，小北非洲人族裔经济的出现和形成源于他们在居住国寻求熟悉生活方式的驱动。全球化背景下跨国别流动日渐频繁，与之伴生的是跨境流动人口在流入国的生活、工作等的适应问题。而生活方式等文化层面的适应，对于非洲人来说，既必要又极其困难。因此，他们需要依托聚居地重建他们熟悉的小环境，这个熟悉的环境有利于非洲人之间彼此交流和互相帮助。例如租场地经营他们熟悉的饮食，售卖他们喜欢的日常生活用品等等。在这里，聚居区形成的族裔经济，满足了他们在异国他乡保持自己国家生活方式的需求。

其次，小北地区的族裔经济的形成也源于非洲人在他国的心理安全感的需要。中国社会对外国移民的结构性制约因素，以及他们自身所具有的族裔性特点，使这些以经商为主、高流动性的非洲人难以快速融入当地社会。小北非洲人聚居区形成的族裔经济，发挥了强化他们的族群凝聚力和群体文化身份认同的作用，通过族裔经济密切了他们彼此间的关系和情感交流，减少他们身在异国他乡的陌生和孤独感，使他们能较快地在新环境中找到重建相应的社会支持网络，从而获得心理上的安全感。当贝勒 44 岁，来自几内亚，是几内亚一家从事钢材贸易的公司的中国代理，也是一名虔诚的穆斯林，在小北地区居住了 14 年，因为近年护照检查太严格，已搬去增城的凤凰城居住，但他的公司依旧在小北。如他所说，心情不好时，孤独时，想家时，在小北看见那么多非洲人，会感觉十分亲切，心理上也会开心起来。他形象地把小北族裔经济圈对非洲人的感情和纽约的唐人街对华人的感情做类比。

最后，小北非洲人社区族裔经济的形成，也是非洲人力图在他国保留自己独特文化的需要。非洲人的族裔性特点，使他们十分团结，这种高聚合性的族群关系，使他们可以不需要依靠当地资本就可以生存。因此，在经济往来中，他们没有通过族裔经济向外链接的渴望和诉求，相反，他们更希望通过他们的族群，打造一个自成一统的聚居区和族裔经济。并通过族裔经济保持自己文化的独立性和封闭性。族裔经济的形成，与他们的主动自我隔绝有关。全世界有许多国家的移民，都在移入国建立族裔经济，如中国华人在海外的唐人街。然而，华裔常将唐人街视为走进主流社会的跳板，其二代会主动努力融入当地社会。可是小北的非洲人聚居区族裔经济，显然具有明显的封闭性特点。

四　小北地区便利的交通和商贸环境，是形成族裔经济的地理因素

开普兰（Kaplan，1998）从空间的视角将族裔经济与族裔聚居区进行联合考虑，认为族裔经济往往形成于靠近族裔聚居区或直接以族裔聚居区为空间载体的区域[①]。非洲人大量进入广州始于20世纪90年代，特别是1997年东南亚金融危机后，大量非洲商人由东南亚迁来广州，小北路、环市东路一带交通便利，靠近火车站和周边的服装、鞋帽等小商品集散地，例如“站西钟表城”“白马服装城”“流花服装批发市场”等，这与非洲客商的采购喜好一致，由此吸引了大量非洲人。

当然，除了靠近非洲商人采购喜好的大型商品批发集散地外，小北地区之所以成为非洲人族裔经济的核心区域，也源于小北附近有两大伊斯兰寺庙，先贤寺和怀圣寺，也符合非洲穆斯林依寺而居的传统聚居形式。

---

① Kaplan D. H.,“The spatial structure of urban ethnic economies”, *Urban Geography*, Vol. 19, No. 1, 1998, pp. 489-501.

五　一定数量的非洲人口聚居是其族裔经济形成的人口要素

李伟（1997）通过对洛杉矶的华裔族裔经济进行研究，认为族裔经济的发展与族裔聚居区的人口增长存在密切关系。根据李伟的解释，以聚居区内大量居住的族裔成员为对象的经济活动，其进入门槛更低且更易获得事业成功，所以族裔经济产生与族裔聚居区的地理位置有关[①]。

2003 年之后，在中非贸易繁荣带动下，来广州的非裔人士以每年 30%—40% 的速度增长。从小北地区非洲人的数量上来看，目前小北地区，主要包括登峰街、建设街、虹桥街、流花街等区域，居住 6 个月以上的非洲人数量大约 11000 多人。其中仅登峰街，居住 6 个月以上的非洲人就超过 6000 人。加上租住在辖区宾馆的持有短期签证的非洲人，目前保守估计大约 5 万人。根据《羊城晚报》2016 年 7 月 16 日报道，广州每天实有外国人数量在 8 万—12 万人，高峰出现在广交会期间，接近 12 万人。大量外国人聚居在小北地区，势必在小北地区形成面向非洲人群体的一系列经济组织。

六　全球贸易中心的转移，是非洲人社区族裔经济兴起的国际因素

小北非洲人聚居区及族裔经济的形成，是全球化的结果。小北非洲人聚居区族裔经济的形成，归根结底是全球化的结果。如同莱昂斯等指出的，广州小北路的发展体现出超越国家和跨国公司所主导的全球化力量，是所谓"第三类全球化"。[②] Mathews 强调小北族裔经济所体现的草根力

---

① Li Wei, "Los Angeles's Chinese ethnic burb: From ethnic service center to global economy outpost", *Urban Geography*, Vol. 19, No. 1, 1998, pp. 502-517.

② Michal Lyons, Alison Brown & Zhigang Li, "The 'third tier' of globalization", *City*, Vol. 12, No. 2, 2008, pp. 196-206.

量，称其为一种“底层全球化”（low-end globalization）。[①] 李志刚（李志刚，杜枫，2012）等从全球贸易市场来分析广州非洲人族裔经济区的形成，指出非洲人族裔经济区的兴起与中国“世界工厂”的地位密切相关[②]。

第四节　广州非洲人社区族裔经济的分析

广州小北非洲人聚居区形成的族裔经济，与聚居在这里的非洲人密切相关。这种族裔经济是二元劳动市场之外的独立经济领域，应该看到，这种族裔经济，具有积极的作用。

一　非洲人社区族裔经济的功能

一是满足了来华非洲人的生活及工作需求，有利于非洲人群体在我国的生存和发展。非洲人由于文化、习俗等的差异，在流动进入我国后，在日常消费、生活安置等方面存在着显著的族群特点和差异，族裔经济的形成，可方便跨境迁移者在移入国的生活适应。

二是少数族裔经济的发展可以为本族群成员树立起企业家的成功形象和模范榜样，激励更多同族成员成为未来的企业家。一些非洲人在逐渐适应中国环境后，也在成功者的带动下，开始自己尝试做老板。同时，这些成功的非洲商人，也是中非经贸友好往来的桥梁和纽带。非洲人社区一些成功的非洲商人，不仅为其他来华的非洲人树立了榜样和示范，也因为其威望和声誉，成为中非之间顺畅沟通的媒介，有助于政府的治理。

三是族裔经济也促进着当地经济的发展。例如小北地区的写字楼租赁

---

① Mathews, Gordon, and Yang Yang, “How Africans Pursue Low-End Globalization in Hong Kong and Mainland China”, *Journal of Current Chinese Affairs*, Vol. 41, No. 2, 2012，pp. 95-120.

② 李志刚、杜枫：《“跨国商贸主义”下的城市新社会空间生产——对广州非裔经济区的实证》，《城市规划》2012 第 8 期。

业务、居民房屋出租市场，以及税收、就业等各种业务的发展。地处小北的邮政储蓄、中国银行、工商银行等金融机构都反映他们的包括货币兑换、外汇业务等有明显的增加。从就业来说，这些非洲人和他们的公司也在给我们提供着更多的就业岗位。

四是小北非洲人聚居区及族裔经济区的兴起，也在塑造着多元化、国际化的广州。小北非洲人聚居区族裔经济以及其他的族裔经济，这些在全球化背景下出现的新的国际移民社区，不仅为千年商都广州带来多元文化和注入新活力，也由于这些国际移民社区的族裔经济，吸引着国际移民在投资、消费等方面的经济活动，进而形成特殊的族裔空间景观，使广州这座千年古城更加国际化、多元化。

五是族裔经济在全球化时代可成为国与国之间更深入的贸易往来的桥头堡和链接。当代全球经济发展一体化趋势越来越高。族裔经济拥有原乡和他乡的双重经验，可利用移入国的优势技术和原乡低廉的劳动力等特点，在全球化经济发展中发挥更明显的优势。例如中国一些财富新贵通过投资移民，在美国投资设厂，类似于太空飞人的这类移民，巧妙利用两国的优势，不仅扩展了族裔经济的规模，而且形成了新跨国资本和族裔群体中的百万富翁。

但同时，我们也应该看到，这类族裔经济所存在的问题，也给我国的社区治理带来一定的隐患。

二 非洲人社区族裔经济存在的问题

族裔经济对于帮助族裔群体适应移入后的国家，具有积极的作用。例如对于那些语言沟通有困难的族裔，通过在族裔经济获得就业机会，可以顺利地生活下来，并以此为跳板，慢慢融入主流社会等。但毋庸置疑，族裔经济对当地社会政治、经济等也存在一些问题。

（一）族裔经济结构封闭化问题

族裔经济的形成，与小北地区非洲人的族裔性以及独特的族群需求有关，同时也与非洲人在异国他乡寻求族群凝聚力，寻找文化身份认同以及心理安全有关，可以说，小北非洲人的族裔性、文化性促成了小北非洲人聚居区族裔经济的形成。反过来，族裔经济又强化了其族裔性和族群文化身份。

小北地区非洲人族裔经济，一个显著特点是族裔经济严重依赖本族群同胞。访谈对象苏克雷表示，“我更倾向雇用自己国家的人，并且是自己熟悉的人，可以信得过的”。F4 和 F24 都是和自己的兄弟合作做生意。在我们调查的样本中有 90 个是商人，他们中有超过 60% 都表明自己的生意有合作伙伴，而合作伙伴则以家人、朋友为主。与家人、朋友一起做生意因为信得过，大部分非洲人都会倾向经商有伙伴，伙伴首先考虑同胞。

再就是非洲人族裔经济活动的服务对象仅为非洲人。在小北地区活跃着的这些面向非洲人的经济，无论是各种商品，还是服务都是面向非洲人的。如小北中国人开的专售非洲货品的老板所言，“我们这些货品都是不卖给中国人的，只卖给非洲人”。由于其族裔经济的结构封闭化和排他性，使族裔经济变成封闭的、自成体系的经济形态，容易导致该族裔经济圈内大量本地居民出现搬离该区域的现象，也给所在国的监管带来隐患。

（二）为“三无”非洲人提供庇护的温床

族裔经济的发展，一方面事实上形成了一个庞大非洲人自雇移民群体。他们通过扮演中非贸易桥梁的角色，以非洲企业代理的身份，长期合法留居中国。我国对从事贸易的外国人，发放一个月期限的 M 商务签证。一些贸易代理人凭借熟悉中文，在中国有更多从商经历的优势，往往成为非洲购货商在中国的代理，这也是目前小北地区非洲人族裔经济构成中主体部分。这些中介代理人往往通过在中国设立办事处等方式，从而将短期的 M 签证转换为出游就业许可证的工作签证，并可以每年一签，多年有效。从而在事实上形成了一个庞大的自雇移民群体。

此外，小北非洲人社区族裔经济也在一定程度上庇护了“三无”非洲人。这种族裔经济在满足非洲人需求的同时，由于这种形态的经济具有依托族群社会资本生存和发展的鲜明特点，故而，随着这种族裔聚居区经济的形成，既确保了非洲商人的经营活动，满足了非洲人的各种需求，同时也给本族群带来大量的就业机会。特别是那些受教育低、经济状况差的非洲人，尽管持商务签证来华，按我国法律不得被雇用工作，但由于业已形成的非洲人族裔经济，他们很容易通过族裔社会资本来就业，如从事看店、运货、盯看货物之类的低技术含量的活。可以说，大量的“三无”非洲人，依赖其族群身份及社会关系网络，可以依托这种封闭性的族裔经济得以生存下去。

（三）族裔经济的形成，也影响了非洲人的社区融入

族裔经济一旦形成和壮大到非洲人可以完全依赖其族裔经济生存，则十分容易在居住社区出现封闭和主动隔离，这种主动区隔，既隔断了国际移民与当地居民的互动和相互了解，也不利于国际移民的社会融入。由于文化的不同，不同族群都有其独特的文化，并在异国他乡仍旧坚守其族群文化。小北非洲人聚居区的族裔经济，不能简单把它看成广州市社会经济整体系统的一个组成部分，它是一种独特的经济结构体系，不仅具有经济功能，也具有族裔整合功能、文化身份认同等功能。在异国他乡这种族裔经济一旦生成和壮大，就因其文化性而具有自我封闭的特点，非洲人过于依赖这种族裔经济，必然阻碍其在移入国的社会适应。笔者访谈了许多非洲商人，大多在中国居住了超过十年，但依旧不会汉语，在日常交往中几乎没有中国朋友。这也从一个侧面说明一旦他们依赖了这种族裔经济网络，就缺少了主动融入主流社会的意愿。

族裔经济对族裔群体的影响并不总是正向的，陈肖英（2011）在对中国移居南非的新移民研究后发现，南非社会中的华裔经济具有“桥与墙”的双重功能：一方面，它促使中国新移民出于工具目的去主动了解移居国的相关状况；同时也强化了中国新移民自身的族群认同，使得他们普遍缺乏主动融入当地社会的明确动机。不同的族裔社区社会结构和组织制度也

会对族裔经济的发展和结果产生不同的影响。

（四）族裔经济未形成明显特色

小北非洲人社区的族裔经济，目前仍未形成自己的规模和特色，也没有成为广州市有名的城市人文名片。在一定程度上来说，小北非洲人社区的族裔经济，甚至被等同于脏乱差的代名词。宰牲节，大街上一群非洲人宰杀牛羊，血淋淋的场面让人望而生畏，非洲人热衷烧烤，每当傍晚，烧烤档口浓浓的烟雾令人只想逃离。小北非洲人社区的族裔经济，除了非洲人之外的其他群体，感受不到异域文化和风情，感受到的却是杂乱和污染。其发展的前景堪忧。

主观原因方面，由于族裔经济主要以大量族裔中介者或者自雇为主，族裔经济的经营者，他们大多数都是凭借自我的优势，例如语言，或者社会网络优势而生存（Zhou and Cho，2010），不同于本地居民，他们无须考虑在东道国长期投资，他们的目标是只要赚够一定量的钱，就尽快回国，没有做大做强族裔经济的动机。

（五）族裔经济的脆弱性问题

莱特（Light，2005；Bates，2011）等人的研究表明，族裔经济经营者普遍依赖自己微薄的积蓄、私人间借贷以及私人高利贷来起步，整个经营活动风险很高，经营极易失败。

当前，广州小北地区非洲人族裔经济的构成，主要包括大量的族裔贸易中介人。根据我们的调研，这些族裔中介人在当代跨国贸易形式已发生深刻变革的今天，依旧扮演十分传统的角色，他们自身的资质和能力也有限，教育水平低。许多中介人仅凭在中国居住多年，知晓一点中国语言而从事代理。他们的族裔性身份认同明显，与本地贸易供货关系人普遍交往不深，在本地没有很广泛的人脉，也不知晓和掌握高科技知识。随着互联网、网上采购、物联网等的兴起，极大地削弱了族裔中介人的角色。随着当今互联网新型经济形式的兴起，全球贸易模式也在发生深刻的变革，以前从事全球贸易的采购中间人，正渐渐退出舞台。购买方通过强大的网络终端和网络平台，就可在线采购。这些都使得传统的族裔经济构成的主要部分——族裔中介人的角色面临被替代的现实。这也是导致族裔经济难以在当前背景下形成其特色的原因。

（六）族裔经济对本地居民生活空间的侵占

非洲人在小北地区的大量聚居，特别是服务非洲人的族裔经济的发展，小北地区非洲人族裔经济设施不断增多，例如小北地区的很多商店、很多餐馆都是面向非洲人群体的，本地居民生活所需的很多设施相应减少，造成当地居民生活上的不便，加之部分业主把房租给非洲人，导致小北地区非洲人数量不断增多，本地居民由此不断搬离，社区的凝聚力不断下降。此外，还有生活习惯和文化等差异引起的摩擦和误解。

当然，族裔经济的扩展及繁荣，将事实上形成对本地居民的一种驱赶。街头满目皆是的异域文字和消费风格，对于本地居民来说，无论是视觉的冲击，还是心理上的冲击都是陌生而又不安全的。因为安全感的驱动，他们也会选择主动搬离。

第五节　大都市涉外社区族裔经济治理

都市社区以及所形成的社区族裔经济，是许多西方移民国家普遍存在的现象。他山之石，可以成为我国大都市治理社区族裔经济的宝贵经验。

一　国外的社区族裔经济治理经验

美国是一个典型的移民国家，其族群多样性十分明显。基于这个原因，相关的族裔聚居区以及族裔经济的研究，有着悠久的历史。在这些领域，有很多社会科学学者，特别是社会学家和人类学家，在族裔区域以及族裔经济的研究方面，成果颇丰。当然，也有大量的实证研究。

纽约唐人街，作为最早、规模最大的美国的唐人街之一，可能是研究最多的一个少数族裔社区。它经历了快速的人口结构的变化，经济结构的变化，社会结构的变化，社会重新配置。彼得的著作《新唐人街，1987—1996》形象地描述它作为一个华裔群体紧密联系的社区，是通过其内部独有的结构，特别是对非法移民的剥削而发展的。周敏的著作《唐人街：一个城市聚居区的社会经济潜力》，从族裔经济角度方面，描述了唐人街，作为族裔社区，为新移民提供就业机会，为有上进心的新移民提供了上升的机会，特别是对于那些低教育水平和英语能力不高的新移民。林建（Lin Jan，1998）在《族裔社区，全球变迁与再建构唐人街体制改革唐人街》一文中指出：处于当代全球化潮流中的唐人街，是如何被国际、国内以及区域结构所形塑的。林建的研究抓住了族裔社区的变迁性。唐人街族裔经济的变化，既有外力原因，如全球经济重组、族裔经济二元性、移民自己母国的位置、联邦和当地的政策等；内部的因素如党派之争、社区族裔团结、社区动员以及社会变迁等。

在纽约，类似的族裔社区经济还有“小意大利”“小东京”“小印度”等族裔经济。这些族裔经济最显著的特点是，尽管它们是整个社会经济结构的一个组成部分，但它们是相对独立的。它们通常运行于一国经济系统的外围区域，相对于主流社会而言不那么重要。这些族裔经济的空间地理分布也是变化着的，通常取决于该族裔经济的活跃程度。如果族裔经济的客户主要是本族群成员，这类族裔经济在空间上往往是聚集的。因为早期的族裔经济往往在族裔聚居区的领域。相反，如果族裔经济不仅仅定位于服务本族裔人群，那么，这类族裔经济将扩展，例如，早期的中国餐厅是服务于中国人的，因此，区域位置主要在唐人街领域，而早期的洗衣店一开始就是服务于不同族群的，因此地域分布上多处于分散状态。

对于这类族裔经济的治理如下：

（一）通过推行族群同化，来引导族裔经济融入美国主流经济的策略

对于移民，美国在19世纪和20世纪，强调所有移居美国的移民必须通过美国“大熔炉”，从而被同化为盎格鲁一美国人（戈登，1964）。每个移民将经历一个“种族关系循环”的“联系、竞争、住宿和最终同化”到主流社会，每个移民在美国的这种循环被认为是“进步和不可逆转的”（帕克，1950）。基于同化策略，美国主流社会强调，移民应逐渐融入主流社会，失去他们独特的身份。他们的态度和行为、族裔身份、族群结构都应当变化，并最终瓦解其族裔价值观念，进而融入主流社会。既然族裔都已被完全美国化，那么自然族裔聚居区或者族裔经济都将随着移民同化的程度加深而不断缩减直至消亡。

（二）基于文化多元理念下对合法的族裔经济实施尊重、保护等策略

20世纪60年代后期，民权运动在美国的兴起，学界和公共媒体主张族群多元化。强调各民族间的差异，并认为这种差异会随着时间共存，最终美国社会将是一个民族马赛克（Alba，1992；Gleason，1992），而不是通过大熔炉而同化。族群多元论强调种族的持久性和多元化的重要性。基于这一族群关系理念，美国在族裔聚居地区及族裔经济治理策略上，改变同化策略，主张各族裔多元发展。相应地，对待族裔经济，也采取尊重及保障合法族裔经济的策略。

尼克松总统任职时期，联邦政府第一次通过立法来保障少数族裔经济和企业。根据1969年通过的尼克松行政命令11458号成立了少数族裔工商企业办公室（Office of Minority Business Enterprise）。两年之后，尼克松总统将少数族裔工商企业办公室职责范围扩大，为少数族裔企业提供补贴及管理援助也包括在其责任范围内。最终，联邦政府将少数族裔企业办公室更名为少数族裔商业发展署（Minority Business Development Agency），主要职责由原来的向少数族裔创业提供信息转换为向其提供资金支持。

美国联邦政府也从税收政策上支持少数族裔企业的发展。那些通过少数族裔企业进行材料采购或由少数族裔企业供应材料的公司会得到联邦政府的税收减免。那些在由联邦政府或州政府提供补助或贷款的项目中使用少数族裔劳动和服务的公司也能享受税收减免政策。另外，美国各州也为少数族裔企业的发展提供税收等政策优惠。如包括加州、乔治亚州在内的大部分州为已注册的少数族裔企业提供特殊培训和关系网，同时也鼓励这些企业参与当地政府的采购项目。例如乔治亚州就通过为分包商和承包商提供州所得税减免，来鼓励他们引入少数族裔企业。①

美国通过鼓励合法的族裔经济，打击非法的族裔经济等手段，少数族裔经济得以发展，根据美国人口统计局（U.S. Census Bureau）8 月 19 日公布的 2012 年企业主调查（Survey of Business Owners, 2002）初步结果显示，2007—2012 年，美国少数族裔企业数量由 580 万家增加到 800 万家，增长率将近 39%，比同一时期少数族裔人口增长率高出 3 倍多。少数族裔企业创造就业岗位数量增加 33%，达到 770 万个。相比之下，2007—2012 年，非少数族裔企业数量缩减 5%，所创造工作岗位只增加了 7%，还不及少数族裔企业创造工作岗位增速的 1/4。

二　我国大都市族裔社区经济治理的对策思考

周敏（1992）通过对美国的唐人街华裔族裔经济的研究表明，唐人街的族裔经济包含两部分，一部分是保护性的，是传承自已族群的文化及族群身份的经济，例如饮食等。另一部分族裔经济则是扩展性的，通过它，可以和更广阔的经济链接。

严格来说，广州小北的非洲人族裔经济，从总体经济规模来看，规模并不大。从非洲人族裔经济的性质来看，目前，广州的非洲人族裔经济，

① 聂琳：《少数族裔企业在美国经济中扮演什么角色？》（http://www.jiemian.com/article/359997.html.）。

仅仅是保护性经济，不存在族裔经济发展的第二阶段，即外向扩展型经济性质。

（一）依照我国相关法律，管理族裔社区经济

在我国境内的任何一个族裔的族裔经济，都是我国国民经济的组成部分之一，必须要依照我国相关法律来进行管理。在我国境内的族裔经济，要自觉遵守我国法律，合法经营。不得破坏当地的商业生态平衡，不得成为封闭的商业体系，要努力将族裔经济经营融入到当地社会、经济文化中去。要加强与本土企业、国内相关行业的合作，强化品牌意识，积极拓宽产业链，推动产业多元化与专业化，扩大生存发展空间。

（二）在涉外社区构建“融合社区”的中外居民共同价值观，引导外国人及其族裔经济积极融入当地社会经济

要充分意识到小北非洲人聚居区族裔经济的族裔性、文化性等特点，构建“融合社区”的中外居民共同价值观，通过政策引导来推动小北非洲人社区不同族际的整合与建构，营造族际融合的社区文化和开放包容的社会环境等。例如通过每年举行中国文化节、非洲文化节等文化遗产节等，让各族裔的传统文化都有展示的空间，打造融合社区，引导族际社区经济融入当地社会。

（三）通过提升城市治理水平来治理族裔社区经济

社区族裔经济的产生，与一个城市的特质有很大关联性。为什么一些大城市有多个社区（例如洛杉矶、旧金山等），而同处西海岸的圣地亚哥等城市则没有社区族裔经济。再就是一些城市社区族裔经济数量很多，如洛杉矶，而一些城市，例如纽瓦克等地，则很少。很显然，一定数量的族裔人口规模仅仅是形成族裔社区经济的因素，但不是主要原因。族裔社区经济的形成，与一个城市的特质有关联。因此，要通过提升城市治理水平来解决好族裔社区经济问题。

（四）引导和促进族裔经济的开放性发展

尊重和保护合法的族裔经济，通过政策等确保实现对合法的少数族群经济的保护和扶持。避免歧视和不公正。同时，要积极引导外国人聚居社区的族裔经济走向开放性，促进族裔经济与当地经济的融合和发展。例如族裔经济店铺的广告牌文字的使用，要严格规范，在一些国家明确规定，族裔社区广告招牌必须至少有 50% 的文字需使用当地的官方文字。如加拿大的魁北克就曾在 1993 年的“第 86 号法案”（Bill 86）中，规定公营企业和公共运输系统中的广告都只能使用法文书写，私人商家的招牌则可以使用法文与另一种语言，但是法文必须较为醒目。韩国首尔的仁寺洞，因为属于历史文化保存区域，也在 2012 年公告的“钟路区屋外广告管理条例案”中，指出此区的招牌板必须在保存文化与支持观光的原因下，以韩文书写。语言景观（linguistic landscape）是族裔经济的标志性代表，语言文字使用关涉不同族群间的社会关系，有时则会引起本地居民与外国人之间的冲突，由于少数族裔语言文字的盛行，可能影响当地居民的社区融入感。特别是随着全球人口流动的日渐密切、频繁，国家间的边界的消失开始挑战主权国家统治有效性，这种语言景观开始渗透和影响到主权国家时，必须要有所警惕。

（五）通过社区总体规划等手段，控制族裔社区经济的发展规模

在承认各族裔差异性的基础上，尊重不同族裔的文化传统等。尊重和保护合法的族裔经济。引导族裔经济融入主流经济。但同时也要通过从全局上掌控族裔经济的发展性质、特征及规模。可通过社区总体规划，在社区和住宅楼中采用不同族裔混居的方式，既促进了族群间的互相交往，又可以控制一定区域某一族裔人口过于集中的现象，也可以通过科学规划的社区居住人数等系统的制度设计来控制族裔群体的数量和关系等，进而控制族裔经济的规模。族裔经济的产生，离不开一定规模

的族裔人口聚集，这是形成族裔经济的必要条件。换言之，族裔经济和族裔社区之间存在一定的关联性。问题是一个族裔社区是被认为是一个特定的空间住宅形式，还是应该被考虑为一种经济形式。波特斯和詹森强烈反对任何混淆族裔经济和族裔社区之间定义的阐述。桑德斯、汤普森等学者，则强调两者之间的联系（Hiebert，1993；Portes and Jensen，1987；Sanders and Nee，1987；Thompson，1979）。瓦定格（Waldinger，1991）等学者认为族裔经济和族裔社区之间的关系是复杂的，他们指出，族裔邻里聚居往往是族裔经济发展的起点，少数族裔人口集中和族裔经济专业化有密切关联。

（六）对族裔经济的治理要遵循族裔社区经济的形成和发展规律

族裔经济的形成，除了一定数量的族裔人口外，具有其内生的关键性因素，周敏的研究表明，主流社会和经济中的种族排外和种族歧视因素，是促成移民创办自己的族裔经济的成因[①]。由于种族歧视和来自主流社会的排斥，移民很难被主流社会接纳和顺利同化，只能依赖族裔经济生存和发展。因此，外国人在移入国的同化或者融合情况，以及移入国对外国人的接纳情况等因素，决定着族裔群体是否形成自己的族裔经济。总之，对族裔经济的治理，必须要遵循其产生、发展的规律。

（七）因势利导，创设族裔经济发展园区，使族裔经济成为我国开拓海外市场的枢纽和据点

在当代，全球化的发展使国与国之间的联系日渐紧密，在许多国家，族裔经济在整个国家的经济重组和变化中日渐发挥重要作用。例如在美国，许多华商族裔经济，通过在美国设立研发，利用自己母国低廉劳动力

---

① 周敏：《少数民族经济理论在美国的发展：共识与争议》，《思想战线》2004 年第 5 期。

的优势，转移劳动密集型工厂在中国设厂，这类族裔经济，比起美国本土企业，由于成本更低，其经济更有活力。当前，我国存在着一定的产能过剩问题，亟须要拓宽外贸渠道，这些来自非洲国家的族裔经济，可以成为当地经济走出国门，走进非洲市场的据点和枢纽，在全球化贸易中扮演积极的角色。

第八章
大都市涉外社区的风险及治理

涉外社区由于社区人口构成复杂、社区族群关系复杂、社区治理复杂等原因，导致涉外社区存在着诸多的社会风险，具体包括社会安全风险、文化风险、国家安全风险，等等。

第一节　族裔社区风险的相关理论综述

风险意味着危险，意味着不确定性。在人类社会的发展历史中，我们面临着各种各样的风险。引起社会风险的原因十分多元，其中，跨境移民的流入和聚居，既对移民自身带来一定的风险，也对移入国带来一定的社会风险。跨境迁移意味离开原有熟悉的国度、熟悉的社会环境、熟悉的生活方式等而迁移到一个陌生的国家。这种迁移将使迁移者面对很多不确定性，给他们带来一些风险。

关于移民跨国别流动所带来的自身风险，国际移民专家 Michael Cernea 通过大量的实证研究，早在 20 世纪 80 年代就提出移民在移入的国家存在着失地、失业、无家可归、增加发病率、食品不安全、失去享有的公共权利、社会组织结构解体七大风险。[①] 迈克尔 · M. 塞尼的观点更多关注的是移民的经济风险。Downing 在塞尼研究的基础上，提出移民可能面临的 9 类风险，分别是失业、无家可归、边缘化、食品无保障、共同的土地和资源的损失、健康风险、脱离社会、正规教育活动的破坏、丧失公民权利。[②] 更为全面地探讨了移民存在的风险。

在社会治理视角来看，移民的跨国迁移，特别是移民移居他国后所形成的族裔社区也存在一些风险，这就是本文所要探讨的涉外社区的风险。

传统的社会解组理论认为，移民将会带来更多的社会犯罪，例如移民引起了社区的结构变化，由此引发各类犯罪，特别是特定社会结构（贫困、多族群、租户频繁变动等）的社区都会导致社区缺乏凝聚力，降低居民对社会共同价值观的认同和接纳，导致更高水平的犯罪（Shaw &

---

① ［美］迈克尔 · M. 塞尼：《移民、重建、发展：世界银行移民政策与经验研究》，河海大学水库移民经济研究中心译，河海大学出版社 1998 年版，第 97—105 页。

② Downing. T. E., *Avoiding new poverty: mining-Induced displacement and resettlement*, London: International Institute for Environment and Development, 2002，p. 9.

McKay，1969）。[①]

桑普森等的研究也表明，社区居民构成异质性越强的社区，社区犯罪率越高 。因为这种社区居民结构，将减少社区居民之间的互动频率（桑普森，1991）。而社区居民间的互动对于社区的秩序、社区凝聚力、社区认同来说十分重要。这些是保障社区秩序的重要因素。（桑普森 1991；桑普森等，1997 年）。[②]类似的研究还有 Feldmeyer 的研究，他指出族裔聚居社区会强化族群间差异，抑制族际间集体行动，也可能激发社群间冲突和其他社会问题，例如犯罪。很多的实证研究表明，很多国家和社会层面上发生的暴力等，都来源于族裔社区隔离。特别是当族裔群体处于弱势的情况下，例如被歧视等，都容易发生剧烈冲突（Feldmeyer，2009，2010）[③]

瓦格纳等的研究指出，移民社区存在更高风险的根源来自本地人对移民族群的偏见和排斥。他通过对西欧国家的研究发现，特别是在西欧经济衰退期间，外国工人经常被指责为经济和社会问题的主要根源，是各种偏见和歧视的主要目标人群（Wagner，Christ，& Heitmeyer，in press）。Coenders 和 Scheepers（1998）提出了族群竞争理论。他们认为，由于社会资源，如工作、住房等资源的稀缺，社会群体为争夺这些稀缺资源而处于族群间竞争状态。由于这种激烈的竞争，导致本国居民排斥和歧视外国人，从而产生一系列的风险。相似的还有 Kunovich（2002，2004）提出的群体威胁理论。

尽管“多元文化论”成为主流社会政治正确性的共识，然而，也有学者认为多元性对移入国存在着威胁（Miller，1996；van den Berge，2002；

① Shaw, C., McKay, H., *Juvenile Delinquency and Urban Areas*, University of Chicago Press, 1942.

② Sampson, Robert J., “Linking the Micro- and Macrolevel Dimensions of Community Social Organization”, *Social Forces*, Vol. 70, No. 1, 1991, pp. 43–64; Sampson, Robert J., Stephen W. Raudenbush, & Felton Earls, “Neighborhoods and Violent Crime: A Multilevel Study of Collective Efficacy”, *Science*, Vol. 277, 1997, pp. 918–24.

③ Ben Feldmeyer, *Immigration and violence. The offsetting effects of immigration on latino violence,* Social Science Research, Vol. 38, 2009. pp. 717–731; Ben Feldmeyer, *The effects of racial/ethnic segregation on latino and black homicide,* Sociol, Quart, Vol. 51, No. 4, 2010, 600–623.

Gutmann，2003）。移民，特别是有色族裔移民，随着其进入一个国家，对一个国家的安全将带来外部威胁（Naber，2006；Nevins，2002）。

梳理上述学者的观点，可以看出，虽然经典的移民复兴理论，以及同化理论对于族裔社区的作用持积极作用，认为族裔社区为移民群体提供了保护和缓冲，为移民提供了各类支持性社会资源，为移民向上的社会流动，以及同化到美国社会提供了一个支点（梅西，1985）。然而，也有很多学者通过实证研究证明，族裔社区，无论是对族裔社区自身的发展，还是整个社会的发展，都存在着消极影响，换言之，这类社区不是为移民提供保护或缓冲，而是更可能导致大范围的暴力，对于社会来说，存在一些社会风险。①

我国学者牛文元院士，针对复杂社区提出社会燃烧理论。② 牛文元将社会失衡、失序以及失控等状态类比为社会燃烧。认为一些复杂的社区，容易出现失控或者社会燃烧这种状况，由此引发政治、经济、文化等风险的社会失序或失控。研究国内非自愿移民的学者陈绍军（2002），通过对生态移民聚居区的研究指出，移民移居新的社区，主要会带来 4 个方面的风险，即经济风险、政治风险、社会风险和环境风险。③ 当前，越来越多的城市形成了一些涉外社区，涉外社区存在哪些风险，是我们治理涉外社区需要了解的论题。

第二节　广州市涉外社区外国人的风险

国际人口迁移的历史，最早可追溯到公元前 3 世纪。“二战”后西方资本主义国家的快速发展，南北差异的加大，吸引了大量不发达国家的

---

① Ben Feldmeyer, Casey T. Harris, Jennifer Scroggins, “Enclaves of opportunity or ‘ghettos of last resort?’ Assessing the effects of immigrant segregation on violent crime rates”, *Social Science Research,* Vol, 52, No. 7, 2015, pp. 1–17.

② 牛文元：《社会物理学与中国社会稳定预警系统》，《中国科学院院刊》2001 年第 1 期。

③ 陈绍军、郑宇辉：《水库移民的特点及风险分析》，选自《移民与社会发展国际研讨会论文集》，河海大学出版社 2002 年版，第 246—247 页。

人口跨国别迁移和流动。特别是 20 世纪末到 21 世纪的今天，在全球化的推动下，商品的国际贸易与资本的跨国流动加速推动了人口的跨国别流动。当今时代，国家间人口的跨国别流动，无论是流动的数量还是流动的广度都是空前的，所带来的影响也是空前的，跨境迁移人口活跃在流入国的各个领域，如社会、经济、文化等领域，在互动中影响着移入国社会、政治、经济及文化等各个方面。当今世界各国，都不得不高度重视国际移民，及其对本国社会经济等的影响。

当前，跨境流动进入广州的非洲人，主要的风险分为生存性风险和发展性风险两大类。生存性风险，是指跨国流动进入广州的非洲人可能存在的涉及生活生存的一些不确定性，包括贫困风险、疾病风险、心理焦虑风险。发展性风险指迁移居住后，在穗非洲人在广州后续的发展中将可能面对的风险。这类风险主要包括难以社会适应的风险、边缘化或被排斥的风险、社会支持网络重建的风险、族群关系紧张的风险等。

一　广州非洲人的生存性风险

一是贫困风险。贫困风险是跨境迁移人群最容易陷入的风险。移民离开自己的国家流动进入一个陌生的国度，原有的人力资本，社会资本等各种资源，在移入国都存在不相适应的现实，加上不同文化，不同社会制度和环境，从而使跨境迁移者在社会、经济、文化等方面都存在着极大的不确定性，陷入贫困概率相应地也更大。

我们对小北地区外国人社工服务中心的调研发现，在社工的紧急介入个案中，超过六成是陷入经济困境的非洲人的紧急生活求助。我们对广州市救助站的调研，也证实了这个现实。据广州市救助站的数据，每年至少需要为 150 名非洲人提供吃住等基础生活救助。广州救助站有一个被非洲父母遗弃的非洲儿童，因不知遣返，留住救助站已达 6 年之久。

二是疾病风险。跨境流动意味着个体包括原有的生活方式等在内的各个方面都面临着一些改变，这种改变是剧烈的、彻底的，也因此对跨境迁移者的身体健康可能产生负面影响。特别是当外国人在移入国出现经济问题时，外国人在他国的疾病风险更高。目前，我国是非移民国家，我国的城乡居民医疗保障制度只覆盖我国公民，非我国公民无权享受我国的医疗福利。当前来华的外国人，特别是非洲人，主要是以经商为主，我国政府倡议这类没有工作单位的外国人购买商业类健康保险。事实上，大量来华的非洲人，购买医疗保险者寥寥无几，一旦遇上大病，就会陷入困境中。

穆罕默德来自马里，31 岁，听朋友说广州赚钱机会多，家庭贫困的他凑足来华的路费，只身漂洋过海来到广州。由于水土不服，加上生意迟迟不见起色，终于病倒了，他的本国朋友在帮助他 2 个月后，无力承担其看病费用，遂向登峰街家庭综合服务中心的社工求助。穆罕默德的病情严重，亟须更进一步诊治，他也迫切需要朋友资助他回国的机票。社工发动他的朋友支持网络，甚至请马里驻广州总领事馆、马里商会等帮忙救助，但这些马里组织声称，这类药救助的太多，它们也无能无力。最终，由广州市“福彩基金”支持的外国人紧急人道救助项目紧急介入解决了穆罕默德的诊治和回国路费。

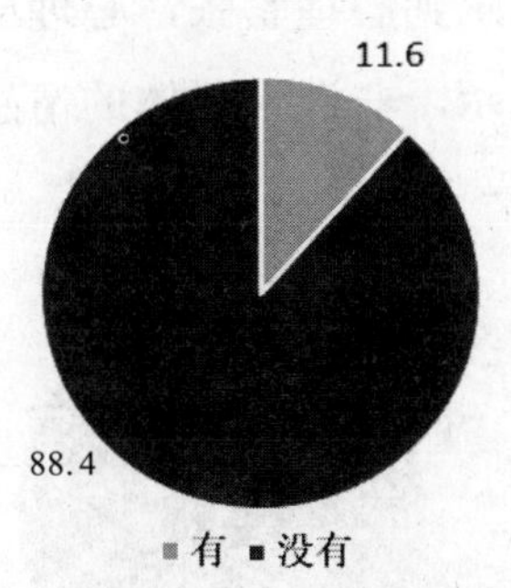

图 8-1　非洲人购买医疗保险情况

图 8—1 是小北地区非洲人购买医疗保险情况的数据，数据显示，只有极少数非洲人有购买医疗保险。也因此，非洲人的这类紧急医疗求助个案，对于在登峰街家庭综合服务中心工作的社工来说，司空见惯，经常遇到。

三是心理焦虑风险。除了存在因迁移流动而出现的贫困风险、疾病风险外，跨境迁移者还存在着心理上的精神焦虑等心理健康风险。跨境迁移意味着需要面对很对预见或未预见的困难，因此，迁移行为者很容易出现心理上的焦虑和担忧。

广州小北地区的非洲人，在宗教、文化及生活方式等很多方面都与我国居民有显著不同，很多来华非洲人又以经商为主，无法用汉语沟通和交流的占比很大，因此，大多数被调查者都反映经常心理上感觉紧张。如图8—2所示。

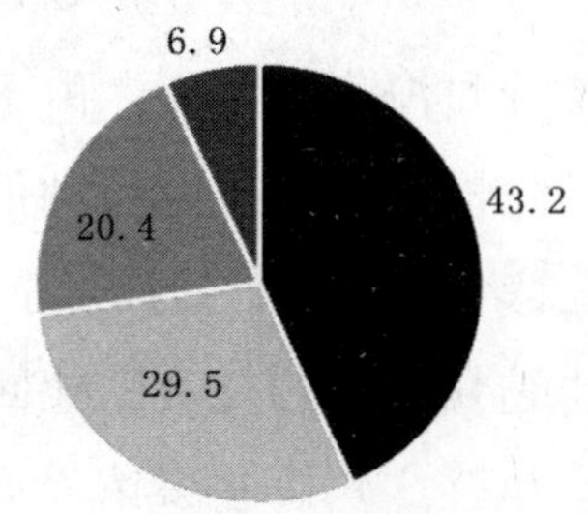

图 8-2　在华非洲人的心理状况

调查问题涉及“当你感到心理紧张，心理压力大时，你主要获得哪些人的安慰？”调查数据显示，非洲人群体的情感支持来源主要是家庭、本国和非洲的朋友。如图 8—3 所示。

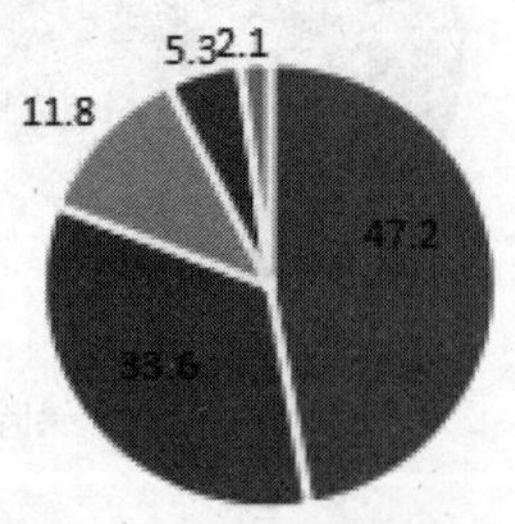

图 8-3　非洲人困难时求助状况

从调查可以看出，广州非洲人群体，有很多人也存在着心理健康方面的风险。我们调研的外国人服务中心的社工小王告诉我们，中心经常遇到因做生意破产，或者受骗而情绪失控的外国人。一次一个住在小北的非洲人情绪失控，冲上街道，随意砸打路人，导致当地居民陷入恐慌中，就连平常该外国人最信任的社工也被殃及。最后在警察、社工的共同劝说下，这个人情绪才稳定下来。

二　广州非洲人的发展性风险

一是社会适应难的风险。社会适应，《社会学百科辞典》的解释是："即人与人之间，不同的群体之间或不同的文化之间互相配合、互相适应的过程。"[①] 跨境迁移的外国人在移入国的社会适应是一个综合性的社会转变过程，这个过程对任何形式的移民而言都是一个艰难、渐进的过程。对于跨境迁移的移民来说，这种社会适应面临很大的挑战。

国际跨文化心理学会创始人之一约翰·贝利的跨文化适应理论，指出跨境迁移者群体，其在迁移国的社会适应要经常性地在母国文化和移入国文化中切换、碰撞，受双重文化的影响，也受双重制度、双重价值观念等的影响。使跨境迁移者的社会适应呈现很大的挑战，存在着社会适应难的风险。例如语言交流障碍带来的沟通风险，价值观念冲突带来的风险，社会制度不同，法规规范不同带来的行为风险。

二是被排斥或边缘化的风险。跨境迁移后，来华非洲人的跨境迁移，致使其原有的社会关系网络随着迁移行为被连根拔起。他们脱离了原来熟悉的社会群体，在他国成为一个外来人。特别是当存在不同的文化冲突，不同的利益冲突时，或者他们自身行为不符合当地人的认知规范时，他们将陷入被主流群体排斥或边缘化的风险。

被访谈者中都反映存在着被排斥或者歧视的情况。这些排斥或者歧视

---

① 袁方：《社会学百科辞典》，中国广播电视出版社 1990 版，第 13 页。

在一定程度给他们的心理带来压力。李志刚的研究对象结果显示，被访居民与非洲人住户交流普遍偏少（ 64.4 % ），而仅有的交流方式也只是“点头打招呼”（48.9% ）。[①] 我们的调查也显示，超过 60% 的辖区内居民不愿意与非洲人成为邻居。业主陈先生居住在一个非洲人租住很集中的小区，据他说，非洲人都是白天睡觉，半夜活动，在院子里大声说话，播放很大分贝的非洲音乐，大声打电话嬉笑，为此，小区邻居与非洲租户起过多次冲突。出租车司机是和非洲人打交道最多的群体，孙师傅一提到非洲人就忍不住打开了话匣：“他们非洲人真是很讨厌的。我们之前来广州的时候，都是从来不拉非洲人的……因为很讨厌非洲人啊。一是因为他们在车里很吵；二是因为他们喜欢在车里乱动东西。而且有时候他们发脾气，就会用手去打仪表盘。我就会给我们老乡说，非洲人一律不拉。”

当然，跨境迁移的非洲人，被歧视或者排斥边缘，确实有他们自己的原因。但也有因为肤色、气味等而形成的排斥。刘先生坦言：“其实主要还是他们身上的那个气味，实在受不了。闻了都不舒服……他们喷香水，越喷越难闻。有时候天热的时候，太阳一晒，他们身上的那个味道就更大了。”非洲人当被勒说：“中国人不怎么喜欢黑人，不喜欢和非洲人说话。”很多受访的非洲人也表示，一些本地居民走过他们身边都会捂着鼻子，这让他们心里很不舒服。孙女士嫁给了非洲人，生了两个中非混血儿。她说因为有非洲老公和混血儿孩子而经常受到周围人的歧视。

三是社会支持网络匮乏及重建的风险。外国人在跨境迁移前，存在着稳定而有用的社会支持网络。这种社会支持网络，可以为他们提供各类型支持性资源，或者可以说，可为他们面对困难和风险提供某种程度的保障。跨境迁移后，原有的社会关系网络遭到破坏，跨境迁移群体需要在新的国家重建其社会支持网络。

调查“在中国，曾经获得中国政府或社会组织等的帮助吗？”的问题

---

① 李志刚、薛德升、杜枫、朱颖：《“全球化下”国际移民跨国空间的地方响应——以广州小北黑人区为例》，《地理研究》2009 年第 7 期。

中，有79.57%的非洲人群体表示没有接受过中国政府的帮助，有20.43%的受访非洲人群体表示得到中国政府或者他人的帮助。关于“在哪些方面获得过帮助”问题中，有79.57%的受访者表示没有，对于获得过哪些方面的帮助？77.91%选择教育类的，主要是社区里的外国人服务中心提供的免费的语言、法律法规学习，如何办理签证及换汇等方面的服务，12.09%选择医疗，如社区组织的免费体检等；3.27%选择物质方面的，主要是紧急救助；6.73%选择了其他帮助，如图8—4，图8—5所示。

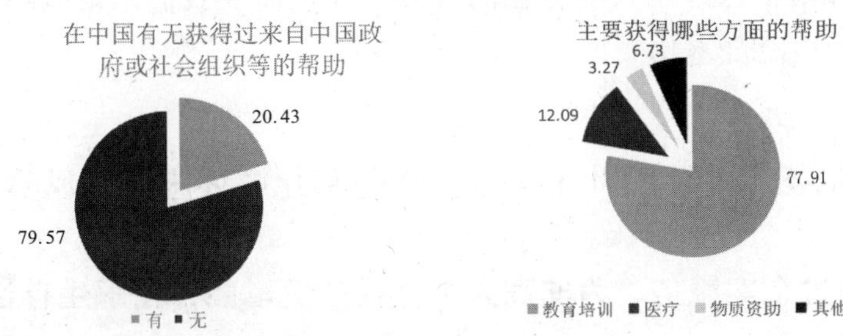

图8-4和图8-5　非洲人在华的的受助状况

从调查资料数据可以显示，来自政府层面的给予非洲人群体的社会支持比较缺乏。因为来自政府的正式的社会支持网络的缺失，非洲人群体在迁移进入广州后，为便于生活和工作，以及应对在异国所遇到困难挫折时，需要在异乡他国重建有效的社会支持网络。

四是族群关系紧张的风险。随着在广州非洲人数量的不断增多，在小北等一些地区，业已形成一些中非居民共同居住的社区。大量非洲人的涌入，从社区空间上来说，挤占了本地居民原有的社区空间，导致社区空间占有上的改变。从社区生态看，由于完全异于我国文化和生活方式的非洲人的聚居，也对社区原有的生产生活体系、社区社会组织与社会结构带来一些冲击。随着满足非洲人生活需要的大量商铺的出现，相应地，满足本地居民各类需求的便民设施必然会减少，由此给本地居民带来一些不便。社区地理景观出现大量的非洲文字，非洲风格的装饰，出现一些非洲节日的大型聚会，这些对于非洲人来说，是在异国重建了他们熟悉的家园，但在本地居民眼中，是一种无以言状的陌生感或者无奈感。越来越多的非洲人因为小北越来越像熟悉的家园而搬入，越来越多的本地居民因感觉到原有家园的被占领而愈加排斥非洲人。

第三节 大都市社区外国人风险的治理

对于大都市社区外国人所存在的各类风险，需要我们未雨绸缪，积极探索各种化解风险的举措。

一 依托专业化的社工服务，防范和化解外国人的风险

（一）通过个案服务，为非洲人个体或家庭增能，化解生存性风险

跨境迁移不仅仅意味着个体地理空间的变化，跨境迁移也意味着迁移者离开原来熟悉的社会生活空间，在一个陌生的国度开始生活和工作，面临着来自文化、生活方式等各个层面的适应和融入，这个过程是充满风险的过程，因此需要给予这些跨境流动的非洲人个体层面的协助和支持。具体到广州的非洲人来说，非洲人初来乍到，除了身体上要适应环境的改变，心理也要接受新环境带来的冲击，容易陷入生存性风险。社会工作的个案服务，通过聚焦于非洲人在广州工作生活中出现的各类生存性风险，介入并解决和化解，可以帮助广州的非洲人提升自身的生活能力和适应新环境的能力，提升非洲人个体的心理承受能力，生存适应能力，跨境迁移的抗逆能力，以及适应环境改变的自我的调适能力等。

（二）开展小组服务，提高非洲人群体的适应能力，化解生存性及发展性风险

一是开展朋辈支持小组，实现群体互助。非洲人来穗大部分都是进行商贸活动、学习或工作为主，对于他们来说共同的相似之处就是语言困境和兴

趣爱好。社会工作者可以据此作为介入的手段，开展学习中文小组和兴趣类小组，建立能够互相支持的共同体关系，获得彼此间的信息共享、情绪情感支持。通过招募社区里熟练外语，尤以英语或法语最佳的居民志愿者，教授非洲人读写说的中文技巧。另外，根据非洲人都喜欢足球、音乐的爱好，可以开展中非混合兴趣小组，招募同样擅长或者想学习踢足球或玩乐器或唱歌的中国人和非洲人一起参加小组活动。依托此类兴趣类小组为纽带和桥梁，帮助非洲人发展在当地的支持网络，提高他们在当地的适应能力。

二是开展支持性小组，增强非洲人在本地居民的邻里互动和支持。跨境迁移群体与本地居民，由于文化等的不同，加上跨境迁移群体的族裔属性等影响，极容易在居住社区与本地居民形成被动排斥和主动区隔的不良群际关系，既加剧两者间的互动更少之又少，关系愈发疏远，不利于营造睦邻友爱的和谐社区。借此，社会工作者可以根据两者间的文化背景和特长技能开展互助性小组，其中包括技能培训小组和文化交流小组，不但能提高彼此的见识和能力，还能通过增加互动频率让彼此更多地了解对方，从而包容、理解、接纳彼此，建立平等信任的关系。具体说来，技能培训小组也就是招募同样有一技之长或多技之长的非洲人和本地居民开展小组，彼此分享教授对方技能，比如非洲人可以利用自己的优势，教授本地居民学习外语等；本地居民教授非洲人茶艺、太极等。通过组织非洲人和本地居民开展中非文化交流小组，通过文化分享、讨论、感受同理来增加双方的互动和理解。

三是开展教育性小组，提高非洲人在华遵纪守法的意识和行为，防范非洲人陷入犯罪等风险。非洲大陆很多国家和我国国情不同，一些来华非洲人不熟悉我国国情和法律，他们的法律法规意识相对比较薄弱，极易出现一些违法违规行为，目前最常见的有非洲人非法滞留、非法打工、非法入境，以及一些其他犯罪行为，并因此而陷入各类型犯罪风险中，对他们自身以及当地社会等都会带来严重的隐患。通过开展教育性小组，教授非洲人关于中国的法律法规，提高他们的法律意识，降低他们违法犯罪的风险。

（三）开展社区服务，搭建社区支持网络，防范和化解来穗非洲人的风险

一是链接资源，防范非洲人跨境迁移所可能存在的风险。跨境迁移意味着迁移者原有社会支持网络的断裂以及在新移入国的重建。社会工作者最重要的一个功能就是连接资源，帮助社区居民搭建社区和社会支持网络，以解决社区内个体因社会支持网缺乏而出现的危机和风险。社会工作服务之社区服务，可通过连接社区资源服务于非洲人，增加他们自身的社会资本，当困境出现后，他们能有足够的能力、资源或社会网络支持他们去解决。例如社会工作者通过连接医院资源，提供给非洲人检查、治疗的服务，帮助他们解决就医看病难的问题；连接律师资源，提供法律咨询及援助服务，提高非洲人维护合法权益的意识和能力；还有各种非洲人能接触的职能部门，比如教育部、工商局、公安局，等等。

二是开展社区倡导服务，创设和睦友好的涉外社区。社区倡导也是社区服务的一种形式，是通过社工在社区的宣传和倡导服务，使社区内居民之间，群际之间互帮互助，互相理解和接纳，促进社区邻里之间的和谐，群际之间的和睦。当然，社区倡导也是一个向社区困境群体增权及赋能的过程。不可否认，当前本地居民与非洲人互动交流少，存在着不少误解，个别媒体对非洲人群体的报道也采取“污名化”的方式，由此加剧了非洲人与本地居民的紧张关系，部分本地居民对非洲人存在着歧视和偏见，严重阻碍了非洲人的社区融入，可能引发一系列风险，通过社会工作的社区倡导服务，消弭族际间的排斥，创设族际间和睦友好邻里关系。

（四）社会工作通过间接的专业服务，预防和化解在穗非洲人潜在的风险

社会工作介入和化解在华的非洲人群体或个人风险，不仅可通过各种直接的服务，也可通过间接的服务，如社会政策，社会工作研究等，未雨

绸缪地深入调查和研究来华非洲人群体存在的新问题、新状况，及早研究，及早通过社会政策、社会行政、社会工作研究等间接干预方法，及时应对，从而达到预防各类风险的目的。社会工作者身处一线，不但直接接触非洲人、了解他们的现状和需求，而且可以在科研基础上发现问题，从而提出政策修订的建议，从间接的正式支持方法去行使干预，为那些无法或无须接受社会工作者直接的正式支持的非洲人。

二 积极做好外国人风险的预防，建立精准甄别指标，审慎发放签证

防范来华外国人的风险，首先是要从源头上加强对来华外国人的资质审查，审慎发放来华签证。

一是加强对来华外国人签证申请者的经济状况，职业以及受教育状况等资质的审查，提高经济担保的门槛，避免出现大量低收入、低教育、较低适应能力的外国人流入。消耗我国宝贵的福利资源，也很容易被西方别有用心的国家借人道主义大做文章。

二是参考国际安全局势，做好签证申请者的甄别和面试。西方许多传统的移民国家，都十分审慎地通过面试等环节，甄别签证申请者。目前，我国对来华外国人的邀请权限下放到个人，因此，需要从严、从紧来审核来华申请者的签证申请。

三 加强对入境外国人的精准化管理

一是实施外国人来华工作人员类型化管理制度。例如高学历、高技能外国人，实施工作签证和人才绿卡等类型化管理。我国签证的发放，应以有利于发展我国经济，推动我国社会经济的发展为原则。严格核定邀请外国人的机构和个人的资质，并采取谁邀请、谁负责的原则。对于不负责任的随意邀请，给我国社会经济发展带来不良影响的企业和个人，处以严厉惩罚。

对来华外国人通过打分制评估其对华的贡献，大力吸引对我国社会、经济发展贡献大的优秀的跨境流动人口，收紧不合格跨境人口的签证，见表 8—1。

表 8-1 来华外国专才积分管理表

类型	甄别标准	计点积分法
A 类 外国高端人才	◆入选国内人才引进计划 ◆符合国际公认的专业成就认定标准 ◆符合鼓励类岗位需求 ◆创新创业人才	计点积分 ≥ 85 分
B 类 外国专业人才	◆学士及以上学位 +2 年及以上相关工作经历，同时满足其他条件 ◆在中国境内硕士及以上学位的优秀毕业生 ◆在境外排名前 100 名的高校取得硕士及以上学位的毕业生 ◆外国语言教学人员	计点积分 ≥ 60 分
C 类 外国普通人员	◆满足国内劳动力市场需求，从事符合国家政策规定的临时性、非技术性或服务性工作的外国普通人员，同时满足一定条件	N/A

二是对来华从事贸易的人员，同样实行类型化管理。根据其贸易规模，经营收入，社区融合的分群体，分层次的特点。受教育程度高，经济状况好，宗教信仰基督教或天主教为主，来华居住时间长的非洲人，社区融合情况越好。建议政府对来穗的非洲人，结合当前管理外国专才的办法，实行分类化管理。发放不同的签证，居留时间，居留形式等。严格落地登记制度、租赁房屋制度，对于非法打黑工、学生打黑工等从严治理。以避免我国不得不消耗宝贵的救助财力的现象。严格私人和涉外公司对外国人的邀请的权利和义务。对落地外国人、由邀请公司和个人，或者来华外国人购买疾病等保险，通过商业化方式解决问题见表 8—2。

表 8-2 来华外国商人积分管理表

类	甄别标准	计点积分法
A 类 跨国贸易金额 巨大的非洲商人	●纳税额度 ●提供给中国公民就业岗位 ●贸易额度 ●社区志愿活跃程度 ●中非友好促进者	计点积分≥ 85 分

续表

类	甄别标准	计点积分法
B 类 中等商人	●教育程度大专及学士 ●纳税额度 ●贸易额度 ●社区参与比较积极 ●无违法犯罪	计点积分≥60 分
C 类 非洲小贩	●低额度的贸易 ●收入低 ●住所不稳定 ●受教育低	通过数据库不予或从严审核商务签证

三是建立面向贫困外国人的专项人道救助基金。依托街道，出租屋管理，社区服务站等组织机构，及时排查甄别贫困非洲人，在提供救济的同时，拉入外国人类型名单数据库，并予以遣返。对于贫困，又拒不接受救济而非法滞留的，予以强制遣返。对于违反本法规定，非法入境、出境的，在中国境内非法居留或者停留的，未持有效旅行证件前往不对外国人开放的地区旅行的，伪造、涂改、冒用，转让入境、出境证件的，县级以上公安机关可以处以警告、罚款或者十日以下的拘留处罚；情节严重，构成犯罪的，依法追究刑事责任。情节严重的，公安部可以处以限期出境或者驱逐出境的处罚。

四是依托高科技等平台，打造“全天候”信息管理平台。为辖区的外国人建立信息完备的档案，对外国人按国籍、语种、受教育程度、职业等进行分类，并收集联系电话，确保可以通过手机、短信、QQ 联系请求现场协助。

五是对在华违法的各类外国人，建立黑名单制度。我们欢迎那些遵守我国法律，为我国社会经济发展做出贡献的外国人，但作为主权国家，我们有权力遣返和拒绝违反我国法律、损害我国国家利益的外国人入境。总之，全球化背景下，全球人口的跨国别流动已成为普遍性潮流。特别是随着我国“一带一路”发展战略的实施，流动进入我国的外国人数量将不断创新高，来华外国人群体的风险以及相应的应对方法和对策，是我们当前迫切需要思考和探讨的论题。

第四节　大都市涉外社区的风险

跨境迁移对外国人来说，会带来一系列风险。跨境迁移对移入国同样会带来风险。由于外国人对移入国的风险，主要的承载主体首先在外国人居住的社区，因此，我们这里更多地关注涉外社区的风险。

涉外社区风险是指由于跨境移民的流入和聚居，而在流入国所聚居社区带来的不确定后果或者危险性后果。综合涉外社区风险的特点，主要包括3种属性：①风险的不确定性。即风险事件的发生及其后果都具有不确定性。表现为风险事件是否发生，何时发生，发生之后会造成什么样的后果等均是不确定的。②风险的相对性。是指风险总是相对于事件的主体而言的。同样的不确定性对不同的主体有不同的影响。人们对风险事件都有一定的承受能力，但是这种能力因活动、人、时间而异。③风险的可变性。是指在一定条件下，当引起风险的因素发生变化时，必然会导致风险的变化。①

国内学者陈绍军等（2002）认为，移民移居新的社区，主要会带来4个方面的风险，即经济风险、政治风险、社会风险和环境风险。② 参考国内学者的研究，我们认为广州小北的非洲人聚居社区，主要有以下风险：

一　可能引发的政治风险

跨国的人口迁移和流动，在促进全球社会经济等的发展的同时，也可能对移入国带来一定的政治风险。这类风险体现在：

一是多元化族裔进入单一文化国家，可能形成多元文化并存的现状，

---

① 陈绍军、程军、史明宇：《水库移民社会风险研究现状及前沿问题》，《河海大学学报（哲社版）》2014年第6期。

② 陈绍军、郑宇辉：《水库移民的特点及风险分析》，移民与社会发展国际研讨会论文集，河海大学出版社2002年版，第246—247页。

多元文化也可能导致出现文化认同的危机。以最典型的移民国家美国为例，早期针对跨境移民，美国采取盎格鲁—撒克逊化（Anglo-conformity）同化模式，以盎格鲁—撒克逊民族的传统文化为核心来同化其他后来的移民群体；后来针对外来移民的不同文化，提出“熔炉”（Melting-pot）理论；随着少数族裔争取自我权利运动的兴起，针对不同族裔、移民的不同文化，又提出“沙拉碗”（salad bowl）式的多元文化论模式。① 从早期的“同化论”向多元文化论转向。然而，尊重多元文化并存，也有可能造成对移入国原有的单一文化的冲击，多元文化也可能带来认同的危机，甚至扭曲既有的国家认同。

二是涉外社区的外国人不主动融入移入国家可能带来的国家危机。任何族群都有区别于其他群体的独特文化，移民群体对自我族裔属性的坚守，是一种客观存在着的文化现象，特别是当一些移民群体不愿融入当地社会时，就会在移入国围绕着原国籍、民族、宗教等核心重建和重构其“想象的共同体”。这种“想象的共同体”也可能随着移民聚居数量的日益增多而具备现实的行动能力。特别是当移民群体感受到当地社会的敌意时，将以暴乱等相当激烈的方式暴露出来，有可能成为威胁移入国的政治稳定，也可能走向追求权利的政治对抗和冲突。②

三是涉外社区更有可能和国外政治、宗教势力有各种联系，可能影响国家安全。以广州的非洲人社区为例，该涉外社区有接近一半的非洲人是信仰伊斯兰教，而国内新疆、青海、陕西、甘肃等地也有少数民族信仰伊斯兰教，且在小北聚居区内也有我国的穆斯林居住，无论是来自非洲的穆斯林，还是我国的穆斯林，由于宗教信仰相同，日常在寺庙礼拜的时候接触机会也多，部分也成为朋友。我们在尊重宗教信仰等自由的同时，也应高度警惕境外势力的渗透对我国政治安全的潜在威胁。

---

① Milton M. Gordon, *Assimilation in American Life*, Oxford: Oxford University Press, 1964.

② 梅新育：《当前我国跨境人口流动的风险与挑战》，《人民论坛•学术前沿》2014 年第 16 期。

二　现实存在着的治理风险

我国一直以来是一个传统的非移民国家。20 世纪末 21 世纪初，随着全球化的推动，越来越多的跨境人口流动进入我国，其中一部分跨境流动人口选择在我国一些城市常期定居，并在一些区域形成了本地居民和外国人混合居住的涉外社区。文中的广州小北地区就是一个典型的中非居民共同居住的非洲人社区。涉外社区，由于社区结构复杂，其治理的成本和难度也更具挑战。

一是涉外社区可能带来的社区治理风险。涉外社区对基层政府的治理来说，意味着不仅要为本地居民提供管理和服务，也要为外国人提供需要的服务和管理。从执法来说，需要基层执法人员谙熟国际法，涉外法，还需要熟练了解辖区内外国人的语言、风土习俗等，否则极容易引发一些矛盾和冲突。例如，2014 年小北地区有个来自非洲的商人，因为疾病而突然去世，当时正值非洲大陆爆发埃博拉病毒，鉴于我国是一个人口十分稠密的国度，为了确保公众的健康，非洲人聚居区的辖区医院，需要对去世患者的死因做进一步排查，结果数十个非洲穆斯林团团围住医院，要求马上放行。按照穆斯林的习俗，去世者需要在 24 小时运回故乡入土为安。辖区警方进行了大量劝说，医院在围攻者规定的时间里火速排查死因，尽管事件没有引发进一步恶化的风险，但也表明涉外社区的治理相比来说治理风险更大，对基层社区治理者来说，挑战更大。

二是涉外社区可能带来的族群冲突风险。相对于单一族群居住的社区来说，涉外社区，由于本地居民和外国人彼此间文化、价值观念、生活方式等不同，社区居民间产生冲突和矛盾的概率相应地更高。以广州下塘西路上非洲人聚居集中的金鹿山庄小区为例，由于非洲租户每天半夜在小区喧闹，影响本地居民的正常休息，招致各种抗议，例如在非洲租户门上张贴中英文警告，个别住户半夜报警求助。据社区警务人员介绍，在金鹿社区，曾经最多时一晚上接到多起这种扰民报警电话。此外，随着小北地区各类服务非洲人的设施越来越多，小北地区非洲人数量快速增加，在一些住宅小区，非洲租户太多，挤占了本地人的社区资源，导致本地人生活不便，上述这些因素，都会引起中外居民间的摩擦和冲突。因为是不同族群间的冲突，这类冲突由于族群认同的影响，个体之间的小规模的摩擦和冲突很容易演变成群体间的烈性冲突。

三是涉外社区容易形成二元平行社区，影响社区整合的风险。李志刚通过对广州非洲人社区的研究表明，来华非洲人在社会交往方面，存在着被动排斥和主动区隔[①]，一方面，非洲人在当地存着被一些当地居民排斥的现象；另一方面，非洲人由于族裔属性等的影响，在当地也很少和本地居民互动和交往，无论是生意上的帮助、情绪情感的支持、生活困境的扶持，非洲人都会凭借信任与互惠优先选择信得过的“自己族裔人”。由于高度依赖本族裔群体，在华非洲人导致非洲人在聚居社区更强化自己的种族或者族裔身份，更紧密地加强与自己族群的互动，相应地，疏远与本地居民的互动意愿，形成非洲人与本地居民的族群区隔。这种族裔区隔包括社区内中非居民的族群区隔、社区区隔、文化区隔等各种区隔，非洲人在居住社区只限于和本族裔的互动，而对社区内其他一切事务毫无兴趣，形成一个在居住社区与本地居民二元平行的社区。类似地，还有上海古北的日本人社区，广州的韩国人社区等。[②]这种二元平行的社区，对聚居的外国人来说，易于在聚居社区形成族裔社区力，如果这种族裔社区里形成了与我国社会对抗的价值观念、行为方式，那么这种族裔社区会因为封闭性，结构化而变成治理盲区。这种二元平行的社区，居住着的外国人不关心社区事务，更谈不上对社区的认同和维护。社区内本地居民的社区认同也因此而被消解，导致社区难以有效整合。

---

① 李志刚、薛德升、Michael Lyons、Alison Brown：《广州小北路黑人聚居区社会空间分析》，《地理学报》2008 第 2 期。

② 周雯婷、刘云刚：《上海古北地区日本人聚居区族裔经济的形成特征》，《地理研究》2015 第 11 期；周大鸣、杨小柳：《浅层融人与深度区隔：广州韩国人的文化适应》，《民族学刊》2014 年第 2 期。

三　涉外社区可能引发的社会风险

大都市社区还可能存在着诸多的社会风险。综观近些年广州非洲人社区出现的一些问题，主要有以下社会风险：

一是犯罪风险。跨境流动人口，相比而言流动性更大，伴随跨境流动也可能存在一些风险，如破产导致的生存风险、疾病导致的健康风险，特别是一些经济条件弱的外国人，很容易因为这些意外风险而陷入困境，部分个体会成为跨国流民，流民自古以来都是社会中最不稳定、最具有破坏性的力量，也是滑入犯罪的主要人群。就现实来看，以广州的非洲人为例，在广州的确有一些非洲人非法就业、非法滞留、非法入境这些现象。2009 年至 2011 年上半年，广东省公安机关查处的“三非”外国人中非法居留有 7940 人、非法就业有 13943 人、非法入境有 5554 人。①

二是涉外社区可能存在的团伙犯罪风险。族群聚居区除了可能存在跨境迁移族群的犯罪风险外，还存在着团伙犯罪的风险。广州警方网站“广州金盾网”曾指黑人聚居的矿泉街一带“以特定地域为特征的吸毒、贩毒团伙仍经常盘踞其间，交易其间”。随着其人数的增长，他们已经出现了公然结伙对抗中国法律和执法机关的苗头。2009 年 7 月 15 日，由于两名非法居留的黑人（其中一人当时还有非法兑换外币行为）在逃避广州警方治安检查时受伤，数百名非洲黑人居然包围、冲击矿泉街派出所数小时之久。2012 年 6 月 18 日，一名黑人因车费纠纷与广州当地居民打斗，警方接报警后赴现场将双方带回矿泉街派出所做进一步调查。这名黑人突然昏迷，经抢救无效死亡，上百黑人再次围攻矿泉街派出所，堵塞道路交通，持石头砖块打砸警车和过路车辆车窗，并追打警察。②

三是公共卫生风险。跨境外国人流动性大，特别是对于大多以经商为主，签证时间短的外国人，绝大部分在入境我国后，不购买任何医疗保

---

① 尹全安：《东莞市外国人非法居留问题研究》，中山大学硕士论文 2010 年。

② 梅新育：《当前我国跨境人口流动的风险与挑战》，《人民论坛·学术前沿》2014 年第 16 期。

险。加之由于经济状况、语言沟通障碍等因素制约，一旦有疾病，很多都不能及时得到诊治。我国又是一个人口十分稠密的国度，流行性疾病一旦爆发，后果不堪设想。

四　非洲人社区可能引发的经济风险

在外国人聚居的社区，为了满足一些外国人群体特殊的消费需求等，通常会形成一定规模的族裔经济。这类经济在满足族裔群体发展的同时，它也是移入国总体经济的构成部分。当然，族裔社区也存在着一定的经济风险。

一是族裔经济封闭性风险。由于族裔属性特点，在涉外社区，往往形成一些服务外国人需要的族裔经济，可以说，外国人的族裔性、文化性特点促成了涉外社区族裔经济的生成和繁荣，如上海古北的日本人社区族裔经济、北京望京的韩国人社区族裔经济，以及广州小北非洲人社区的族裔经济等。但同时，这些涉外社区的族裔经济又强化了外国人的族裔性和族群文化身份，并容易导致这类经济形式更趋封闭化。以广州小北非洲人社区为例，在小北地区活跃着的面向非洲人的经济，无论是各种商品，还是服务都是面向非洲人的。如同小北中国人开的专售非洲货品的老板所言："我们这些货品都是不卖给中国人的，只卖给非洲人。"由于其族裔经济的结构封闭化和排他性，使族裔经济变成封闭的、自成体系的经济形态，既成为"三无"非洲人隐匿的温床，也给当地经济带来一定的隐患。

二是族裔经济可能发展为灰色经济或地下经济的风险。同样，我们以小北非洲人社区族裔经济为例，这类经济在满足非洲人需求的同时，由于这种形态的经济具有依托族群社会资本生存和发展的鲜明特点，故而，随着这种族裔聚居区经济的形成，既确保了非洲商人的经营活动，满足了非洲人的各种需求，同时也给本族群带来大量的就业机会，特别是那些受教育程度低、经济状况差的非洲商人。按我国法律规定，持商务签证来华，不得被雇用工作，但由于业已形成的非洲人族裔经济，他们很容易通过族裔社会资本来就业，如从事看店、运货、看样品等低技术含量的工作。扰乱我国的劳动就业市场。另外，这类经济因为封闭性很强，主要依靠非洲人群体的网络生存，具有很强的独立性，我国相关的工商管理部门很难有效监管，极容易发展为地下经济或者灰色经济，扰乱我国的经济环境。综上，涉外社区的风险，结合其风险特征，可将其分为政治风险、治理风险、社会风险、经济风险四种类型，见表 8—3。[①]

表 8-3　涉外社区的主要风险

风险类型	风险的具体体现
政治风险	移民流入后多元文化对主权国家文化认同的冲击，多族群及民族宗教冲突风险，移民融入难带来的国家危机，外国人群体事件等
治理风险	社区族群区隔的风险，社区治理整合难的风险
社会风险	公共安全风险，犯罪风险，公共健康疾病传染病疫情风险，族群冲突的风险，文化风险（多元文化冲突的风险）
经济风险	外国人族裔经济封闭性及风险，涉外社区地下经济及风险。外国人经济活动纠纷风险

可见，非洲人的跨境迁移以及形成一定的族群社区，对于非洲人自身，还是非洲人所居住的社区，都存在着一定的风险。这些风险不仅损害着跨境迁移的非洲人，也给我国的社会带来挑战。

第五节　大都市涉外社区的社会风险探源

涉外社区各类风险的生成，是多重因素影响下的结果。这些因素，既有外国人自身的因素，也与我国当前的涉外人员管理，以及涉外社区的管理有密切关系。

① 王亮：《大都市涉外社区的风险及治理对策》，《湖北民族学院学报》2018 年第 3 期。

一　跨境迁移行动可能累积着风险

跨境迁移的过程本身就可能会产生各类个体风险，由此会引发外国人聚居社区的风险。个体的跨境迁移不仅仅是一个地理空间的迁移，对于跨境迁移者来说，跨境迁移往往意味着其原有社会支持网络的断裂，对陌生环境的适应，以及在陌生的移入国的各种支持的重建等，这是一个极具挑战、十分艰辛而又必须经历的过程。跨境迁移者也因此而更容易有心理焦虑、心理紧张等各种心理压力，跨境迁移者的这些心理压力，都极易导致行动上的一些不当行为，从而形成连锁反应演化为一些社会风险，也可能引发社会动荡。

二　异国的社区环境也可能间接引发一些风险

我国是一个人口大国，各类社会资源本身并不充足。外国人跨境流入，特别是在一些区域若出现相当数量的外国人长期居住，形成事实上的“迁移—占领”，由于移民与当地居民分享着社区内的资源，特别是当社区公共资源不足时，可能导致群体间因利益产生冲突，社区内的外国人容易引起本地居民的排斥，由此引发一系列风险。

同时，我国传统上是一个非移民国家，华夏民族的文化和文明与其他各大洲差异明显，我国民众与异域民众的交往和互动，也只是近几十年来我国改革开放以后才出现的事。由于我国开放的历史并不长，特别是来华的外国人与我国居民在肤色、文化、宗教信仰等方面差异十分明显，在这种情况下，本地人对这些差异明显的族裔的接纳度必然比较低。

同样，来华的很多非洲人，对我国的文化等并不了解。而且，相对于其他族裔，他们对居住地本地社会风土习俗的适应情况也不太理想，与社区内本地居民互动交往少，上述种种原因，都可能引起涉外社区的风险。

三 涉外社区的族裔聚集密度和封闭

在关注移民聚居区域和犯罪问题的关联方面，芝加哥学派做出了很多的理论贡献。20 世纪早期，由于大量来自东欧的移民（Rubin，1941），以及南部非洲裔的大量迁移（Grossman，1991）[①]，芝加哥和东北部大城市的治安问题日趋严重。一些移民研究的学者认为，关注族裔社区的种族隔离和族裔聚集是有意义的，因为这种居住模式可能对移民产生影响。此外，研究这些族裔社区的族裔聚居密度也是一个很值得深入讨论的论题，如移民学者所指出的，这些族裔集中区（某一拥有来自同一种族的大量人口的社区往往可能会变成痛苦、风险等的滋生地（Kempen and Ozuekren 1998，1634）（Galster，1999）认为族裔群体高度聚居有以下弊端：

（1）族裔群体封闭和高度聚集的结果，可能会导致该群体主动排斥主流社会，缺乏获得有用的生存和发展的信息的动力。

（2）导致出生在国外的儿童获得更少的接受良好教育的机会，如果这些孩子长期生活在族裔聚居区域，他们熟练使用移入国语言和文化的能力将大打折扣。

（3）族裔群体在聚居区域过于集中，主流社会的群体将可能会对这些族裔群体形成负面的印象。由于族际间很少交往，主流群体对族裔群体的了解不够充分，只能通过报纸、传闻或电视报道来获得对他们的认识。[②]

由于族裔群体居住的社区存在着族群居住密度高，族群内部高度封闭等现象，族群与主流社会其他社区形成了事实上的二元区隔和隔离，这种居住状态，可能引发诸如族裔群体性事件等风险的发生。

---

① Grossman James R., *Land of Hope: Chicago, Black Southerners, and the Great Migration*, Chicago: University of Chicago Press, 1991.

② Galster, G., Metzgar, K. & Waite, R., “Neighbourhood opportunity structures and immigrants’ socio-economic advancement” , *Housing Studies*, Vol. 52, No. 10, 1999，pp. 95–127.

四　涉外社区居民的高流动性孕育着一定的社会风险

有关犯罪的研究表明，社区住户的高流动性以及住所的频繁变动，是通用的预测犯罪行为的一个重要指标。一般而言，个体比较高的地域流动性将显著提高区域的犯罪率（桑普森等，1997；桑普森和格罗夫斯，1989；博格森和赫尔曼等，1998）。相应地，那些住所固定的社区的居民，其犯罪率明显要低很多。因为此类社区往往有更好的社区支持网络等，它不仅显著降低社区内的犯罪等风险，而且可以为居民提供包括心理支持等，对于居民的心理健康等有利（Schieman，2005；Freudenberg，1986；Ross，et al.，2000；Faris and Dunham，1939）。①

毋庸置疑，当前广州的非洲人社区，由于来华非洲人多数持有短期签证，住户流动性十分大，很符合桑普森等学者关于族裔社区居民高流动性与高犯罪率的线性关联性。

五　涉外社区管理上的不足也会引发风险

一是对外国人的聚居，缺乏政府的有效引导。涉外社区若外国人在居住方式上高度集中，通常会出现许多不利的结果。因为聚居高度集中容易产生“鸠占雀巢”的现象，引发“土客”冲突。此外，外国人聚居很集中的区域，外国人群体一旦其人口聚居到一定规模。则容易在聚居区完全依赖其族裔经济生存，容易在居住社区出现封闭和主动隔离，这种主动区隔，既隔断了外国人与当地居民的互动和相互了解，也不利于外国人的社会融入。

二是涉外社区管理上，更多关注于签证是否合法等治安管理，忽视对

① Freudenberg, W. R.,“The Density of Acquaintanceship: An Overlooked Variable in Community Research”, *American Journal of Sociology*, Vol. 92, No. 1, 1986，pp. 27–63.

涉外社区服务的提供，管理刚性有余，服务提供不足，难以及时有效地甄别和掌握非洲人的状况，带来风险隐患。

第六节　涉外社区风险治理的对策

涉外社区相比本地居民社区，可能存在更多的风险，风险产生的根源既与外国人自身的因素有关，也和外国人所处的社区环境以及政府对此类社区的管理有关。

一　在涉外社区探索建立政府主导的多元治理平台

针对移民可能带来的风险，迈克·M. 塞尼提出了重建社区，加强社区管理等风险应对策略。[①] 社区管理的组织机构是对社区有效治理的关键因素，针对涉外社区人口构成复杂，管理难度大的现实，因此，探索创新的涉外社区管理平台十分必要。

一是探索建立政府主导的大外管治理机构。涉外社区不同于本地居民社区，人员构成多元，居民需求多样，在管理上往往需要调动更多元的主体共同参与。如街道、外事办、外国人管理局、政法委、出入境管理局、社区社会组织以及社区外国人，等等。塞尼指出，移民的社区参与是移民在异国他乡被赋权的过程。鼓励外国人参与社区管理，有利于他们在他乡的生存和发展，而且也有利于涉外社区居民社区归属感的培育和形成。

二是结合涉外社区的风险特点，建立适合的涉外社区的管理机制。涉外社区的社区治理更为复杂，为此，需要结合涉外社区的风险类型，建立和完善相应的管理机制，以确保对此类社区的治理制度化、规范化。例如

① ［美］迈克·M. 塞尼：《风险、保障和重建：一种移民安置模型》《河海大学学报》（社会科学版）2002 第 2 期。

结合此类社区更高风险的特点，建立涉外社区风险应急机制和机构设置，以应对涉外社区内各类突发风险。建立涉外社区人员信息化管理机制，涉外社区出租屋管理机制及涉外社区网格化管理机制，等等，来应对和化解涉外社区潜在的风险。

三是加强政府对涉外社区的引导和规划，促进涉外社区的社区结构良性有序。西方一些国家针对移民聚居区的安全风险问题，加大对此类族裔社区的社区营造和再规划。当一个族群在某一区域数量高度集中，政府可以通过引导措施来降低族裔居住密度，以降低潜在风险。对于一些问题丛生的族裔社区，可以通过重建、规划等引导社区良性发展。

二　在涉外社区建立“一中心多站点”的社区服务平台

具体来说包括社区外国人服务中心和外国人服务站，对社区的外国人和涉外社区提供服务，及时掌握和化解在华外国人的个人风险及其潜在的社区风险，以避免引发社区各类风险。

一是对外国人提供急需的服务。鉴于涉外人员管理中的复杂性，应坚持以服务促管理的理念，在涉外社区，调动各类社会资源参与，为外国人提供必需的服务，防止和避免其在华陷入各种生存性的风险。并在服务中甄别和厘清外国人群体在我国的适应状况，结合不同群体的外国人的适应特点，通过服务实现对群体在华适应的精准分类，以及为签证发放提供科学依据。

二是在涉外社区提供社区服务，打造邻里开放、友好、融合的涉外社区，促进族群融合。当前世界范围内一些国家爆发的族裔冲突，与族群间的隔阂有很大关系。在涉外社区，要着力打造融合社区，例如通过举办各种类型的社区活动，促进中外居民互相了解、互相接触、互相包容，避免出现社区族群区隔和隔离。

三 探索建立大都市社区的风险预警指标体系

任何风险，从出现到最终爆发，都有其规律可循。如前文所述，大都市涉外社区的各类风险的发生，与引起风险的因素密切有关。例如居住社区外国人的密集程度；外国人与当地社区居民的隔离程度；外国人的社区融入程度；外国人的经济状况等指标，都左右和影响着大都市涉外社区的风险是否爆发，以及爆发的程度和激烈度。因此，可对此类社区建立风险暴露指标和预警指标等，从而防范和化解此类社区的风险。

一是探索建立涉外社区族群隔离程度的指标

克拉克（1986）的研究认为，族群隔离通常是由于经济能力，个人喜好，都市结构，以及歧视四个因素，是造成族群隔离的主要原因，其中，经济能力占比最大，大概可以解释 30%—70% 的族群隔离现象。①

社会群体隔离（social groups segregation），简称社群隔离，是指由于社会群体之间存在社会距离而导致社会群体隔阂和疏离的现象。② 社群隔离，无论是主动隔离还是被动隔离，对于社区治理来说，都是一个值得关注的问题。特别是被动隔离，容易引发族群间的紧张和冲突。

因此，对于社区人口构成复杂的涉外社区，防范族群是否可能发生冲突的一个重要指标是衡量族群间隔离指标。其中最常用的测量指标是外显指标 *P*（ exposure index *P*），主要用于测量群体间接触的可能性大小（Lieberson and Carter，1982；Farley，1984；Stearns and Logan，1986 ）。例如，通过了解某地区民族构成的人口统计数据，人们就可以计算出非洲裔居住地白人所占的比例，以及白人居住地非洲裔所占的比例，其取值范围为 0—100。1980 年纽约非洲裔居住区和白人居住区的 *P* 指标分别为

---

① Clark,W.A.V., “Residential segregation in Americancity: A review and interpretion”, *Population Research and Policy Review*, Vol. 5, No. 2, 1986，pp. 95-127.

② 郭星华：《社群隔离及其测量》，《社会学》（人大复印资料）2000 年第 6 期。

16. 4 和 5.6 ，即在纽约典型的非洲裔聚居地有 16.4%是白人，但在典型的白人聚居地只有 5.6%的非洲裔，因而非洲裔在这座城市里被隔离，两群体成为邻居的机率很低，而非洲裔占纽约市总人口的 21.3%。[①]

社群隔离的程度还可以用社群之间的心理距离来测量，即：测量两群体的成员接触、互动意愿的强弱，接触意愿越强，心理距离越小，两群体社会隔离的程度越低；反之，则越高。心理测量一般用量表的方式进行。

二是探索建立涉外社区的融合程度指标

同化理论的研究表明，外国人在移入国的同化程度，或者说社会融合程度，直接影响着他们在移入国的行为。高风险的行为，如犯罪等，都与移民难以被同化有很大的关联。同化程度越高，则移民对移入国的认同越高，社会适应也越高。

目前，国际上针对移民是否同化或适应的衡量，总称为移民融合政策指标（Migrant Integration Policy Index，MIPEX）MIPEX 于 2004 年首次由英国颁布。共计 5 个领域，100 个融合指标。我国当前还没有制定一套衡量和评估外国人在华社会融入的指标，可借鉴 MIPEX 指标，探索建立适合我国的外国人社会融合指标，并给外国人聚居社区进行打分，来甄别不同类型的外国人在我国的融合情况，作为管理涉外社区的参考指标。

四　科学分类大都市涉外社区的风险级别

外国人聚居社区由于社区构成的复杂性，存在着诸多的社会风险。引发这些风险的因素不仅相互影响，还会相互叠加，从而呈现和组合成复杂的风险类型。要科学而有效地预防和化解涉外社区的风险，需要结合此类社区风险发生的因素，厘清各类风险的类别和程度。如图 8—1 所示：[②]

---

① Clark,W.A.V., “Residential segregation in Americancity: A review and interpretion”, *Population Research and Policy Review*, Vol. 5, No. 2, 1986，pp. 95- 127.

② 王亮：《大都市涉外社区的风险及治理对策》，《湖北民族学院学报》2018 年第 3 期。

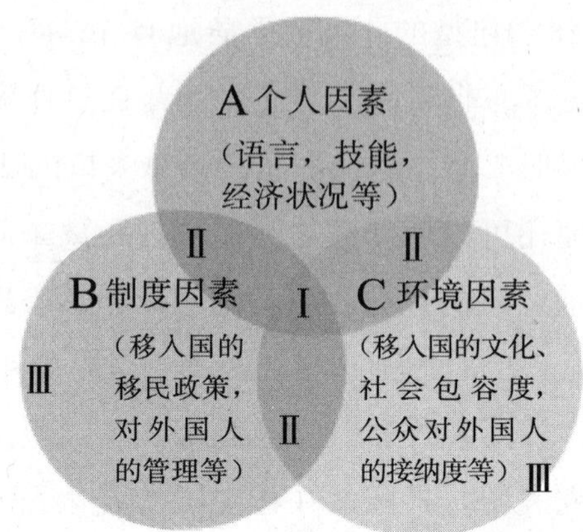

图 8-1　涉外社区的风险级别

通过对引发涉外社区风险的因素的梳理，以图 8—1 所示的方式可以看出：个人因素、制度因素和社会环境因素三重因素重叠的区域Ⅰ，显示为涉外社区风险级别最高，风险发生最频繁的区域；其次是两类引发风险的因素叠加的区域Ⅱ；最后才是单一风险因素引发的风险区域Ⅲ。

因此，在涉外社区的风险治理中，要科学探索引发涉外社区风险的因素，并结合风险因素及其累积和叠加的现实，精准划定涉外社区的风险层级，并做好防范和化解工作。例如，低技能、语言沟通困难的外国人与政府不理性的管理，以及公众不友好而排外的社会环境相结合，外国人和本地居民之间，与当地政府之间的矛盾燃点低，稍有不慎，就会有冲突爆发。

五　着力打造融合社区，促进外国人在华的社区融入

打造融合社区，促进来华外国人融入所居住的社区，既有助于外国人在中国的生活和工作，也有助于涉外社区的健康发展。因此，涉外社区的治理需要制定社区融合的战略和具体措施，在涉外社区的建设上着力打造融合社区建设。

一是生活融入。在涉外社区的治理上要营造包容、公平和平等的社区

环境，采取有效措施，引入各类社会组织，开展面向外国人生活融入的各类服务，提高来华外国人的生活适应能力，自己促进其融入。

二是文化融入。对于跨境移民来说，语言融入相对于其他领域的融入来说，是关键，是前提。因此，在外国人聚居的社区，免费帮助外国人学习中文，学习我国的文化、习俗以及我国的法律和制度等。积极帮助外国人提高中文水平，促进他们在华的适应。

三是发展融入。增加涉外社区公共产品的供给，解决外国人子女，配偶等的教育、医疗等需求。吸引外国人参与社区，建立对社区的归属感。倡导各族群和睦相处、互相尊重、各族群平等的理念。让来华外国人和本地居民一道，参与我国社会和经济的建设。

总之，全球化的今天，随着我国社会经济对全球影响力的不断增强，目前我国已成为国际移民理想的移入国之一，也因此势必将出现越来越多的涉外社区。涉外社区的出现，塑造着我国城市的国际化和多元化，但涉外社区的风险及治理也是我们必须要关注的话题。

第九章
迈向创新的大都市涉外社区的治理

当今世界人口的跨境流动更趋频繁，其广度和深度更是超越了以往的历史。人口跨国别流动所带来的影响，也更为深远。一些民族国家也因为外国人大量涌入而引发一系列的民族问题、国家安全问题。可见，跨国移民以及跨国移民聚居的社区，是全球化时代一国社会治理的重要内容。

21世纪的今天，也是新技术、新服务等层出不穷、日新月异的时代。面对当代跨国别流动所带来的治理难题，或者说全球进入流动性特点下的国家治理、社会治理、社区治理，新技术、新理念、新服务也许可助力当今时代流动性特点的治理。

第一节　协同治理：大都市涉外社区治理的机制创新

大都市涉外社区的治理，是极富挑战，也更复杂的一类社区的治理。需要我们结合这类社区的特殊性，从治理机制，治理理念等方式，与时俱进，创新探索。

一　理念创新：树立协同治理的新理念

大都市涉外社区是一类情况复杂的社区，治理更艰巨，仅凭政府一方来参与治理，治理成本高，治理效果有限。因此，要解放思想，探索治理的创新。首要的是要进行治理理念的创新，树立协同治理的新理念。具体来说，就是要充分调动尽可能多的治理主体参与到此类社区的治理中来。概括起来就是：以聚居社区为载体，以无边界社会支持网络为支撑，整合聚居区内外政府、社会组织、社区成员、社会单位（企业）等社会资源，优势互补，协同共治，通过创新管理体制，完善运行机制，全面改善大都市社区的经济、社会、政治、文化环境，使其成为具有社会发展活力、生活设施完善、多元文化融合、居民和谐共进的国际化社区。

要树立协同治理的理念，需要有五大转变：一是在涉外社区治理上，要改变原来的以社会控制为主的治安管理理念，转向以综合治理为主；二是要从原来的重管理轻服务向服务管理并重、寓管理于服务之中模式的转变；三是实现由中国公民人口与涉外社区外国人管理的双轨制管理向涉外社区居住的实有人口服务管理模式的转变；四是实现由公安等职能部门的管理为主向多元治理主体的转变；五是实现由政府管理为主向政府依法行政、社区依法自治、基层组织广泛参与的社会化服务管理模式的转变。①

① 冯晓英：《论北京城中村改造——兼述流动人口聚居区合作治理》，《人口研究》2010年第11期。

只有实现了对涉外社区治理理念的创新和转变，才能带动涉外社区治理的体制创新以及模式等的创新。

二　多元主体是协同治理的基石

落实对涉外社区治理的协同治理，确立社区治理上的多元主体参与是实现协同治理的基石。外国人聚居社区的合作治理至少涉及以下几类主体，即外国人管理部门、市区政府、街道、社区、社会团体和专业的NGO等社会组织（企业），以及社区志愿者。它们各自的社会功能不同，在涉外社区合作治理过程中承担的角色也不相同。在政府层面，有专门的外国人管理部门；在街道，有街乡外管办；在社区层面，有负责社区外国人管理和出租房屋登记、检查和统计，发现、上报安全隐患，提供服务信息职能的社区外管站；在社会组织层面，既有致力于提升外国人的社区融入能力的组织，以及为外国人提供权益保护的组织，也有以研究涉外社区问题的社会组织；社区成员有中外居民组成的社区志愿者队伍及其他社区成员，多元主体协同治理就是要充分发挥上述主体的职能，以达到协同治理的目的。

三　信任与合作，是协同治理的纽带

外国人聚居的社区，要实现协同治理，取决于参与治理的主体是否能在目标一致下具有相互信任与合作的愿望，并能付诸行动持续地合作，这是多元主体实现协同治理的纽带。基于我国国情和特点，在我国，实现多元主体间的信任与合作，关键取决于政府。相对于政府而言，无论是专业的社会组织的生存和发展，还是社区志愿者队伍的孵化和生存发展，都需要政府提供多方面的支持。可以说，政府是培育多元主体参与治理的关键力量。当前，有许多城市，都在积极探索孵化专业性社会组织和群团力量，参与城市社区的治理，效果明显。例如，广州通过每年5亿元的投入，培育社会组织，培养多元合作主体。目前在社区和社会治理上已初步形成了政府、市场、社会互联互通的局面。许多社会组织设立外国人服务中心、融合之家、法律援助之家、族群多文化交流中心等面向流动人口群体服务的 NGO 已经在实践推动上做出了很有价值的贡献。

四　明确分工，是实现协同治理的关键

协同治理需要多元主体的参与，但多元主体一旦角色和职能不清，则很难发挥出协同治理的效果。因此，明确各助理主体的角色和分工，是多元主体实现协同治理的关键。关于多元治理主体的角色可以概括为：外国人管理部门和市区政府是主导，街道是枢纽，社区成员是核心，社会团体和社会单位（企业 ）是支撑，专业 NGO 是助推器。彼此间相互依赖、相互合作，实现社区治理上的协同治理。

（一）外国人管理部门和市区政府是协同治理的主导

政府的主导角色主要体现在以下三个方面：一是结合涉外社区出现的新问题、新现象，与时俱进，探索和创新管理机制以及治理措施。对于治理涉外社区，政府应作为总规划师，根据涉外社区独特的社区特征，做到管理的顶层设计。二是培育和发展社会组织，通过财政支持，购买服务、政策配套等举措，培育、孵化和支持专业的社会组织的成长。三是建立常态化的工作机制和协调机制，统筹协调、指导和监督个治理主体的工作。

（二）街道是发挥协同治理的枢纽

街道是我国基层国家行政机关，街道一级政府负责社区的政治、经济等管理事务。自 1996 年外国人居住社区化以来，街道成为外国人属地化管理的直接责任者。街道一级政府，上有区政府及职能部门的领导，对下则负责指导监督社区居委会的工作，横向上与辖区内的集团单位、社会团体、社会组织合作，是社区管理的枢纽和具体实施者。街道以及

政府，针对涉外社区的情况，要积极发挥枢纽职能，结合涉外社区的特点，探索符合涉外社区的管理思路；要及时发现所管辖的涉外社区的新问题，及时反馈；要积极协调和动员社区各类力量，参与到对涉外社区的管理。

（三）社区居委会是发挥协同治理的具体落实者

外国人聚居社区内的基层群众性自治组织，受街道一级政府的领导和监督，是社区居民的自治性组织以及社区内群团组织的枢纽。居委会在涉外社区的治理中，一方面，代表社区内居民行使民主权利，为社区成员争取合法利益；另一方面，作为社区管理的末梢正式组织，在涉外社区的治理中，要积极配合政府做好社区内居民的服务工作，并确保涉外社区各项制度和政策的贯彻和落实。

（四）社区居民及社区单位是协同治理的核心依靠力量

涉外社区，社区居民流动性高，在协同治理中作用更为明显。社区居民是涉外社区最直接的利益相关者，调动其积极性参与治理，既符合他们自身的利益，也降低了流动性强的社区的治理成本，提高了治理效果。社区内社会团体及机团单位，是社区发展的重要支持者。涉外社区，由于住户流动性大，难以形成邻里间有效的支持网络，可借助社区内这些社团组织和企业，通过结对帮扶、对口援助等方式，调动民间资源，弥补这类高流动性社区的社区支持等问题。

（五）各类专业的社会组织是实现协同治理的助推器[①]

专业的社会组织是指具有专业技能的社会化组织，其主要功能是发挥专业优势，依托专业支持，准确诊断涉外社区的问题和症结，通过专业手

---

① 冯晓英：《论北京城中村改造——兼述流动人口聚居区合作治理》，《人口研究》2010年第11期。

法，开展整体的社区营造，提升社区居民的能力，推动涉外社区的发展和治理水平。

第二节　探索大都市涉外社区治理的平台创新

基于大都市社区的复杂性，其治理要不断创新。这种创新不仅仅是理念的创新，还包括平台创新。结合当前广州市涉外社区治理的经验，这里的平台创新主要包括：管理平台创新、工作平台创新、信息平台创新以及服务平台创新。

一　探索涉外社区治理的“大外管”管理平台

来华外国人及涉外社区的治理，涉及公安、工商、宗教、民政、税务等众多职能部门，以及市、区、街道等不同行政部门，从目前的管理现状来看，存在着各级行政及职能部门的联动管理还未形成，由此影响了涉外社区的有效治理。例如宗教、工商部门对涉外社区内住户在家庭从事的宗教、经营活动无入户调查权，导致此类违法行为不能得到有效遏制。[①] 因此，要积极探索建立大都市涉外社区的“大外管”管理平台，以形成合力，实现对涉外社区的有效治理。具体措施如下：

第一，建立外国人管理局。基于目前有越来越多的外国人来华，涉外社区在一些城市已逐渐形成一定规模的事实，有必要效仿西方移民国家，在外国人流入比较多的省市，成立外国人管理局，作为市级政府设立的政府涉外管理机构。在区政府一级组建“涉外人员服务管理办公室”，在街道一级设立“涉外服务管理站”，通过政府部门三级涉外管理机构的设立，夯实对涉外社区的管理。

---

① 姚宜：《城市国际化背景下在华外国人管理研究》，《求索》2016 年第 8 期。

第二，明晰涉外人员管理的纵向职能部门的权责。除了横向的涉外管理的各级政府外，充分调动纵向的涉外管理的职能部门。例如，公安机关负责涉外人员在华入境后的执法管理、人保部门负责就业等管理、工商部门负责经营等管理、文教负责外国留学生在华的管理，等等。

第三，社会组织是涉外社区治理的重要依靠力量。在涉外社区的管理上，除了政府部门，以及行政职能部门外，还需要充分调动包括社区居委会、业主委员会等各类社会组织参与涉外社区的治理。

第四，社区居民和社区志愿者团体，也是大外管管理平台的重要一员。要通过调动社区外国人参与社区治理、社区服务。实现外国人管理外国人，外国人服务外国人等实现社区治理。社区治理是一个系统工程，其核心是通过社区居民的主动参与，实现居民自觉地、内生型地对社区事务的治理。因此，社区治理关键是调动社区居民主动参与治理。

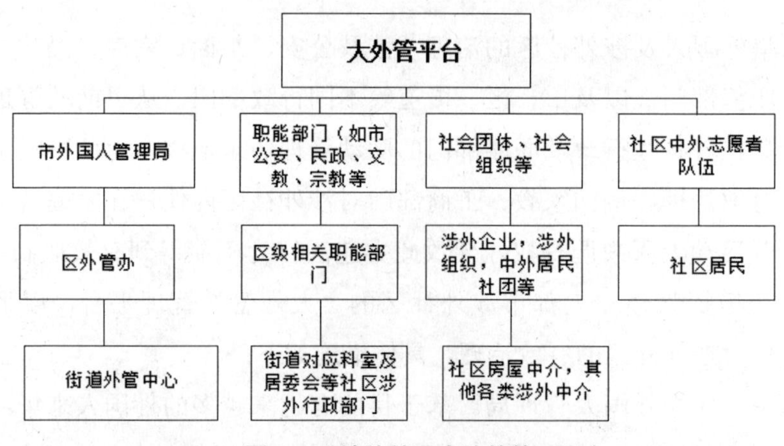

图 9-1　涉外社区大外管管理平台

二　创新社区治理的工作平台

（一）建立涉外社区网格化工作管理平台

“网格”这一术语最早出现在计算机领域，是 20 世纪 90 年代中期兴起的一种重要的信息技术，称为网格技术。对于计算机领域的网格，我们可以理解为将互联网上的所有资源，通过高速的网络、电脑、大型数据库等有机的融合为一个资源共享的平台，为用户提供一体化的服务。①

网格化管理中的网格，实际是指“网格化”，其含义是将所有要管理的区域按照一定标准，从地理空间上划分为若干个单元，称为“格”，各个单元“格”通过信息共享、资源整合、流程再造等有效机制实现紧密联系、相互联动，消除部门壁垒，形成一张张“网”，统称为“网格”。网格化管理中的网格是物化的网格，对管理区域进行地理上的划分并将先进的信息技术运用到管理中，有助于实现高效、无缝隙、精细化管理。

当前，信息技术的快速发展，网格化管理也开始得以应用到城市社区管理等领域。社区网格化管理是指城市基层政府将其所管辖的社区，根据其地理环境、人口密度等条件，在方便管理的原则上，以先进的信息技术作为网格化管理的辅助手段，引入新的管理理念，把社区划分为若干个网格，网格负责人负责对网格内的居民提供服务，各网格连接成为一个大的网络，实现社区信息共享，为社区居民提供优质的社区管理。

（二）建立涉外管理的联合办公平台

构建大外管工作格局，不仅需要管理主体的多元化，还需要合作化的工作平台，才可充分发挥大外管管理平台的作用。例如，自 2003 年起，广州逐步建立起市、区、街（镇）三级“外籍人员管理工作联席会议”制度，将外籍人员管理工作融入社会管理的整体布局中。联席会议成员单位涉及党委和人大、法院、检察院、政府办公厅、公安、工商、税务、法制等部门。市、区两级外管联席会议在公安机关设立了办公室。通过定期召开联席会议，公安机关不仅加强了与政府其他职能部门间的联系，而且外国人管理工作中遇到的实际问题与困难也能及时得到解决。

当前，随着外国人数量越来越多，涉外社区的数量及存在的问题越来

---

① 池忠仁、王浣尘：《网格化管理和信息距离理论——城市电子政务流程管理》，上海交通大学出版社 2008 年版，第 42—43 页。

越突出，多部门的联席会议办公方式是一种松散型的会议组织形式，其弊端是谈论多，实际落实少，需要将这种比较务虚的联席会议变成常态化，稳定的联合办公工作平台，促进“大外管”向管理务实化层面转变。例如，可通过外国人管理局，以及外国人管理办公室支持，定期开展联合办公，联合会议等形式的常态化工作平台，以达到及时掌握涉外社区的动态及问题，及时解决涉外社区的问题的目标。

三　建立健全涉外人员的管理信息平台

外国人是高流动性的群体，这也是涉外社区治理难的主要原因之一。为了有效管理好入境的外国人，需要建立健全信息完备、统一互通的外国人信息管理平台。通过统一，完善的外国人管理信息平台，各涉外管理部门将打通“信息孤岛”，更加有效、便捷地实施对外国人的管理和服务，更好地发挥外管工作合力。

（1）加强旅业宾馆入住的短期居住的外国人的信息采集和信息平台建设。在外国人所在的城市的所有宾馆，酒店全面安装旅业治安管理信息系统，对所有入住旅业酒店外国人的基本信息做到全面掌控。

（2）在基层派出所、社区外国人管理服务工作站安装和设立临时居住的外国人住宿登记系统，对那些在社区短暂居留、不被纳入外国人居住证管理范围的一些临时居住的外国人做好信息录入、核销、动态跟踪和管 理工作。

（3）建立信息登记完备的外国人出租房屋信息管理系统。对于持有居留许可证的长期居住外国人，通过出租屋信息登记系统等平台，及时、动态地掌握外国人入境后的动向和信息。

（4）加强社区外国人信息管理系统末端开发和维护。开发来华外国人的一卡通内置芯片，包含有护照、国籍、签证等管理外国人的关键信息，涉及外国人管理服务的社会机构包括房屋租赁中介机构、金融 机构、酒店宾馆以及其他商业、服务企业等通过读取、使用，可及时掌握来华外国人的信息，方便有效管理。

第三节　管理到服务："互联网＋"的涉外社区服务创新

涉外社区的问题，其中很突出的问题是外国人难以融入当地社区以及所引发的问题。因此，涉外社区的治理，要以服务作为切入点，通过服务实现度涉外社区的治理。

一　涉外社区治理上管理到服务转变的重要性

首先，服务是管理的基础。要管理好外国人，治理好外国人聚居的涉外社区，首先需要了解外国人，准确把握涉外社区的问题。外国人由于文化、习俗等的不同，加上语言沟通的障碍，来华后存在着诸多服务需求。单纯的管理因为刚性，加之文化差异等，很容易引起误解，既无法全面准确了解外国人群体，也导致管理的失灵。通过面向外国人提供各类服务，既有效地帮助了外国人，促进了外国人在我国的融合，同时，相关的管理部门和管理人员又可以通过服务深入地了解外国人，精准甄别不同类型的外国人的融合的情况，并据此为政府制定科学客观的涉外人员分类化标准，提供实证经验。

其次，服务是涉外管理科学化，法制化，高效化的保障。我国是一个非移民国家，过去很长一段时间由于社会、经济发展水平不太高，来华的外国人数量并不多。近年来，随着我国改革开放国策的实施，以及我国社会经济的快速发展，吸引了大量外国人来华淘金。面对快速增长的外国人，我国现有的涉外管理的法律、法规及管理措施严重滞后，亟须完善。通过加大对来华外国人的服务，可以评估和反思我国当前涉外管理存在的漏洞和不足，并通过服务经验的积累，完善和建立健全我国的涉外管理制度和法律。科学而有效的立法、法律及议案和策略，都是在实践服务基础上的提炼和总结。可以说，涉外服务的提供是推动我国涉外人员管理政策完善的重要途径。

再次，服务是管理的有效协助。特别是涉外管理机关通过向专业社工机构购买面向涉外人员的服务，使得涉外管理机关得以从繁重的涉外服务中解脱出来，使涉外管理机关更专业地聚焦于管理制度和管理执行上。既利于专业的服务机构服务的深入，也利于政府管理机关管理的精细化，科学化。

最后，服务可以调动涉外社区中外居民共同参与社区治理。在涉外社区开展面向中外居民的各类服务，可以促进不同族际间的互动和交流，调动辖区外国人参与社区、融入社区，实现“以外服外、以外管外，居民参与、和谐融入”的涉外社区服务模式，将外国人服务和管理，由政府部门推动转变为调动外国人参与的互动管理方式。

二　探索“互联网 +”的政务服务创新

推进“互联网 + 政务服务”，是贯彻落实党中央、国务院决策部署，把简政放权、放管结合、优化服务改革推向纵深的关键环节，对加快转变政府职能，提高政府服务效率和透明度，便利群众办事创业，进一步激发市场活力和社会创造力具有重要意义。

外国人服务领域最早探索“互联网 +”的政务服务的是国家外专局，响应党中央、国务院关于积极推进“互联网 +”的政务服务的号召，国家外专局于 2017 年 5 月明确发文，2017 年年底前，整合“外国专家来华工作管理系统”与“外国人在华和港澳台人员在内地就业管理信息系统”，建成“外国人来华工作管理服务系统”。通过分级授权机制，实现全国外国人专家系统在统一系统平台下办理外国人来华工作网上申请、网上审批等工作。完成“外国人来华工作管理服务系统”移动客户端开发，实现业务移动端在线办理。此外，对于线下服务，强调实行“一窗受理”模式，建立“一窗接件、网上预审、内部流转、限时办结、一窗出证”的工作机制。要针对局内现有的“引进外国专家与成果共享体系管理平台”“外国专家来华工作许可管理系统”“外国文教专家项目管理系统”“教科文卫高端外国专家项目管理系统”“因公出国（境）培训项目管理系统”“因公出国（境）培训项目对接洽谈系统”、“国家外国专家局三库资源查询系统”等业务系统，认真梳理工作流程，简化办事程序，充分利用网络资源，推行网上受理、网上办理、网上反馈，做到政务服务事项“应上尽上、全程在线”。

除了面向来华外国专家的“互联网+”的政务服务外，各地也应积极探索其他来华外国人的“互联网+”的政务服务。根据我国对涉外人员管理的规定，外国人进入我国后，需要办理居住许可证才可租住民居，此外，入境24小时必须到居住地公安机构办理信息登记等，政府服务的简化、便捷和及时，对于来华外国人来说十分必要。因此，外国人聚居多的城市，要积极探索“互联网+”的政务服务创新，在服务好外国人的前提下，管理好外国人。

三　探索“互联网+”的社区服务创新

现今社会是一个网络社会，“互联网+”是这个时代重要的机会和使命，是互联网和传统行业融合发展起来的一种新的业态。由于在涉外社区，服务是实现有效治理的重要抓手，因此，可探索“互联网+”的社区服务模式。

这种创新的服务模式，通过线上和线下的服务提供，可满足当前来华外国人数量越来越多，外国人的需求多样，一些需求十分紧迫，以及当前面向外国人的服务还比较缺乏等现实。

当前，各种移动通讯的自助终端产品名目众多，例如我国的微信社交平台以及QQ等移动终端，拥有几亿用户，这些移动产品，可以成为“互联网+”服务的重要载体。

在涉外社区，既建立政府购买服务的外国人服务中心和外国人服务站等线下的实体服务机构，为社区的外国人提供各类服务，通过服务实现管理。又通过线上的网站、微信、QQ群等虚拟服务平台，利用这些虚拟平台的便捷性、及时性等特点，提供一些在线服务。目标是帮助外国人士更好地解决问题，为他们提供不同的社会服务，促使他们更好地适应在华生活。

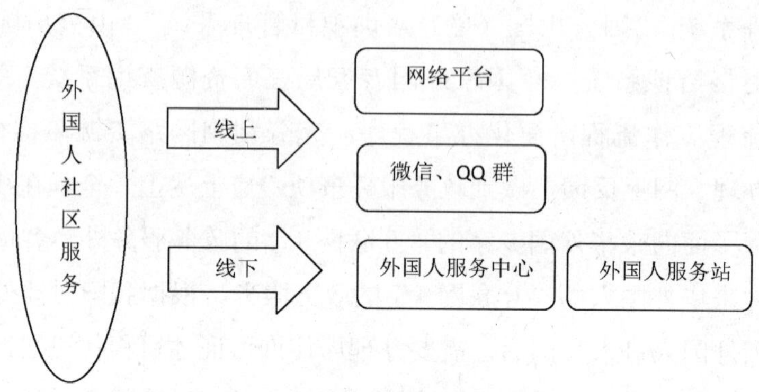

图 9-2 涉外社区"互联网 +"的服务平台构想

第四节 大数据技术：大都市涉外社区治理的手段创新

随着科技、信息、通信技术的不断进步与飞速发展，云计算、物联网、大数据等概念开始逐步进入人们的视野并日益成为关注的热点与焦点，云计算和大数据等现代信息技术，不仅革命性地改变着人类的思维、生产和生活方式，而且极大地提高了生产和政府的管理效率。

大数据在社会治理的运用方面，美国是最早使用数据进行预防突发事件研究的国家。1931 年，美国著名安全工程师海因里希（Heinrich）在他的著作《一个科学的方法》中，通过分析 55 万起公共安全事件的发生概率，提出了著名的"海因里希法则"。这是最早利用大样本数据统计分析安全事件发生规律并实施隐患预测的案例。"9 · 11 事件"之后，为了预防和及时防范社会风险和危机，美国通过建设大数据平台，在不同部门之间及时分享情报资源，把大数据研究提高到国家战略层面，提升应对危机的反应速度。此外，基于大数据，美国有关公司就追踪流行性疾病、农户个性化保险服务、公众的灾难行为模式进行了研究和科学的预判。[①]

① 李明：《大数据技术与公共安全信息共享能力》，《电子政务》2014 年第 6 期。

澳大利亚移民部运用大数据技术开发了边境风险识别系统，运用大数据工具构建一整套识别系统来提高边境管理和针对所谓“危险的跨国旅行者”。在欧洲，则运用监视系统和Frontex，它是信息和通信技术（ICT）的例子，它是一种介导的监视，利用大数据技术来预测、监视和控制整个欧盟（EU）边界的情况。可见，大数据技术可以广泛运用于社会治理的各领域。

（一）大数据技术可有效全面地掌握来华外国人信息，防止出现信息盲区

我国传统上一直是非移民国家，因此，来华的外国人大多流动性强，且以短期居住。由于大多数外国人的高流动性，导致以房管人等手段都很难有效掌握外国人在华的信息，无法实现对流动外国人的有效管理。运用大数据技术，各种数据采集存储成为可能，例如手机的定位系统、超市收银管理系统、网购系统、消费数据，等等，这些大量的数据通过大数据技术轻松可以获得，从而使来华外国人的各类信息采集将不再成为难题。

（二）依托大数据技术，可及时防范和化解社会风险

数据信息技术的发展，在预测和防范各类社会风险方面可以大显神威。例如，一些自媒体平台成了网民分享日常生活、记录个人点滴变化的平台，从而为治安治理提供了大量可供分析的数据。依靠大数据基础，公安机关行政管理效能和社会治安管控能力的提升获得了可靠的保证。

同样，大数据在预测犯罪时间、犯罪地点（主要区域）、犯罪趋势方面有着十分重要的意义。公安机关对110接处警进行分析研判，可以得出有效警情的数量、主要发案地区、案情类别。根据分析可以及时判断出特定地区的治安态势，从而便于做出科学应对，为后期的工作提供可供参考的依据。在警情多发地区可以配置更多警力，加强治安巡逻，实现有效、快速地处置警情。此外，还可以对群众治安现状满意度的调查问卷进行分析，得出目前存在的治安问题，快速、准确地找到问题的症结所在，提升

居民在社区和社会的安全感。

（三）大数据提高了涉外社区的治理效能

大数据促进了社会治理模式创新，加速了国家治理能力和治理体系现代化。基于大数据的涉外社区治理使治理更加主动、精准、高效。通过统一而信息完备的外国人大数据的采集、挖掘和利用，加强了对来华各类外国人的有效管理，真正做到了“底数清，管得住”，通过涉外社区外国人的信息的分析，准确厘清来华外国人的类型及其在社区的状况，实现了基层政府对涉外社区状态的有效掌控，特别是各类违法外国人的数据库建设和采集、挖掘和利用，可从源头上威慑来华外国人的犯罪行为。总之，大数据技术提前预测和防范各类潜在的社区风险，促进了涉外社区的精准化治理。

大数据技术在外国人及涉外社区的运用具体体现在：

（一）建立和储备丰富的数据采集

对来华外国人，要充分运用大数据对他们实现身份管理。大数据时期，各种数据采集存储成为可能，数据的来源不再单纯依靠政府部门，或者调查问卷等。为此，对来华外国人要建立统一的外国人信息和档案的登记管理制度和信息登记平台，以及出租屋等信息登记平台等基础数据库，此外，外国人在华的消费，超市收银管理系统、医疗挂号系统，以及乘用车租赁信息系统等与外国人生活工作密切相关场所的信息记录，都是来华外国人的原始数据，这些数据都可以帮助我们准确掌握来华外国人的各种动态情况，都是我们分析来华外国人情况的基础数据。

（二）构建动态、全面的涉外人员信息管理系统

以信息化建设为依托，建立分层次、分类别的复式数据库网络。建立“境外签证—入境检查—住宿登记—就业管理—签证延期—出境信息反馈”的外国人来华全程动态监控的信息采集数据库及管理平台。在

来华外国人相关的各部门，建立相应的数据库，公安、教育、卫生、民政等各个不同部门，根据对来华外国人监管的权责，建立相应的外国人数据库，并确保各部门的数据系统之间按月或同步更新数据，从而构建一个动态、共管，且较为全面的来华外国人数据库。这样不仅可以及时掌握来华外国人的动态，也提高了管理的针对性和效率性，提高了公共服务质量。

（三）针对涉外社区的风险因素，建立特定的数据库

人口大数据可以精准预测和分析一系列相关性问题。结合涉外社区以及外国人的风险，在识别风险类型及风险因素暴露的基础上，针对高风险因素，如“三非”外国人，或者来自国际上暴力恐怖活动活跃区域的流动性强的外国人，建立专门的数据库，用于预测和分析。既防范我国此类社区的各类风险，大数据分析的结果，也可以成为我国外事部门颁发外国人签证的依据，从而可以通过大数据技术严控我国国门，防止各种违法犯罪的外国人入境。

总之，全球化的不断推进，以及我国“一带一路”战略的提出和实施，来华外国人数量将不断创新高。全球化时代，人口的跨国别流动、新科技等原因，全球的政治、经济、社会环境正在发生广泛而深刻的变化。全球人口的流动与国家安全之间的界限交织和交错在一起，各种境内安全事件与境外安全事件相互叠加、相互关联，社会治理更可能成为超越一个国家边界的治理。在此新形势下，涉外社区这类风险叠加的区域，更成为社会治理的重中之重，需要我们与时俱进、不断创新、不断探索。

参考文献

中文文献

1. 俞可平：《治理与善治》，社会科学文献出版社 2000 年版。

2. 徐永祥：《社区发展论》，华东理工大学出版社 2000 年版。

3. 唐茂松：《加拿大社区建设的几个特点》，《江南论坛》1999 年第 3 期。

4. 孙兆军、李璟：《从多伦多看加拿大的社区与社区服务》，《社区》2001 第 9 期。

5. 姜芃：《西方的社区发展》，北京行政学院学报 2001 年第 1 期。

6. 李明欢：《20 世纪西方国际移民理论》，厦门大学学报（哲学社会科学版）2000 年第 4 期。

7. 姚华松、许学强：《西方人口迁移研究进展》，《世界地理研究》2008 年第 1 期。

8. 傅义强：《当代西方国际移民理论述略》，《世界民族》2007 第 3 期。

9. 王婷：《中法移民聚居区更新政策比较研究》，华中科技大学学位论文，2011 年。

10. 许学强、周一星、宁越敏：《城市地理学》，高等教育出版社 1997 年版。

11. 周敏、林闽钢：《族裔资本与美国华人移民社区的转型》，《社会学研究》2004 年第 3 期。

12. 顾朝林、熊江波：《简论城市边缘区研究》，《地理研究》1989 年第 3 期。

13. 李慧玲：《跨文化的互动与认同——义乌“国际社区”多元文化的考察与思考》，《广西民族大学学报（哲学社会科学报）》2008 年第 6 期。

14. 孙烨：《外籍移民的社会融入状况查——基于对上海市古北国际社区的调查》华东师范大学硕士学位论文，2010 年。

15. 马西恒、童星、敦睦他者：《城市新移民的社会融合之路——对上海市 Y 社区的个案考察》，《学海》2008 年第 2 期。

16. 千庆兰、陈颖彪：《我国大城市流动人口聚居区初步研究》，《城市人口》2003 年第 11 期。

17. 胡荣：《农民工聚居区社会治理存在的问题及法律对策》，《山西农业大学学报（社科版）》2016 年第 1 期。

18. 周雯婷、刘云刚、全志英：《全球化背景下在华韩国人族裔聚居区的形成与发展演变——以北京望京为例》，《地理学报》2016 年第 4 期。

19. 许木柱：《弱势族群问题》，杨国枢，叶启政（主编）：《台湾社会问题》（台湾）巨流图书公司 1991 年版。

20. 牛仲君：《从文化角度看北京市的国际化社区建设 : 以麦子店、望京社区的发展为例》，《2011 城市国际化论坛 : 全球化进程中的大城市治理》，2011 年。

21. 周大鸣、杨小柳：《浅层融人与深度区隔 : 广州韩国人的文化适应》，《民族研究》2014 年第 2 期。

英文文献

1.Armor D.J., “The evidence of busing” , *The PublicInterest*,Vol. 20, 1972.

2. Bonacich E., “A theory of middleman minorities” , *American Sociological Review*, Vol. 38. No. 5, 1973; Bonacich, E., “The other side of ethnic entrepreneurship: A dialogue with Waldinger, Aldrich, Ward and associates” , *International Migration Review*, Vol. 27. No. 3, 1993.

4.Clark W.A.V., “Residential segregation in Americancity: A review and interpretion” , *Population Research and Policy Review*, No. 5, 1986.

5.Clark W., “Ethnic preference and ethnic perceptions in multi- ethnic settings” , *Urban Geography*, No. 3 2002.

6.Coleman J., *Equality of educational opportunity*, Washington, D.C.: U.S. Government Printing office, 1966.

7.Douglas S. Massey & Nancy A. Demon, *Amercian Aparttheid: Segregation and Making of the Underclass*, Cambridge; Harvard University Press, 1998.

8.Farley J.E., “Psegregation indices: What can they tell us about housingsegregation: Three dimensions, three measures” , *Urban Affairs Quarterly*, Vol. 22. No. 1, 1984.

9.Galster G. C., “The ecology of racial discriminationin housing: An exploratory model” , *Urban Affairs Quarterly*, Vol. 23. No. 1, 1987.

10. Light I. H. & Rosenstein C. N., *Race, ethnicity, and entrepreneurship in urban America*, New York: Aldine, 1995.

11.Lin J., *Reconstructing Chinatown: Ethnic enclave, global change*, Minneapolis: University of Minnesota Press, 1998.

12. Lieberson S. and Carter D. K.,“ A model forinferring the voluntary and involuntary causes of residential segregation” , *Demography*, Vol. 19. No. 4, 1982.

13.Park R. E., *The urban community as a spatial patternand amoral order*, Ernest W. Burgess(editor), *The Urban Community*, Chicago, IL: University of Chicago Press, 1926.

14.Park, R. E., *Race and culture*, New York: Free Press, 1950.

15.Piore M. J., *The dual labour market theory and application*, In: Barringer R and Beer S.H. (ed.), *The State and the Poor*, Cambridge: Cambridge Mass Winthrop, 1970.

16.Portes A. & Manning R. D., *The immigrant enclave: Theory and empirical examples*, In J. Lin & C. Mele (eds.), The Urban Sociology Reader, New York: Routledge, 2005.

17.Portes A., Guarnizo L. E. & Landolt P., "The study of transnationalism: Pitfalls and promise of an emergent research field", *Ethnic and Racial Studies*,Vol. 22. No. 2, 1999.

18.Portes A, Leif J., "What's an ethnic enclave? The case for conceptual clarity", *American Sociological Review*., Vol. 52, 1987.

19.Schwab W.A., *Urban sociology: A human ecological perspective reading*, MA: Addison Wesley Publishing Company, 1982.

20.Schwab W.A., *The sociology of cities*, New Jersey: ASimon & SchusterCompany, 1992.

21.Schwircian K.P., and Rico-Velasco J., "Theresidential distribution of status groups in Puerto Rico's metropolitan areas", *Demography*, Vol. 8, 1971.

22.Stearns L.B., and Logan J.R., "Measuring trends insegregation: Three dimensions, three measures", *Urban Affairs Quarterly*, Vol. 22. No. 1, 1986.

24.Timms D.W.G., *The urban mosaic: Towards a theoryof risidential differentiation*, Cambridge, England: Cambridge University Press, 1971.

25.Wilson W.J., *The truly disadvantage: The inner city, the underclass, and public policy*, Chicago: The University of Chicago Press, 1987.

26. Waldinger R., Aldrich H., & Ward R., *Ethnic entrepreneurs: Immigrant business in industrial societies*., Newbury Park, CA: Sage, 1990.

27.Waldinger R., "The ethnic enclave debate revisited", *International Journal of Urban and Regional Research*, Vol. 17, 1993.

28.Zhou Min. Logan J R., "Returns on human capital in ethnic enclaves: New York City's Chinatown", *American Sociological Review*, Vol. 54. No. 5, 1989.

29. Ward R. & Jenkins R., *Ethnic communities in business: Strategies for economic survival*, New York: Cambridge University Press, 1984.

30.Wong L. L. & Ng M., “The emergence of small transnational enterprise in Vancouver: The case of Chinese entrepreneur immigrants”, *International Journal of Urban and Regional Research*, Vol. 26. No. 3, 2002.

31.Zhou M., *Chinatown: The socioeconomic potential of an urban enclave*, Philadelphia: Temple University Press, 1992.

附录1　非洲访谈者具体信息

访谈者序号	国籍	年龄（岁）	性别	来穗时间
F1	刚果（金）	16	女	4个月
F2	刚果（金）	12	女	4个月
F3	尼日尔	50	男	8年
F4	马里	32	男	18个月
F5	刚果（金）	40	男	5年
F6	马里	23	男	8个月
F7	利比里亚	25	男	3个月
F8	科特迪瓦	26	男	3年半
F9	加纳	42	男	7年
F10	尼日尔	38	男	2年
F11	刚果（金）	25	男	2年
F12	冈比亚	29	男	2年
F13	坦桑尼亚	21	女	2年
F14	尼日尔	28	男	2年半
F15	马里	31	男	3年半
F16	布基纳法索	25	男	9个月
F17	马里	34	男	2年半
F18	马里	33	男	2年
F19	马里	26	男	9个月
F20	马里	39	男	10年半
F21	几内亚	44	男	4年

续表

访谈者序号	国籍	年龄（岁）	性别	来穗时间
F22	塞内加尔	28	男	1年
F23	刚果（金）	12	女	3个月
F24	刚果（金）	34	男	4年
F25	尼日利亚	23	男	1年
F26	尼日尔	31	男	3年
F27	马里	43	男	1年半
F28	尼日利亚	35	男	4年
F29	贝宁	43	男	5年
F30	刚果（金）	16	男	12年
F31	尼日尔	41	男	1年半
F32	布基纳法索	18	男	1年半
F33	刚果（金）	35	女	5年
F34	马里	24	男	3年
F35	尼日利亚	30	男	半年
F36	加蓬	46	男	3年半
F37	刚果（金）	40	男	10年
F38	马里	37	男	14年
F39	塞内加尔	46	男	11年
F40	马里	39	男	3年
F41	科特迪瓦	32	男	1年
F42	马里	35	男	10年
F43	刚果（布）	29	男	半年
F44	喀麦隆	42	男	6年
F45	尼日尔	34	男	半年
F46	刚果（金）	30	男	1年
F47	刚果（金）	36	男	13年
F48	几内亚	44	男	14年

附录2　中国访谈者具体信息

序号	访谈者代称	职业	年龄（岁）	性别	与非洲人接触时间（年）
1	Z1	政府工作人员	40左右	男	5
2	Z2	政府工作人员	40左右	男	3
3	J	警察	40左右	男	3
4	S1	出租车司机	35左右	男	12
5	S2	出租车司机	40左右	男	10
6	W	物流人员	27	男	5
7	B1	商人	25	男	2
8	B2	商人	25	男	2
9	D1	流动摊贩	50左右	女	12
10	L1	无业	60左右	男	10
11	L2	无业	50左右	女	10
12	V1	学生	22	男	2
13	V2	学生	22	女	1
14	V3	学生	22	女	1

后 记

2013年由于偶然机会，我有幸成为广州小北非洲人社区外国人服务领域的督导。因为这一机缘，我能够近距离地接触与了解广州的非洲人群体。

时至今日，我和我督导的社工，在被誉为广州的“布鲁克林”或者“巧克力城”的非洲人社区，为非洲人提供服务已过三载。随着深耕这一闻名中外的广州非洲人族裔社区的服务越久，越迫切希望能够深度描述广州的这一外国人族裔社区，梳理其形成、发展及演进的脉络，探讨存在的问题及其相应的治理对策。

全球化背景下的中国，已快速成为国际贸易的中心；而地处中国珠三角制造业中心的广州，晚清以来就是我国重要的商贸中心城市，近年来地位愈加彰显，正吸引着越来越多的跨国迁移者。其中，来自非洲大陆的商人，是广州为数众多的外国人群体中最为突出者。本书力图能够比较详细地描述南国大都市的这一非洲人族裔社区，并从相关领域，主要包括族裔经济、族际关系、外国人、族裔社区及族裔社区风险等，来深入探讨广州的非洲人族裔社区概貌，并尝试探索其治理对策。

全球化背景下的世界，人口的跨国别流动日益加剧。来自非洲大陆的这群跨境迁移者，怀揣梦想来中国淘金。他们背井离乡、跨境迁移，追寻着各自的淘金梦，被誉称第三类全球化，或是底层全球化的重要推动者。他们的跨国别流动，既促进着自我的现代性的获得，也推动着非洲自己国家的现代化。本书关注这群跨国迁移者，关注他们在异国他乡重建的族裔社区；当然，更关注于广州大都市因为全球化而日显突生的这类族裔社区的治理。

本书成稿，首先得益于广州大学公共管理学院陈潭院长的鼎立助益！感谢陈潭院长的鼓励与支持。一年前，陈潭院长亲自找我，希望能够参与“大都市治理”书系的协作，撰写《大都市社区治理》一书，我欣然应允。因为这是我近年在广州小北非洲社区开展社工服务以来的最大心愿。而书稿有出版经费资助，我便可以无虑地实现此愿了。

感谢跨境移民研究领域众多的前辈专家、学者，并有未曾谋面的诸位。例如研究广州黑人的知名学者李志刚教授、梁玉成教授等，此不赘记。借此后记，我忝列后来者，前辈们的探索历程与诸多的学术成果，给我众多的灵感和启迪。

感谢卡尔加里大学社会学系的劳艾德教授，先生为人十分谦逊，在我发出申请访学的信函三个小时之后，先生就给予我一个肯定又热情洋溢的回复，访学期间为我提供尽可能的各种便利条件，方便我静心于学术探索。

感谢为我的研究提供有益建议的学者、师长们。譬如旅加学者、加拿大英属哥伦比亚大学彭文斌教授，中山大学移民研究中心主任、长江学者周大鸣教授等。感谢你们对我这个初学者的鼓励、支持与帮助。感谢广州大学社会学系，我的同事们的支持。

本书的资料收集具有挑战性。感谢法语翻译陈正财与他的同学们，去年夏天，他们和我每天承受35℃以上的高温，奔走在小北街头，我们同心协力，完成了资料收集。感谢我督导的社工、广州市开心社会工作发展中心外国人部的王海戈、林毅宁。为访谈的顺利进行，海戈做了大量工作；毅宁为外国人服务部社工，也是我的研究生，一起参与了资料收集的工作。

本书的最终完成，离不开我家人的支持。感谢我的先生帮助我分担照顾我们的宝贝女儿；感谢我们的女儿，十分懂事、自立，让我可以安心写作。

感谢中国社会科学出版社工作团队对书稿细致而专业的审定、编校、修改工作。

路漫漫其修远兮，吾将上下而求索！前因家庭琐事，多年疏于学术，重新静心学术思考，犹如凤凰涅槃般艰难，但我十分珍惜与享受此般重生。感谢一路上走来帮助我的诸位师长、各位朋友！

银杏金黄，枫叶正红，秋意渐浓时节，书稿终于付梓，希望该书能和我已出版的另一本书《非洲人在广州：跨境迁移者的口述史》一起，联袂为广州非洲人研究的系列丛书，希望给感兴趣了解广州非洲人，以及非洲人社区的读者们，提供一点点参考与借鉴。

王亮

2017 年 10 月

于卡尔加里大学